인구절벽 너머의 미래

축소사회와 새로운 사회계약

이현출 지음

 > 책을 열며

21세기 대한민국은 '인구절벽'이라 불리는 초유의 전환기에 서 있다. 과거에는 국가의 성장 동력으로 여겨졌던 인구가 이제는 감소와 고령화, 저출산, 이민, 지역소멸이라는 복합적 위기의 이름으로 우리 앞에 다가오고 있다. 그러나 인구는 단순한 위기 요인에 머물지 않는다. 오늘날 인구구조의 변화는 사회의 기반을 흔들며, 우리가 공유해온 삶의 방식과 미래 공동체의 원리를 근본적으로 다시 써야 한다는 요구를 던지는 거대한 메가 트렌드(Mega Trend)이다.

이 책은 '인구'를 단순한 통계나 정책 과제가 아니라, 한국 사회의 총체적 구조와 변동을 해석하는 분석의 틀로 삼고자 한다. 인구절벽과 축소사회로의 이행은 곧 노동시장과 복지제도의 지속가능성을 위협하고, 세대 간 정의와 국가의 미래를 둘러싼 핵심적 쟁점들을 부상시킨다. 출산율이 0.7을 밑도는 현실, 세계에서 가장 빠른 고령화 속도, 도시와 농촌의 인구 격차, 이민자의 증가와 다문화 사회로의 이행—이 모든 변화는 우리가 익숙했던 사회계약, 즉 '젊은 세대가 노동으로 기여하고 노년 세대가 복지를 통해 보호받는 구조'를 더 이상 지속 불가능하게 만들고 있다.

우리는 이제 인구구조 변화가 불러오는 사회적·경제적·정치적 파장을 통합적으로 이해하고, 축소사회의 현실을 인정하며 '새로운 사회계약(New Social Contract)'을 모색해야 할 시점에 와 있다. 이 책은 바로 그 작업의 한걸음이다. 여기에는 '적정인구'의 개념 재정의, 세대 간 연대와 책임의 새로운 설계, 포용적 복지국가와 지역균형 발전, 이민자와의 공동체 통합을 위한 전략적 접근이 담겨 있다.

인구구조 변화는 단지 복지나 노동의 문제가 아니다. 그것은 환경·경제·복지라는 사회의 세 축을 동시에 흔들며, 이들을 통합적으로 재설계할 것을 요구한다. '지속가능한 복지사회'란 생태적 한계 안에서 인간의 존엄을 지키고, 지역과 공동체 중심의 순환형 경제를 이루어내는 새로운 사회시스템을 의미한다. 성장을 유일한 목표로 삼아온 과거의 경제구조는 이미 한계에 도달했다. 이제 삶의 질, 사회적 연대, 환경 지속가능성을 중심에 둔 '포스트 성장사회'로의 전환이 절실하다.

이 책의 독자들은 인구문제가 단순히 출산 장려나 노인복지 확대 같은 단편적 처방으로 해결될 수 없음을 확인하게 될 것이다. 인구는 경제의 뿌리이자 정치의 기반이며, 사회적 연대의 조건이자 문화적 정체성의 핵심이다. 인구를 보는 시선을 바꾸는 것, 그것이야말로 대한민국이 인구절벽 너머의 미래로 나아가기 위한 출발점이 될 것이다.

이 책은 인구학적 이론과 역사적 맥락, 한국 사회의 현황 진단, 국제 비교와 정책적 함의에 이르기까지 균형 잡힌 시선으로 구성되어 있다. 독자 여러분과 함께 "인구의 눈으로 사회를 다시 읽고, 미래를 다시 그리는 여정"에 동행할 수 있기를 기대한다.

저자는 공직과 대학에 몸담으며 인구구조 변화, 기후위기, 과학기술의 진보가 가져올 미래사회의 변화를 오랫동안 고민해 왔다. 특히 대학 강의와 연구를 통해 학생들과 함께 축소사회가 초래할 새로운 과제와 기회를 탐색해 왔으며, 이 책은 그 과정에서 쌓인 문제의식과 성찰을 집대성한 결과물이다. 이 책이 정책결정자에게는 미래를 내다보는 안목을, 학생들에게는 시대의 흐름을 이해하고 준비하는 지혜를, 그리고 우리 사회 구성원들에게는 거대한 변화의 물결 속에서 '축소사회의 새로운 사회계약'을 위한 공론과 합의의 계기가 되기를 바란다.

끝으로 이 책은 한국연구재단의 신진연구자 지원사업과 건국대학교 저술비 지원을 받아 출판되었다. 연구에 온전히 집중하지 못한 시간이 있었기에 출간이 늦어진 점에 송구한 마음을 전한다. 어려운 여건에도 흔쾌히 출판을 맡아주신 이상원 회장님과 이영경 편집장님, 허재훈과장님께 깊이 감사드리며, 연구와 원고 정리를 함께해 준 문은영 교수님과 최재준·최영빈 군에게도 고마움을 전한다.

2025. 8.
이현출

 > 목차

책을 열며		2
제1장	인구를 보는 눈	6
제2장	고전에서 현대까지: 인구를 바라보는 이론의 흐름	14
제3장	인구의 측정과 분석	25
제4장	세계와 한국의 인구	44
제5장	왜 저출생인가?	69
제6장	인구고령화와 한국사회	84
제7장	인구의 지도, 지역의 미래: 수도권 집중과 지방소멸의 경계에서	104

제8장   일본과 중국의 인구구조 변화: 초고령화와 정책전환의 교차로에서   124

제9장   실버민주주의와 세대불균형: 인구구조 변화가 정치에 던지는 질문   144

제10장   인구구조 변화와 경제   161

제11장   이민은 정치다: 저출산 시대, 경계를 넘는 인구정치의 탄생   186

제12장   인구구조 변화와 안보: 병력, 공동체, 그리고 지속 가능한 국가전략   205

제13장   인구변화와 환경환경전환: 지속가능성을 향한 길   231

제14장   축소사회, 새로운 사회계약을 묻다   247

책을 덮으며   259

제1장
인구를 보는 눈

1. 인구란

"한 나라의 사회 크기를 결정짓는 가장 근본적인 요인은 무엇인가?" 이 질문은 완전히 객관적인 시선으로 사회를 바라보는 이라면 누구나 던질 수 있는 근원적 물음이다. 인구문제, 즉, 무엇이 인간사회의 크기를 결정하고 한 나라의 거주자 수의 증가와 감소를 가져오는 요인이 무엇인가라는 문제는 완벽하게 객관적인 눈을 가진 관찰자가 과학적 호기심을 갖고 그 사회를 볼 때 제일 먼저 떠오르는 질문일 것이다(슘페터 2013). 이처럼 인구현상과 그 변화 양상을 분석하는 학문을 '인구학(demography)'이라고 부른다.

인류의 역사는 곧 인구의 역사다. 인구는 지표 공간을 점유하고, 그것을 변화시켜온 주체였으며, 동시에 그 변화의 결과이기도 했다. 따라서 인구현상과 인구문제는 동 시대의 사회문제 해결을 위한 가장 중요한 문제로 주목받아온 것이다.

인구는 한 국가 또는 한 지역사회를 구성하는 인간의 집단이다. '세계'라고 말하면 세계 인구를, '한국'이라면 한국 인구를 의미하듯, 인구는 하나의 사회를 구성하는 가장 기본적인 단위다.

인구변동의 직접적인 요인은 출생과 사망, 그리고 인구의 유입과 유출이다. 인구의 변화는 주로 네 가지 요소로 설명된다. 출생과 사망, 이동의 유입과 유출이다. 출생과 사망에 의한 인구변동은 자연증가와 감소, 인구의 유입과 유출에 의한 인구변동은 사회증가와 감소로 구별된다. 이를 정리하면 다음과 같은 등식으로 요약할 수 있다.

인구변동 = (출생-사망) + (유입-유출)
      = 자연증가/감소 + 사회증가/감소

이 네 가지 요인의 조합이 일정 기간 동안 강하게 변동할 경우, 우리는 그것을 "인구문제"로 인식하게 된다. 역사적으로 인구문제는 두 가지 상반된 공포, 즉 '인구과잉'과 '인구과소'로 나타나 왔다. 인구가 지나치게 많으면 환경과 자원의 파괴를, 지나치게 적으면 경제의 위축과 공동체 붕괴를 가져올 수 있다. 이처럼 인구문제는 문명의 지속 가능성 자체에 대한 근본적인 질문을 동반한다. 정치가, 과학자, 기업가, 환경운동가 등 모든 분야의 전문가들이 인구문제에 주목할 수밖에 없는 이유다.

2. 왜 인구위기인가?

인구는 많아도 문제이고, 적어도 문제이다. '과잉인구'와 '과소인구' 문제가 바로 그것이다. 흔히 '인구위기'라고 부를 때, 그 배경에는 적정인구에 대한 사회적 상상이 깔려 있다. 일반적으로 적정인구란 "사람들이 생산성을 최대로 발휘하면서 평화롭고 안정된 삶을 누릴 수 있는 인구수"를 의미한다(권태환·김두섭 2002; 은기수 외 2011). 그러나 그 기준은 나라마다, 시대마다 달라지며, 절대적인 산식은 존재하지 않는다.

한때는 인구가 너무 많아 산아제한 정책이 시행되던 시절도 있었다. 1960~70년대의 개발도상국이 그랬다. 그러나 지금은 정반대의 현상, 즉 인구절벽이라는 용어가 일상화될 정도로 출산율이 떨어지고, 각국 정부는 다시 출산을 장려하는 시대를 맞고 있다.

20세기 후반부터는 환경·자원 위기와 결합된 형태로 인구위기가 제기되기 시작했다. 과잉인구는 자원의 고갈과 환경파괴를, 과소인구는 노동력 감소와 복지 부담 증가를 낳는다. 이처럼 인구문제는 단지 수의 문제가 아니라 지속가능성과 구조의 문제인 것이다.

오늘날 선진국들이 직면한 인구위기의 본질은 저출산이다. 특히 출산율이 인구 재생산 수준인 2.1 이하로 떨어지면서, 장기적인 인구감소와 고령화가 본격화되고 있다. 한국은 1990년대 후반 이 흐름에 진입했고, 이후 가파르고도 압축적인 저출산·고령화가 진행되었다. 옥스퍼드 인구문제연구소가 한국을 세계에서 가장 먼저 사라질 국가로 지목한 것은 과장이 아니다.

저출산과 함께 또 하나의 축은 고령화이다. 평균수명의 증가와 출산율의 저하가 맞물리면서, 생산가능 인구는 줄고 노년층 비중은 급증한다. 이로 인해 고령부양비는 빠르게 악화되고 있으며, 단기적으로는 출산율을 높이려는 노력이 이어지고 있지만 효과는 제한적이다.

요컨대, 우리는 지금 인구과잉과 과소, 저출산과 고령화, 생존과 지속 가능성 사이의 균형을 잃어가는 시점에 와 있다. 바로 지금, 인구를 보는 눈을 새롭게 가져야 할 이유이다.

3. 인구를 바라보는 세 가지 관점

인구를 이해하는 방식에는 여러 접근이 있지만, 이 책은 세 가지 관점하에 인구를 바라보고자 한다. 바로 시간적 시선(수직적 관점), 공간적 시선(수평적 관점), 그리고 사회적 맥락에서의 관계적 시선이다(조혜종 2006; 은기수 외 2011).

첫째, 수직적 관점은 시간의 흐름에 따른 인구의 변화를 포착하는 시선이다. 인구의 증감, 출산율과 사망률의 변화, 장기적인 인구구조의 전환은 모두 시간 축 위에서 분석된다. 역사적 시계열 분석은 바로 이러한 인구의 '세월의 흐름'을 읽어내는 작업이다. 예를 들어, 산업화 이전과 이후의 인구 성장률, 전쟁과 팬데믹 이후의 출산율 변화 등은 모두 수직적 관점의 주된 분석 대상이다.

둘째, 수평적 관점은 인구를 공간적으로 배치된 집단으로 바라보는 시선이다. 도시와 농촌, 수도권과 비수도권, 선진국과 개발도상국 사이의 인구 분포 차이는 지역 간 불균형과 사회 불평등을 설명하는 중요한 열쇠가 된다. 오늘날 인구문제의 많은 부분은 이 공간적 불균형에서 비롯된다. 지방소멸, 수도권 집중, 농어촌 고령화는 모두 수평적 시선에서 도출되는 현실적 쟁점이다.

셋째, 관계적 관점은 인구와 사회의 다양한 구조적 요인 사이의 인과관계와 상호작용에 주목한다. 인구 고령화는 노동시장, 복지제도, 가족 구조와 어떤 관계를 맺고 있는가? 혼인율 저하와 저출산은 교육, 주거, 고용과 어떤 연결고리를 갖고 있는가? 인구는 단순한 독립변수가 아니라 사회경제적 맥락 속에서 상호작용하는 동태적 주체이다.

이 세 가지 관점은 각각 독립적으로 유의미할 뿐만 아니라, 서로 교차하며 인구문제를 입체적으로 조망할 수 있도록 돕는다. 이 책의 각 장은 이러한 관점을 바탕으로 한국 사회의 인구구조 변화와 그 함의를 분석해나갈 것이다.

4. 인구구조 변화가 불러오는 사회적 파장

한국 사회는 지금, 세계 어느 나라보다도 빠르고 압축적으로 저출산과 고령화라는 이중변화의 소용돌이에 놓여 있다. 이로 인해 인구구조는 급격히 재편되고 있으며, 이는 사회 전반에 걸쳐 기존의 질서를 흔드는 중대한 변화를 예고하고 있다.

우선, 인구구조의 변화는 한국 사회에 새로운 갈등의 지형을 형성하고 있다. 기존의 지역갈등·계층갈등·젠더갈등이 여전히 해소되지 못한 상황에서, 4차 산업혁명·기후위기·디지털 전환이라는 거시 트렌드들이 중첩되며, 인구구조 변화는 그 자체로 갈등의 매개자이자 촉발자가 되고 있다. 세대 간, 지역 간, 다문화 간, 가족구조 간의 충돌이 그 예이다.

이 책은 이러한 변화의 물결 속에서, 인구구조의 재편이 어떻게 사회적 긴장과 공공갈등으로 확장되는지를 실증적으로 분석하고자 한다. 동시에, 이 문제를 단순한 인구 수급 차원의 문제가 아니라, 미래 공동체를 다시 설계해야 하는 '사회계약의 위기'로 인식하고자 한다.

이제 인구는 더 이상 '얼마나 많거나 적은가'의 문제가 아니다. 생산과 소비의 주체로서 인구를 보던 시각에서, 삶의 질과 공동체 지속성이라는 가치로 인구를 바라보는 시대로 전환해야 한다. 이는 단지 갈등을 관리하거나 통제하는 수준을 넘어, 한국 사회가 어떤 방향의 미래를 선택할 것인가에 대한 근본적 질문이다.

후기산업사회로 접어들며 이해관계가 다원화되고, 사회적 위험은 이전과는 전혀 다른 방식으로 출현하고 있다. 저출산·고령화와 같은 인구구조 변화는 경제와 복지, 정치와 문화 전반에 영향을 미치는 메가 트렌드이며, 그로 인해 공공영역에서 새롭게 출현하는 갈등의 규모와 양상은 더욱 복잡해질 것이다(Bonoli 2007; Taylor-Gooby 2004).

그럼에도 불구하고, 정부와 학계의 대응은 여전히 사후적이며 분절적이다. 사회적 위험을 선제적으로 파악하고, 예방 가능한 구조로 설계하지 못하면 인구구조 변화는 사회 통합이 아니라 사회 분열의 방향으로 작동할 가능성이 크다.

이를 보여주는 가장 중요한 지표는 통계다. 한국의 합계출산율은 2017년 1.05에서 2023년 0.72로 급락했으며, 출생아 수는 같은 기간 32만 명에서 23만 명으로 줄었다(통계청 국가통계포털 https://kosis.kr/index/index.do 참조). 이는 단지 인구 수의 감소를 넘어, 미래세대를 이끌 인적 기반의 붕괴를 의미한다.

고령화 속도는 더 가파르다. UN 자료에 따르면, 한국은 2050년까지 생산가능인구가 27% 감소하고, 노인 인구는 무려 236% 증가할 것으로 전망된다. 세계 주요국 가운데 고령사회에서 초고령사회로의 전환 속도가 가장 빠른 나라가 바로 한국이다(〈표 1-1〉 참조).

〈표 1-1〉 주요국 고령사회 이행 기간 비교

	고령화사회 (7%도달연도)	7%→14% (걸린 시간)	고령사회 (14% 도달연도)	14%→20% (걸린 시간)	초고령사회 (20% 도달연도)
한 국	1999	18년	2017	8년	2025
일 본	1970	24년	1994	11년	2005
미 국	1942	72년	2014	22년	2036
독 일	1932	40년	1972	37년	2009
영 국	1929	47년	1976	49년	2025
스웨덴	1887	85년	1972	45년	2017
프랑스	1864	115년	1979	39년	2018

※ 자료: 이현출. 2018. "인구의 정치학: 실버민주주의의 도래와 세대 간 정의." 『한국정치연구』 27(2), 85-114.

이처럼 준비되지 않은 인구구조 변화는 정치·경제·복지 시스템 전반에 충격을 줄 수밖에 없다. 이러한 현실을 감안할 때, 인구문제는 더 이상 인구학자들만의 과제가 아니다. 한국 사회 전체가 패러다임의 전환(Paradigm shift)를 모색해야 할 시점이다. 즉, 새로운 규범과 제도를 상상하고 설계해야 할 때이다.

여기에 더해, 외국인 인구의 유입 증가도 중요한 변수다. 국제결혼, 외국인 노동자, 유학생, 해외 동포 유입 등으로 한국 내 외국인 체류자는 1990년대 초반 5만 명 수준에서 2020년 203만 명, 2023년엔 250만 명, 2024년엔 265만명에 이른 것으로 나타났다. 이는 한국 인구의 5.7%를 차지하는 비중이며, 다문화 사회로의 이행을 의미한다(법무부 2017).

이 모든 변화는 한국 사회가 전례 없는 인구구조 실험을 시작했다는 신호다. IMF 이후 이념 갈등보다 두드러졌던 세대 갈등의 심화, 외국인 증가에 따른 문화적 충돌, 지역소멸과 수도권 집중의 병행 등은 모두 인구구조 변화가 야기하는 '미래 갈등지도'의 일부다. 급격한 인구구조 변화는 우리 사회에 다양한 사회갈등과 공공갈등을 야기할 것으로 예견된다. 실제로 국내연구소에서 발행한 '갈등보고서'를 보면 우리 사회는 사회갈등이 격심할 뿐 아니라 갈등으로 인한 경제손실과 부대비용도 엄청나다(삼성경제연구소 2009). IMF 이후에는 종전의 이념갈등 대신 세대 갈등 양상이 두드러지면서 공동체적 유대가 무너지고 있다. 인구구조 변화가 빚어내는 미래사회변화의 내용이 사회구조와 결합되어 어떤 갈등이 발생하는지 살펴보면 아래 갈등지도와 같이 도식화할 수 있다(〈그림 1-1〉 참조).

이 책은 바로 이러한 갈등지도를 탐색하고, 그 속에서 새로운 공동체의 가능성을 찾는 여정을 제시하고자 한다. 이렇게 인구구조 변화가 현실 사회의 갈등지형과 구조적 전환을 촉발하고 있다면, 이제 우리는 '인구'를 어떻게 이해해왔고, 어떤 이론적 렌즈를 통해 바라보아야 하는지를 되묻는 일이 필요하다. 다음 장에서는 고전 인구론에서부터 현대 사회이론에 이르기까지 인구를 바라보는 사상의 흐름과 해석의 진화를 살펴본다.

〈그림 1-1〉 인구구조 변화가 가져올 미래의 갈등 지도

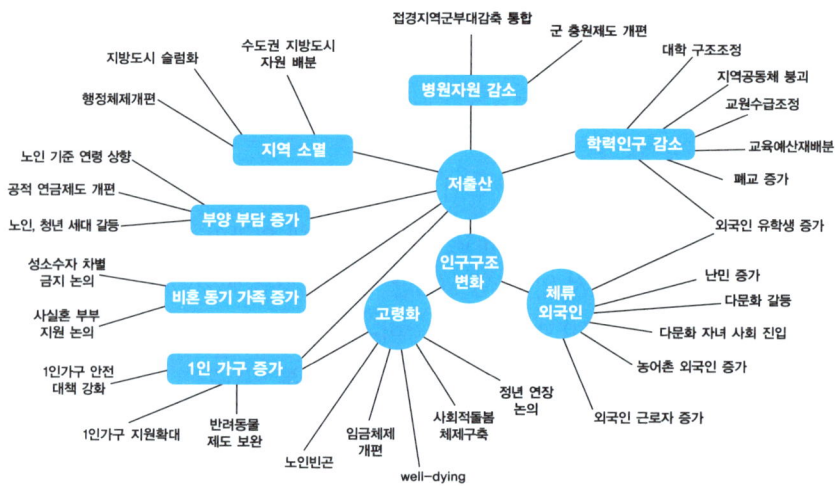

※ 자료: KAIST 문술미래전략대학원. 2020. 『선제적 갈등관리를 위한 미래 공공갈등 예상 및 분석』. 국무조정실 정책용역자료. 참고 저자 수정

제1장　요약

제1장은 인구를 단순한 수치가 아닌 사회 변화를 이끄는 핵심 동인으로 바라보는 시선을 제시한다. 인구는 많아도, 적어도 위기를 불러오며, 시간적·공간적·사회적 관점에서 종합적으로 이해되어야 한다. 특히 한국은 저출산·고령화·이민의 복합 변화 속에서 인구구조 재편이라는 새로운 갈등의 지형에 직면하고 있으며, 이에 대한 패러다임의 전환이 필요함을 강조한다.

핵심 주제	요점 정리
인구란 무엇인가	인구는 한 사회를 구성하는 인간 집단으로, 그 증감은 출생·사망·이동에 의해 결정된다. 인구현상은 단순한 수치가 아닌 사회 변화의 핵심 동인이다.
인구위기의 이중성	인구는 많아도, 적어도 위기다. '과잉인구'는 환경과 자원 위기를, '과소인구'는 노동력 부족과 경제 위축을 초래한다. 한국은 세계에서 가장 빠른 속도로 인구감소를 겪고 있다.
인구를 바라보는 세 가지 시선	① 수직적(시간): 역사적 변화와 시계열적 분석 ② 수평적(공간): 지역 간 불균형과 분포 ③ 관계적(맥락): 인구와 사회경제적 요인의 상호작용
왜 지금 인구구조 변화가 중요한가	저출산·고령화·이민 증가로 인해 인구구조가 급속히 재편되고 있으며, 이는 한국 사회의 갈등 지형과 공동체 구성 원리를 근본적으로 바꾸고 있다.
필요한 인식의 전환	인구를 '노동력'이나 '소비자'로만 보는 시대는 끝났다. 이제는 인구를 삶의 질, 정의, 공동체 지속 가능성의 관점에서 재조명해야 한다.

| 참고문헌 |

권태환·김두섭. 2002. 『인구의 이해』(개정판). 서울: 서울대학교출판부.
법무부. 2025. 출입국 통계. 법무부 홈페이지(www.moj.go.kr)
삼성경제연구소. 2009. 『한국의 사회갈등과 경제적 비용 보고서』, 710호.
슘페터, 조지프. 2013. 『경제분석의 역사 1』. 경기 파주: 한길사. Joseph A. Schumpeter. History of Economic Analysis. New York: Oxford University Press. 1954.
은기수·권태환·김두섭·박경숙·조영태·최슬기. 2011. 『대학인구교육교재 개발』. 보건복지부 연구용역과제.
이현출. 2018. "인구의 정치학: 실버민주주의의 도래와 세대 간 정의". 『한국정치연구』 27(2), 85-114.
조혜종. 2006. 『새 인구론: 인구의 공간적·사회적 접근』. 서울: 푸른길.
KAIST 문술미래전략대학원. 2020. 『선제적 갈등관리를 위한 미래 공공갈등 예상 및 분석』. 국무조정실 정책용역자료.
Bonoli, G. 2005. "The Politics of the New Social Policies: Providing Coverage against New Social Risks in Mature Welfare States." Policy & Politics. 33(3): 431-449.
Taylor-Gooby, Peter. 2004. "Open markets and welfare values Welfare values, inequality and social change in the silver age of the welfare state." European Societies. 6, no. 1. 29-48.

제2장
고전에서 현대까지: 인구를 바라보는 이론의 흐름

1. 인구사상의 발전

오늘날 인구학은 점점 더 통계와 데이터 분석에 의존하는 실증 중심의 학문으로 자리 잡고 있다. 출생률, 사망률, 유입과 유출 등의 수치를 바탕으로 인구구조를 분석하고, 정책적 대안을 제시하는 것이 주된 흐름이다. 그러나 이러한 실증적 분석만으로는 인구문제의 본질을 온전히 파악하기 어렵다. 인구를 둘러싼 오래된 사상과 이론의 계보를 함께 들여다봐야만, 오늘날 우리가 처한 위기와 가능성을 더 깊이 이해할 수 있다.

역사적으로 인구에 대한 이론적 성찰은 사실을 관찰하기 이전에 무엇이 문제인가를 발견하려는 철학적 물음에서 시작되었다. 최초의 인구 센서스가 미국에서 1790년, 영국에서 1801년에 실시된 것을 감안하면, 맬더스를 비롯한 18세기 인구사상가들은 아직 충분한 데이터를 갖추지 못한 상태에서 인구와 자원, 빈곤 사이의 관계를 사유하고 경고한 이들이었다.

슘페터(2013)의 정의에 따르면 이론이란 주어진 사실을 배열하고 해석하며, 관계를 확립하고 일반화하는 작업이다. 그런 의미에서 초기 인구론자들의 작업은 이론 그 자체라기보다는, '무엇이 문제인가'를 발견하려는 지적 개척 행위에 더 가까웠다고 할 수 있다. 그럼에도 불구하고 그들의 사유는 오늘날 우리가 마주한 인구 구조 문제를 이해하는 데 기초적 프레임을 제공한다.

사실 인구문제에 대한 관심은 고대 문명 시기부터 존재해 왔다. 기본적으로 인구에 대한 관점은 두 가지 축으로 나뉜다. 하나는 "인구는 곧 국력"이라는 시각으로 인구의 규모와 성장이 국가의 부와 군사력의 기반이라는 믿음이다. 다른 하나는 "인구의 과잉은 사회 혼란의 원인"이라는 시각으로 인구의 무분별한 증가는 빈곤, 갈등, 자원 고갈을 야기한다고 본다.

후자의 입장은 고대 그리스의 도시국가 시절부터 제기되어 왔다. 플라톤과 아리스토텔레스는 모두 적정인구(optimal population)의 필요성을 강조했다. 지나치게 많거나 적은 인구는 모두 이상적 국가 운영을 어렵게 만들며, 인구 규모는 정치적 안정과 사회적 조화의 조건이라는 고전적 인식이 이미 그 시기부터 존재했던 것이다(박상태 2007).

1) 경제학 속에서의 인구론: 맬더스에서 마샬까지

18세기 후반에서 19세기에 걸쳐 유럽, 특히 영국에서는 산업혁명이 본격화되며, 근대 경제학이 태동하게 되었다. 아담 스미스(Adam Smith)를 시작으로 맬더스(Malthus), 리카르도(Ricardo)로 이어지는 고전파 경제학은 당시 경제 질서를 분석하고 분배 문제에 대응하는 이론을 구축하는 데 주력하였다. 이 시기 경제학의 주요 관심은 "누가 사회적 생산물을 얼마나 가져가는가"에 있었고, 맬더스의 인구론은 그러한 맥락 속에서 등장하였다.

맬더스는 1798년 발간한 『인구론』 초판에서 인구는 기하급수적으로 증가하지만 식량은 산술급수적으로 증가하기 때문에 결국 빈곤과 기근은 불가피한 사회적 운명이라고 보았다. 그는 이러한 불균형을 억제하기 위한 수단으로 전쟁, 질병, 기근 등 '적극적 억제 수단(positive checks)'을 제시하였다. 1803년의 제2판에서는 만혼(결혼 연기), 금욕 등 '도덕적 억제(moral restraints)'를 포함한 예방적 억제수단(preventive checks)도 보완적으로 제안하였다.

맬더스의 이론은 단순한 인구 증가 경고에 머물지 않았다. 프랑스 혁명 이후 퍼져나간 유토피아적 낙관주의에 대한 비판적 대응으로도 읽힌다. 그는 "완전한 사회"는 실현 가능하지 않으며, 인간 사회는 본질적으로 자연의 한계를 넘을 수 없다는 경고를 던진 셈이다(Malthus 1798). 또한, 상품의 생산과 분배에만 초점을 맞추던 당시 경제학의 흐름을 벗어나, 인간의 재생산이라는 문제를 경제 질서의 핵심 변수로 끌어들였다는 점에서 역사적 전환점을 이루었다(조혜종 2006).

하지만 19세기 후반으로 접어들면서 경제학의 흐름은 효용 가치론에 기반한 신고전파 경제학으로 옮겨갔다. 한계효용(marginal utility)이론의 등장은 경제학의 분석 대상과 방법을 구조적으로 변화시켰고, 인구이론은 점차 경제학의 주요 분석 대상에서 벗어나 '주어진 전제조건'으로만 취급되기 시작했다.

그러나 인구 문제에 대한 관심이 사라진 것은 아니다. 알프레드 마샬(Alfred Marshall)은 고전파 경제학의 전통을 계승하면서도 새로운 시각을 도입했다. 그는 경제학을 "부(富)의 연구이자 인간의 삶의 연구"로 정의하고, 특히 노동자 계층의 생활수준 향상에 주목했다(Marshall 1920). 급격한 인구증가는 우려하되, 완만한 인구 성장은 산업 효율성과 생활수준 향상에 기여한다고 보았다.

마샬은 특히 교육을 미래 성장의 핵심 투자로 강조하였다. 노동자 계층의 행복은 단순한 소득 증대가 아니라, 욕구 수준의 향상, 지성과 활력, 자주성의 확장을 통해 달성될 수 있다고 보았다. 이러한 입장은 J.S. 밀(Mill 1848)의 사회철학을 도입한 관점과도 맞닿아 있으며, 빈곤은 개인의 문제가 아니라 생활환경의 구조적 결과라는 사회개량적 사고로 이어진다.

결국, 맬더스에서 마샬에 이르는 인구론의 계보는 단순히 인구 수의 증감을 넘어 인간 삶의 조건, 사회 구조의 지속 가능성, 그리고 경제 질서의 재설계에 대한 사유의 흐름이었다. 이는 오늘날 우리가 인구 문제를 단지 출산율의 수치로만 이해해서는 안 되는 이유이기도 하다.

2) 마르크스의 상대적 과잉인구론

칼 마르크스(Karl Marx, 1818~1883)는 맬더스 인구론에 대한 비판적 관점에서 자신의 인구 이론을 전개했다. 맬더스가 주장한 절대적 과잉인구란 인구가 식량 등 생존 자원의 공급량을 초과해 늘어난 상태를 의미했다. 이에 반해 마르크스는 '상대적 과잉인구'라는 개념을 통해 인구문제의 본질은 식량 부족이 아니라 자본주의적 생산 구조에 있다고 지적했다.

마르크스에 따르면 자본주의 사회에서는 자본가의 이윤 극대화를 위한 축적 과정에서 노동자들이 생산 현장에서 체계적으로 배제된다. 이로 인해 생겨나는 과잉인구는 자본주의 체제에서만 발생하는 이른바 산업예비군(industrial reserve army)으로 기능하게 된다. 즉, 이들은 실업 상태를 유지하면서도 필요 시 저임금 노동력으로 재흡수될 수 있는 '대기 노동력'으로서 자본주의적 착취를 정당화하고 유지하는 장치다(Marx 1976).

마르크스는 인구문제의 핵심을 자원의 부족이 아니라 그것의 계급 간 불균등 분배에서 찾았다. 만일 장비, 토지, 지식, 자본이 무산계급에게 균등하게 분배된다면 인구 성장은 충분히 감당 가능하며, 맬더스가 경고한 식량 부족과 빈곤 문제는 발생하지 않는다고 보았다. 인구 문제는 곧 계급 문제이며 자본주의 구조의 모순이 낳은 결과라는 것이 그의 결론이다.

따라서 마르크스에게 인구문제의 해법은 단순한 억제 정책이 아니라 사회 구조의 혁신, 즉 자본주의 체제의 극복을 통한 근본적 해결이었다. 이는 그가 제시한 계급투쟁론의 연장선 위에서 인구를 바라본 대표적인 시각이라 할 수 있다.

물론 마르크스의 이론은 이후 다양한 비판에도 직면했다. 오늘날과 같이 고도산업화된 사회에서는 자본의 축적이 곧 새로운 산업과 고용 창출로 이어지는 현실을 고려할 때, 마르크스가 전제한 '구조적 실업' 개념은 현실 설명력이 제한적이라는 지적이 있다(조혜종 2006). 또한 도시화, 수도권 집중, 지식경제 사회로의 전환 등 현대 인구구조의 변화 양상은 단순히 계급 모순으로만 설명하기 어려운 복잡성을 지닌다.

사회주의 체제를 채택한 국가들도 인구 문제로부터 자유롭지 않다는 점 또한 비판의 근거가 된다. 대표적으로 중국은 계획경제 하에서도 산아제한 정책(한 자녀 정책 등)을 시행해 왔으며, 이는 인구문제가 체제와 무관하게 자원, 문화, 정치, 정책의 복합 작용 속에서 발생할 수 있음을 보여준다.

그럼에도 불구하고 마르크스의 인구론은 '인구는 사회구조 속에서 작동하는 존재'라는 인식을 제시하며, 오늘날 불평등, 고용 불안, 복지정책의 정치경제적 쟁점을 이해하는 데 여전히 유효한 해석 틀로 기능하고 있다.

3) 신맬더스 주의: 인구와 환경 위기의 경고자들

19세기 중반 이후, 맬더스의 인구론은 여전히 강력한 영향력을 유지하고 있었다. 대표적으로 J.S. 밀(Mill, 1806~1873)은 『경제학 요강』(1848)에서, 산아제한을 통해 임금을 안정시키고 빈곤을 줄일 수 있다고 주장하였다. 그는 인구 증가의 억제가 노동자의 삶의 질 향상을 위한 유일한 방법이라는 점에는 동의했지만, 맬더스가 제안한 금욕, 결혼 연기 등 도덕적 제약은 비현실적이라고 보았다. 대신 피임 등 실제적인 산아조절 수단을 인정해야 한다고 보았으며, 이러한 입장을 취한 이들을 통칭해 신맬더스주의자(neo-Malthusians)라 부른다.

신맬더스주의는 단순한 인구 이론에 머무르지 않고, 사회개혁과 결합된 운동으로 발전했다. 특히 19세기 말 서구 선진국에서는 산아제한 운동이 활발히 전개되었고, 그 결과로 출산율이 눈에 띄게 저하되는 현상이 나타났다. 이는 산업화, 도시화, 여성 교육 확대 등과 맞물려 인구 전환이 본격화되는 계기가 되었다.

20세기 전반에는 여성의 권리와 모성 보호 관점에서 산아제한 운동이 확장되었다. 대표적인 인물인 마거릿 생어(Margaret Sanger, 1879~1966)는 미국에서 산아제한 운동의 창시자로 여성의 신체 자기결정권을 주장하며 피임과 출산 조절의 정당성을 사회운동의 영역으로 끌어들였다. 신맬더스주의는 이처럼 페미니즘, 공중보건, 빈곤퇴치 운동과도 밀접히 연계되었다.

오늘날 신맬더스주의는 환경적 위기와 자원 문제와 결합되면서 다시 주목받고 있다. 인구 증가가 지구적 자원 고갈과 환경 파괴를 가속화하고 있다는 경고는 UN과 세계은행 등 국제기구의 보고서에서도 반복되고 있다. 특히 신맬더스주의자들은 "인구의 과잉은 단순한 국가 문제를 넘어 전 인류의 지속 가능성을 위협하는 문제"라고 주장하며, 기후변화, 생태위기, 에너지 고갈 등과 직접 연결시킨다.

이에 맞서 등장한 이론적 반대축은 이른바 풍요주의(Cornucopianism) 혹은 낙관론이다. 풍요주의자들은 인구 성장은 과학 기술 발전과 사회 혁신의 자극제로 작용하며, 기술적 해결책을 통해 물질적 문제를 극복할 수 있다고 본다. 이들은 인류의 창의성과 시장의 효율성이 자원 제약을 극복할 수 있다는 믿음을 바탕으로, 신맬더스주의의 경고를 과도한 비관론이라고 비판한다(조혜종 2006).

그러나 오늘날의 인구학자들은 점점 더 신맬더스주의적 입장에 가까운 우려를 공유하고 있다. 지속 가능한 발전을 위해서는 인구 증가와 자원 소비의 속도를 조절해야 한다는 인식이 확산되고 있으며, "인구 문제는 곧 환경 문제이자 생존의 문제"라는 관점이 정책담론에서도 주류로 자리잡아가고 있다.

2. 슘페터의 인구론: 자본주의와 인구의 딜레마

요제프 슘페터(Joseph Schumpeter)는 오스트리아 출신의 경제학자로 경제성장과 발전의 역동성을 강조하며 '창조적 파괴(Creative Destruction)' 개념을 제시한 인물로 잘 알려져 있다. 그의 인구론은 독립적인 체계를 갖춘 것은 아니지만, 자본주의의 발전이 불러오는 인구학적 변화를 날카롭게 진단한 점에서 오늘날에도 주목할 만한 통찰을 제공한다.

슘페터는 자본주의가 발전하면서 초기에는 인구 증가를 동반하지만, 체제가 성숙기에 접어들면 오히려 출산율 저하와 인구 감소로 이어질 수 있다고 보았다(Schumpeter 1942). 특히 그는 자본주의의 내적 메커니즘이 출산을 억제하는 방향으로 작동한다고 분석했다. 이는 단순한 인과가 아니라 자본주의 사회가 만들어내는 삶의 방식과 가치관의 변화에서 비롯된다는 것이다.

슘페터에 따르면 자본주의는 개인의 성공과 부의 축적을 중심 가치로 삼는다. 고소득층일수록 교육, 직업, 재산 형성 등 경제적 성취에 집중하게 되며, 이는 가족이나 공동체보다 개인의 목표를 우선시하는 성향으로 이어진다. 그는 특히 고학력, 고소득층에서 출산율 저하 현상이 두드러지는 점에 주목했다.

더욱이 자본주의 사회는 높은 생활비와 자녀 양육 비용으로 인해 출산 자체를 경제적 부담으로 인식하게 만든다. 고등교육비, 주거비, 의료비 등은 모두 자녀 수 결정에 영향을 미치며, 여성의 사회 진출 확대는 출산 연기 또는 포기의 주요 원인으로 작용한다. 슘페터는 이러한 구조가 지속되면 장기적으로 노동력 감소, 경제 성장 둔화, 사회 불균형의 심화를 초래할 수 있다고 경고하였다(Schumpeter 1939).

그는 인구 감소가 경제뿐만 아니라 정치체제에도 심대한 영향을 미칠 수 있다고 보았다. 자본주의가 불러오는 인구 감소는 민주주의의 기반인 시민참여와 사회적 연대의 약화로 이어질 수 있으며, 이는 궁극적으로 정치적 불안정을 초래할 수 있다는 것이다.

슘페터의 이런 분석은 오늘날 출산율 저하와 고령화 문제를 이해하는 데 매우 유효한 틀을 제공한다. 단순한 경제 분석을 넘어, 사회 구조와 인구의 질적·양적 변화 간의 연결을 보여주기 때문이다. 그는 자본주의의 발전이 새로운 산업을 창출하며 번영을 가져오는 동시에, 그 이면에서 출산 기피, 개인주의, 고령화, 사회적 양극화 같은 인구구조의 변화와 긴밀히 연결되어 있음을 간파하였다.

요컨대, 슘페터는 인구 감소를 단순한 자연적 현상이 아니라 자본주의 체제 내부에서 생성되는 구조적 결과로 보았으며, 이는 오늘날 한국을 포함한 선진국들이 겪고 있는 인구문제를 설명하는 데 여전히 강력한 분석틀로 작용한다.

3. 과잉인구론에서 감소인구론으로: 경제학의 패러다임 전환

한때 인구는 '지속적으로 증가하는 것'이 당연하게 여겨졌다. 20세기 초, 에드윈 캐넌(Edwin Cannan, 1861~1935)은 그 흐름에 의문을 던진 최초의 학자 중 한 명이었다. 그는 저서 『부』(Wealth, 1914)에서 노동력의 증가는 일정 수준까지는 생산성을 높이지만, 일정 수를 초과하면 수확체감의 법칙에 따라 1인당 소득이 오히려 줄어들 수 있다고 지적했다(Cannan 1914). 그는 효율적인 생산을 이끄는 적정인구 규모가 존재한다는 관점에서 인구 증가의 한계를 최초로 이론화한 인물로 평가받는다.

캐넌의 주장 이후, 20세기 중반부터 선진국들을 중심으로 인구 감소에 대한 우려가 과잉인구론을 대체하기 시작했다. 생산가능인구가 줄고 퇴직자가 늘어나는 구조 속에서, 세계 각국은 디플레이션의 그림자와 마주하게 되었다(덴트 2015; 모타니 2016).

이러한 전환은 존 메이너드 케인즈(Keynes)에 의해 이론적으로 구체화된다. 그는 1937년 『인구감소의 경제적 귀결』에서 영국은 조만간 인구감소에 직면할 것이라고 경고했다(Keynes 1937). 그의 핵심 주장은 인구 감소가 유효수요의 위축 → 고용 수준 하락 → 실업 증가로 이어진다는 것이다. 이 관점은 후에 앨빈 한센(Alvin Hansen)의 장기정체론(secular stagnation)으로 계승된다. 한센은 인구 증가율 하락이 경제성장 둔화의 핵심 원인이라고 지적하며, 인구구조가 경제의 장기적 역동성을 결정한다는 점을 강조했다.

이어 로이 해로드(Roy Harrod 1939)은 항상적 균형성장이론을 통해 완전고용을 유지하려면 인구 증가와 자본 축적이 균형을 이루어야 한다고 주장하였다. 그는 인구가 경제성장의 장기요인임을 이론화한 대표적인 인물로 꼽힌다.

오늘날 우리는 인구이원화(demographic bifurcation)라는 새로운 현실에 직면해 있다. 선진국은 인구 감소와 고령화, 개발도상국은 인구폭발과 청년층 집중이라는 진혀 나른 문세를 농시에 안고 있다. 유엔을 비롯한 국제기구들은 각국의 인구통계를 면밀히 분석하며 이 흐름을 추적 중이다.

덴트(2015)의 분석은 특히 출산과 소비 사이의 시차적 연동 관계를 잘 보여준다. 일본은 베이비붐이 정점을 찍은 1942년과 1949년 이후 47년 만인 1989년과 1996년에 소비정점을 기록했고, 이후 소비와 주식시장은 하락세를 탔다. 미국(1957·1961년), 캐나다(1960년) 등 북미 지역도 비슷한 흐름을 보이며, 2007년을 정점으로 소비가 급락하였다. 유럽은 2013~2014년 정점을 찍은 뒤 이후 국가별로 소비와 성장의 둔화를 겪고 있다.

한국 역시 2010년부터 2018년까지 소비가 정체된 '고원(plateau)' 상태를 보이다가, 출산율 급감과 함께 소비 절벽(consumption cliff)에 직면할 것으로 예측된바 있다(덴트 2015). 이는 단지 경제지표의 문제가 아니라 인구구조 변화가 소비 기반과 내수 시장의 지속 가능성에 구조적 제약을 가하는 신호다.

이러한 흐름 속에서 각국 정부는 양적완화 정책을 통해 소비 침체를 막고자 노력하고 있으나, 그 효과는 제한적이다. 2008년 글로벌 금융위기 이후 세계 경제는 높은 부채 비율과 인구 구조의 취약성 속에 놓여 있으며, 앞으로는 사소한 외부 충격에도 더 깊은 경기침체에 빠질 수 있는 불안정한 구조에 놓여 있다. 소비 급감과 디플레이션은 더 이상 이론 속의 경고가 아니라 이미 다가온 현실로 인식되고 있다.

4. 출생감소 이론의 전개: 사회변화와 출산율 저하

출산율 저하를 가장 먼저 경험한 국가는 프랑스였다. 19세기 중반, 프랑스에서는 인구감소에 대한 체계적 논의가 본격화되었으며, 르 플레(Le Play)는 출산율 저하의 원인을 분석한 초기 인물 중 한 명이다. 뒤를 이어 아르센 듀몽(Arsène Dumont)은 『인구감소와 문명』(La Dépopulation et la Civilisation, 1890)에서 사회적·경제적 변화가 인구감소를 초래한다는 점을 강조하였다.

듀몽은 출산율 감소의 주요 요인으로 다음과 같은 4가지 사회변화 요소를 지목했다. 첫째, 물질주의의 확산이다. 사람들이 물질적 성공과 개인적 안락을 중시하게 되면서 가족을 구성하고 자녀를 양육하는 것을 부담으로 인식하게 되었다는 것이다. 둘째, 도시화와 경쟁적 생활환경 변화이다. 도시로의 인구 집중과 치열한 경쟁은 전통적인 대가족 구조를 붕괴시키고, 자녀 양육을 경제적·정서적으로 더욱 어려운 일로 만들었다. 셋째, 개인주의 및 자율성 중시 풍조이다. 자아실현과 개인의 자유가 중요한 가치로 부상하면서, 결혼과 출산은 점점 뒤로 미뤄지는 선택지가 되었다. 넷째, 사회적 계층이동 욕구이다. 더 높은 사회적 지위를 추구하는 이들은 자녀를 '기회비용'으로 인식하며 출산을 지연하거나 회피하는 경향을 보였다는 것이다. 이러한 분석은 당시 프랑스 사회에 국한된 것이 아니라, 이후 선진 산업사회로 진입하는 다른 국가들에도 공통적으로 적용되는 설명틀이 되었다.

20세기 초, 독일에서는 파올 몽베르트(Paul Mombert)가 생활수준 및 문화수준의 향상이 출산율 저하에 영향을 미친다고 분석하며 이른바 복지설을 제기하였다. 그는 출산율 감소의 원인으로 경제적 부담, 도시화, 전통 가족 가치관의 약화 등을 들었고, 이는 이후 사회학과 심리학의 분석으로 확장되었다.

몽베르트는 특히 다음과 같은 요인들에 주목하였다. 첫째, 생활비 상승과 소득 불안정이다. 이는 결혼과 출산을 지연시키거나 포기하게 만드는 주요 원인으로 작용한다는 것이다. 둘째, 산업화와 도시화이다. 농촌에서 도시로의 인구 이동은 자녀 부양의 부담을 가중시켜 출산을 꺼리게 만드는 요인으로 작용한다. 셋째, 가치관의 변화이다. 전통적인 가족 중심적 사고가 약화되며, 삶의 만족과 자아실현을 우선시하는 경향이 출산 의지를 낮추는 요인으로 작용한다는 것이다. 넷째, 여성의 사회적 지위 변화이다. 교육 기회의 확대와 노동시장 진입은 여성들로 하여금 출산보다 직업적 성취를 중시하게 만들었고, 이는 결혼·출산의 지연 혹은 회피로 이어졌다.

이러한 논의는 이후 사회학적 출산이론으로 발전하였고, 오늘날 저출산 문제에 대한 복합적 이해의 기반을 제공하고 있다. 단순한 경제적 요인뿐만 아니라, 사회문화적 가치, 젠더 역할, 도시생활의 구조 등 인구구조 변화의 복합적 원인이 이 시기부터 체계적으로 조망되기 시작한 것이다. 이로 인해 결혼과 출산이 지연되거나 아예 포기하는 경우가 많아진다고 분석하였다.

인구 변화를 둘러싼 사상과 이론의 전개는 출산율 저하라는 사회현상이 단순한 경제 지표가 아닌 문화적·구조적 변화의 반영임을 보여준다. 이제 우리는 이러한 변화를 구체적으로 포착하기 위해, 인구를 어떻게 측정하고 분석해왔는지를 살펴볼 필요가 있다. 다음 장에서는 인구통계학의 기초 개념과 분석 도구를 통해 인구 현상을 과학적으로 읽어내는 방법을 소개한다.

제2장 요약

인구에 대한 이해는 단순한 수치의 변화가 아니라, 사회의 작동 원리와 가치관, 시대적 조건을 반영하는 창이다. 고전 인구론은 인구를 생산과 국가 경쟁력의 관점에서 바라보았고, 근대 이후에는 도시화·산업화·물질주의·개인주의의 확산과 같은 사회적 변화가 출산율 저하에 미치는 영향을 조명하기 시작했다. 르 플레, 뒤몽, 몽베르트 등의 초기 이론가들은 인구변화의 원인을 물질주의적 가치, 가족 구조 해체, 여성의 지위 변화 등 사회문화적 요인에서 찾았으며, 이러한 시각은 오늘날 저출산과 인구감소 문제를 이해하는 데에도 여전히 유효하다. 이 장을 통해 우리는 인구변화를 단지 생물학적·경제학적 문제가 아닌, 사회 전체의 질적 구조 전환이라는 관점에서 접근할 필요가 있음을 확인하게 된다.

사상가/이론	핵심 내용 및 현대적 함의
맬더스(Malthus)	인구는 기하급수로, 식량은 산술급수로 증가 → 빈곤은 불가피. 도덕적·자연적 억제 필요
마르크스(Marx)	인구과잉은 자본가의 착취 구조에서 발생하는 상대적 과잉인구
신맬더스주의	피임과 산아제한을 통한 출산율 억제, 인구증가가 자원·환경 위기 유발
슘페터(Schumpeter)	자본주의는 출산율을 감소시키는 구조를 내포 → 인구감소는 자본주의 지속가능성에 위협
캐넌(Cannan)	적정인구 개념 최초 제시. 인구감소가 수확체감과 디플레이션을 유발할 수 있음
케인즈·한센·해로드	인구감소는 유효수요 감소·실업·장기정체 유발. 인구는 완전고용을 위한 핵심 변수
듀몽·몽베르트 외	물질주의, 도시화, 개인주의, 여성의 사회진출 등 → 출산 기피 현상 유발

| 참고문헌 |

덴트, 헤리. 2015. 『2018 인구절벽이 온다: 소비, 노동, 투자하는 사람들이 사라진 세상』. 서울: 청림출판.
박상태. 2007. 『인구사상과 인구정책』. 서울: 서강대학교 출판부.
모타니 고스케. 2016. 『일본 디플레이션의 진실』. 서울: 동아시아.
슘페터, 조지프. 2013. 『경제분석의 역사 1』. 경기 파주: 한길사. Joseph A. Schumpeter. History of Economic Analysis. New York: Oxford University Press. 1954.
조혜종. 2006. 『새 인구론: 인구의 공간적·사회적 접근』. 서울: 푸른길.
Cannan, E. 1914. Wealth: A brief explanation of the causes of economic welfare. London: P. S. King & Son.
Dumont, A. 1890. La Dépopulation et la Civilisation. Félix Alcan,
Hansen, A. H. 1939. Full recovery or stagnation?. New York: W. W. Norton & Company.
Harrod, R. F. 1939. An essay in dynamic theory. The Economic Journal, 49(193), 14–33.
Keynes, J. M. 1937. Some economic consequences of a declining population. The Eugenics Review, 29(1), 13–17.
Malthus, T. R. 1798. An essay on the principle of population. London: J. Johnson.
Marshall, A. 1920. Principles of economics (8th ed.). London: Macmillan.
Marx, K. 1976. Capital: A critique of political economy (Vol. 1). (B. Fowkes, Trans.). London: Penguin Books. (원작 출판: 1867)
Mill, J. S. 1848. Principles of political economy with some of their applications to social philosophy. London: John W. Parker.
Sanger, M. 1920. Woman and the new race. New York: Brentano's.
Schumpeter, Joseph. 1942. Capitalism, Socialism, and Democracy.
Schumpeter, Joseph. 1939. Business Cycles: A Theoretical, Historical, and Statistical Analysis of the Capitalist Process (Martino Time)

제3장
인구의 측정과 분석

1. 인구통계란 무엇인가?

우리나라에서 인구와 관련된 통계를 생산하는 주요 기관은 통계청이다. 통계청에서는 다양한 조사를 통해 인구의 규모와 특성을 파악한 인구통계를 생산하고 있다. 인구통계학의 주요 출처는 일반적으로 인구조사, 인구등록부, 출생, 결혼, 사망에 대한 중요한 통계와 관련된다. 인구통계는 인구를 일정한 시점에서 정지된 상태로 관찰하여 파악하는 정태통계(static statistics)와 출생, 사망, 혼인, 이혼, 이동 등 변동 요인을 파악하는 동태통계(vital statistics)로 구분된다. 정태통계는 끊임없이 변동하는 인구현상을 어떤 '일정 시점'이라는 정지 상태에서 관찰하는 것을 말한다. 반면 동태통계는 일정기간 동안에 인구의 크기나 구조를 달라지게 하는 요인들을 파악하는 것을 말한다. 생물통계(biostatistics)로 불리기도 하는 동태통계가 인구동태 신고나 주민등록부 등 인구등록 자료를 자료원으로 삼는 반면, 정태통계인 센서스는 주로 직접 조사에 의해 수집된 자료를 말한다.

통계청에 따르면 인구통계는 정태통계와 동태통계를 모두 포함한다. 인구정태 및 인구동태통계는 각종 정책수행에 대한 평가자료 뿐만 아니라 각종 경제·사회개발의 계획수립을 위해서 필수적인 기초자료가 된다. 한국의 인구통계 조사는 주로 인구주택 총조사와 인구동향 조사 등이 있다. 가장 중요하고 기본적인 조사는 인구센서스(census)로도 불리는 인구주택총조사(이하 총조사)이다. 인구센서스는 전국에 있는 모든 '가구'를 대상으로 한다. 여기서 가구란 '자신과 실제 함께 거주하고 있는 누군가를 묶어 부르는 말'이다. 즉, 가족이라도 같이 살지 않으면 가구가 아닌 반면, 피 한 방울조차 섞이지 않은 친구라도 같이 살고 있으면 가구로 인정된다.

그러면 전국에 있는 모든 가구를 어떻게 다 조사할지에 대한 의문이 들 수 있다. 혹시 지난 2020년 10월 말 아파트 등지에 '조사원이 방문해 조사를 실시하니 협조해 달라'라는 안내방송을 듣거나 전단을 본 적이 있는가? 이것이 총조사의 일반적인 조사방법이다(최근에는 인터넷으로도 가능). 단, 총조사의 모든 조사 항목이 전수조사 대상은 아니다. 가령 인구에 관한 사항으로 성명, 성별, 나이, 가구주와의 관계 등은 전수조사하며, 출생지, 1년 전과 5년 전 거주지, 통근·통학여부 등은 표본조사한다. 주요 조사항목으로는 앞서 언급한 것과 같은 인구에 관한 사항, 가구(거처의 종류, 주거시설형태, 임차료, 거주기간 등) 및 주택(연건평, 대지면적, 총방수, 건축년도 등)이 있다.

인구동태통계에는 어떤 조사가 있을까? 대표적인 것이 인구동향조사이다. 이는 모든 대한민국 국민을 대상으로 하며, 당사자의 본적지 또는 주소지로의 신고에 의해 작성된다는 것이 총조사를 비롯한 인구정태통계와의 차이점이다. 생각해 보면, 시시각각 변동하거나 언제 일어날지 알 수 없는 사람의 인생(출생·결혼·이혼·사망 등)을 한 시점에서 조사한 것을 객관화한다는 것은 정확하지도 않고, 의미 있는 결과로써 활용될 수도 없다. 이외에도 통계청에서는 역시 신고(주민등록법에 의한 전입신고서 기준)에 의해 작성되는 인구이동통계를 제공한다.

인구정태통계와 인구동태통계는 조사방법에 따라 분류됐지만, 이들 간의 관계가 완전히 분리된 건 아니어서 이들을 바탕으로 하나의 통계를 만들 수 있다. 총조사와 인구동태통계자료를 기초로 생산한 것이 바로 추계인구이다(한동익 2015). 앞선 두 자료 모두 단점이 존재하기 때문에 두 자료를 하나로 합쳐 국가 차원에서 공식적인 총인구 자료로 활용한다. 통계청에 따르면, 총조사로 조사된 인구는 조사 규모가 방대해 누락과 중복 등의 오차가 발생할 수밖에 없다. 또 주민등록인구는 취업·취학 등으로 해외 거주하는 사람들, 위장 전출 입자, 주민등록말소자의 파악이 정확히 이루어지지 않아 실제 인구를 나타내기 어렵다. 이에 따라 총조사를 기반으로 출생·사망·이동 인구를 감안해 추측하는 것이다. 이는 매년 '연앙추계인구'란 명칭으로 발표된다.

가족이 경제생활을 할 때에도 구성원 수와 각각의 연령, 취학여부, 직업여부 등이 변수가 되는 것처럼, 총조사는 나라가 살림을 꾸려 나가는데 구성하는 국민의 수와 그들의 특성을 파악한 자료는 정책 수립에 중요한 역할을 한다. 조사 시점을 전후한 인구의 규모와 구성은 기업이 소비층과 그들의 욕구를 알아내는 데도 도움이 된다. 인구동향조사는 인간의 출생, 사망, 혼인, 이혼 등 인구의 변동요인과 관련된 통계이므로, 국가의 인구정책을 비롯한 경제·사회·교육·보건(의료) 등 각종 정책을 수립하는 데 있어서 하나의 기초자료가 될 수 있다. 기업에게도 교육·의료산업에 투자하거나 출생·사망과 관련한 사업을 계획하는 데 좋은 자료가 될 것이다.

추계인구(연앙주계인구)도 보다 정확한 인구규모로 공식적으로 인정을 받은 점에서 1인당 지표의 산출 및 각종 지표 작성과 인구성장 추이자료 작성에 이용된다. 장래를 예측한다는 점에서도 국가발전의 계획을 세울 때 활용되기도 한다. 이러한 인구에 관한 방대한 통계자료는 현재 국가통계포털(http://kosis.kr/)을 통하여 누구나 접근할 수 있도록 제공하고 있다.

2. 인구통계의 역사적 전개: 등장과 발전

인구통계에 대한 관심은 근대국가의 성립과 함께 비롯되었다. 전근대 국가에서는 백성에 대해 또는 그들의 경제상황이나 토지의 소유, 산출량 등에 자세히 알지 못하였다. 물론 고대사회부터 인구 수에 대한 관심은 전쟁과 부역에의 동원을 위하여 필요하였다. 따라서 성인 남자의 수가 가장 큰 관심사였다. 성별이나 나이와 무관하게 영토 내의 모든 사람들에 대한 관심은 근대국가 성립과 함께 생겨났다. 인구와 국부를 읽어내는 것은 국가의 성장이나 사회통제를 위하여 필요한 것이었다. 절대주의 시대 유럽에서는 인구는 영토의 크기, 자원과 함께 국력의 지표의 하나로 여겨졌다. 사람이 많아야 농업과 수공업에 종사할 일손이 많아지고, 이를 통하여 저렴한 곡물과 수공업 제품을 다른 나라에 많이 판매할 수 있었다.

　인구통계를 산출하는 것은 근대국가의 등장과 불가분의 관계를 갖고 있다. 근대의 인구조사는 본국보다 식민지에서 활발하게 행해진 것을 볼 수 있다. 1548년 페루에서, 1576년 북미의 식민지에서 스페인에 의한 인구조사가 시행되었으며, 주기적인 근대 인구조사의 시초는 1660년 북미의 프랑스 식민지였다(조은주 2021). 독립 후 미국은 10년 주기 인구조사의 시행을 헌법에 명시하였다. 영국의 식민지 인구조사는 인도의 통계 관료체계를 발전시켰고, 인도를 이론이나 실무차원에서 통계의 중심지로 만들어내는 효과를 가져왔다. 근대적 통계의 도입이 식민주의와 결부되어 이루어졌다면, 통계의 본격적 발전은 전세계적 냉전질서 하에서 미국의 원조를 통하여 이루어졌다. 한국 전쟁 이후 1960년대 한국의 국가통계의 발전도 미국 대외원조처가 원조 자금을 제공하면서 출범한 주한통계고문단의 역할에 힘입은 바 크다고 할 수 있다.

　우리나라에서의 인구통계 역사를 살펴보자. 한국민족문화대백과사전에 따르면[1], 기록상으로 볼 때 우리나라에서 전 국토에 걸치는 총 인구통계는 조선시대인 1395년(태조 4년) 이후의 것이므로 이때부터 기산(起算)할 수밖에 없을 것이고, 그 이전의 시대에 관해서는 호구조사나 호적제도에 관한 기록을 통하여 각 시대의 사정을 엿보는 수밖에 없다. 특히 인구연구의 기본적 전제가 되는 시기와 지역설정이 불명확하여 인구연구의 일차적 과제인 인구의 양적 측정을 불가능하게 하며 이의 추정조차도 매우 막연한 하게 하고 있다. 더욱이 조선시대 이전에는 국토가 통일 되지 않아 전 국토에 걸친 호구나 인구의 총수를 알아내기란 거의 불가능하다.

　인구의 양적 측정은 역사적으로 볼 때 노동력·병력 인구의 파악 및 조세수취 등 국가적 필요에서 먼 옛날부터 시도되었던 것으로 여겨진다. 호적에 관한 조사와 편제는 여러 기록을 통하여 밝혀지고 있는데, 이에 대한 측정은 대체로 가구(家口) 또는 호(戶)를 관찰단위로 기록되고 있다. 인구에 관한 정보는 조선시대에 들어오면 이전 시대에 비하여 훨씬 많으며, 비교적 많은 기록들이 보존되어 있다. 조선시대에는 3년마다 호구조사가 실시되었으며, 각 군

---

[1] https://encykorea.aks.ac.kr/Article/E0046845

현별로 호적대장(戶籍大帳)이 작성되었다. 그러나 현대적 인구조사의 기본전제가 되는 조사시일·현재인구 또는 상주인구와 같은 집계방식에 관해서는 분명하지 않다. 아울러 대체로 조선시대의 호구통계는 신고에 의해서 이루어진 것이기 때문에 집계가 불완전하고 신고누락이 많아 당시 인구통계의 정확성에 관해서는 여러 가지 의문점이 있다. 당시에 신고누락이 많았던 주된 이유로는 장정들의 병역기피 및 조세·부역의 회피, 그리고 행정관리의 비리 등을 들 수 있다.

우리나라에서 현대적 의미의 인구통계가 작성되기 시작한 것은 일제강점기부터의 일이다. 그 내용은 단순한 호구수의 파악뿐 아니라 여러 인구학적·사회경제적 특성을 포착함으로써 다각적인 통계자료의 이용이 가능하게 되었다. 조선총독부는 일제의 한국강점과 더불어 1910년에서 1943년까지 연도별 연말현주호구조사(年末現住戶口調査)를 실시하였으며, 1925년부터는 5년마다 1944년에 이르기까지 5회에 걸쳐 국세조사(國勢調査)를 실시하였다(한국민족문화대백과사전 참조). 연도별 현주호구조사는 경찰의 호구조사를 기초로 작성한 통계이며, 국세조사는 일본에서 1920년 처음 실시되었으며, 현재인구주의(現在人口主義)의 입장에서 10월 1일 오전 영시 현재로 실시되었다. 국세조사의 조사항목으로는 ① 성명, ② 세대주와의 관계, ③ 성(性), ④ 연령, ⑤ 국적 및 민적(民籍), ⑥ 출생지, ⑦ 배우관계, ⑧ 읽고 쓰기의 정도(교육수준), ⑨ 직업, ⑩ 산업, 종사상의 지위, 상주지 등이 포함되었다.

인구동태통계는 1937년 10월 「조선인구동태조사규칙」이 제정되면서 본격적으로 작성되기 시작하였다. 이에 따라 부윤 및 읍·면장이 작성한 인구동태조사표를 집계하여, 1937년부터 1942년까지 매년 '조선인구동태통계(朝鮮人口動態統計)'라는 명칭으로 발표되었으며, 해당 자료는 신빙성이 매우 높은 것으로 평가된다. 광복 후의 인구통계는 국토의 분단으로 인해 남한에만 국한되어 통계자료가 집계되었으며, 특히 광복 후 1950년대까지는 정치적·사회적 혼란 및 6·25전쟁, 그리고 보다 근본적으로는 국민의 의식수준과 관련하여 신빙성 있는 통계생산에 많은 난점이 있었다.

대한민국정부수립 이후 인구정태통계로서의 최초의 인구조사는 내무부 소관하에 1949년 5월 1일 현재로 실시된 제1회 총인구조사인데, 이 조사자료는 6·25전쟁으로 인하여 속보자료 이외에는 모두 소실되었다. 6·25전쟁 이후 1955년 9월 1일 현재로 제1회 간이총인구조사가 실시되었다. 1960년에는 세계센서스의 해를 맞이하여 '1960년 인구·주택국세조사'를 12월 1일 현재로 실시하였으며, 집계방식도 종전의 현재인구주의에서 상주인구주의로 전환되었다. 그 뒤 대체로 5년 간격으로 1966년에 인구센서스, 1970년에 총인구 및 주택조사, 1975년에 총인구 및 주택조사, 그리고 1980년에 인구 및 주택센서스가 실시되었다.

3. 인구통계의 한계와 비판: 숫자 이면의 오해와 함정

인구통계는 인구에 대한 이해의 기초를 형성하는 핵심 자료이지만, 동시에 그 생산 방식과 해석 구조에는 몇 가지 중요한 한계와 오해가 내포되어 있다. 이 절에서는 인구통계가 가진 한계, 특히 추정과 불완전성, 접근성과 활용의 제약, 그리고 정치적 민감성과 관련된 문제를 세 가지 축에서 살펴보고자 한다.

첫째, 인구통계에 활용되는 많은 데이터는 추정치에 의존하고 있다는 점이다(Dorling and Gietel-Basten 2018). 인구통계는 기본적으로 과학으로서 데이터에 기반하고 있다. 사회과학의 많은 분석이 이 같은 데이터에 의존하고 있음에도 불구하고, 데이터의 생산, 활용, 상호 비교 과정에 대한 충분한 논의는 이루어지지 않는 경우가 많다. 영국이나 미국과 같은 국가에서는 인구조사 사이에 실제로 얼마나 많은 사람들이 이곳에 있고, 얼마나 많은 사람들이 오고 갔는지에 대한 변화를 거의 알지 못한다. 현재 인구에 대한 '중간 추정치'가 존재하지만, 이는 출생 및 사망자 수와 이주 추정치를 통해 정보를 얻을 수 있을 뿐이다. 기본적으로 인구는 실제로 10년에 한 번 이상 집계되지 않는다. 다른 유럽 국가에서는 지속적으로 업데이트되는 인구 등록부 또는 적어도 5년마다 실시하는 '바이 센서스'로 보완되는 인구 조사를 실시하는 것이 일반적이다. 특히 미국과 영국 그리고 많은 국가에서는 종합적인 주민 등록부가 없어 인구통계 집계와 분석에 애로가 있다.

둘째, 데이터 접근성과 관련된 한계이다. 오늘날 개인정보는 전자상거래, 고객관리, 금융거래 등 사회의 구성, 유지, 발전을 위한 필수적인 요소로서 기능하고 있다. 특히 데이터 경제 시대를 맞이하여 개인정보와 같은 데이터는 기업 및 기관의 입장에서도 부가가치를 창출할 수 있는 자산적 가치로서 높게 평가되고 있다. 그러나 개인정보가 누군가에 의해 악의적인 목적으로 이용되거나 유출될 경우 개인의 사생활에 큰 피해를 줄 뿐만 아니라 개인 안전과 재산에 피해를 줄 수 있다. 따라서 정부와 공공기관은 인구에 대한 정보를 획득하는 데 많은 제약을 두고 있다. 특히 의료연구와 관련된 데이터의 경우 제한이 엄격한 편이다. 결국 인구와 관련한 과학적 연구를 위한 데이터 접근성에 많은 제약이 있고, 국가 간 기준도 다르기 때문에 비교연구에 제약이 되기도 한다.

셋째, 통계의 신뢰성과 관련된 한계이다. 인구문제 조사를 위하여 설문조사나 표본조사에 의존하는 경우가 많다. 그러나 이러한 조사에는 표본의 크기·대표성·질문의 설계·응답률 등에서 오류가 있는 경우가 많고, 이로부터 얻어진 결과는 후속적인 왜곡된 정보를 산출하게 되는 경우가 많다. 아울러 빈곤국 및 신흥 경제개발국가에서 생산된 데이터는 신뢰성에 한계를 지니는 경우가 적지 않다. 예를 들어, 2010년 유엔은 아프리카에 대한 인구 통계 데이터 중 30%가 '매우 열악하거나 부족', 18%가 '열악', 48%가 '기본'이며, 양호하거나 우수한 국가는 4%에 불과하다고 밝히고 있다(Dorling and Gietel-Basten 2018). 아시아, 라틴 아메리카 및 카리브해 지역에서는 20% 이상의 국가에서 인구통계 데이터가 '열악함' 또는 '매우 열악하거나 부족함' 수준인 것으로 나타났다. 북아메리카의 100%, 유럽의 97.1%가 양호하거나 우수하다는 결과와 비교하면 이들 국가에서 산출한 데이터의 신뢰성에 의문을 갖지 않을 수 없다.

이러한 상황은 사회와 경제가 매우 빠르게 변화하고 있는 세계 곳곳에서의 엄청난 인구학적 변화를 제대로 측정하고 이해하는 데 어려움을 초래하고 있다. 경제와 사회의 변화가 인구에 미치는 영향, 인구구조의 변화가 사회, 경제에 미치는 영향을 제대로 추정하거나 평가할 수 없다는 것이다. 우리의 인구 통계가 왜 그렇게 부실한지에 대한 설명의 대부분은 비용과 제도적 구조 측면에서 국가가 필요한 포괄적인 데이터 수집 시스템을 개발하고 유지 관리할 능력이 없다는 것에 기인한다고 보고 있다. 그러나 정부의 의지와 능력이 있는데도 이를 저해하는 다른 요인도 있다. 예를 들어, 개인으로서의 '기록'과 시민으로서의 '권리'에 대한 보다 광범위한 개념적 혼란이 있을 수 있다(Mahapatra et al. 2007). 이름이 등록되면 이에 수반되는 권리를 가진 시민으로 인정하는 것과 연결될 수 있다. 한 지역에, 또는 민족이나 부족의 구성원 등 특정 공유 특성을 가진 사람들이 충분히 많다면, 이를 통해 집단적 권리나 정체성의 인정을 요구할 수 있다. 그리고 이는 한 국가의 핵심 정치를 바꿀 수 있다. 따라서 일부 국가의 정부는 다양한 이유로 적절한 등록 시스템을 개발하는 데 소극적일 수 있다. 예를 들어, 이라크의 쿠르드 지역은 지역인구 조사와 전체 중요 통계 등록 시스템을 설계하고 구현할 수 있는 능력이 분명히 있다. 쿠르디스탄은 이라크의 다른 지역보다 인프라, 재정 및 제도적 자원이 더 발달되어 있고 훨씬 더 안전하기 때문이다. 그러나 이라크와 다른 지역(특히 튀르키예)에서 쿠르드족의 정체성 논란과 이라크 전체를 억누르는 종파적 문제, 그리고 등록과 '정체성' 사이의 연관성은 바그다드 당국이 그러한 발전을 완전히 받아들이기 어렵게 한다(Al-Hadithi et al. 2010).

다른 한편으로 사람들이 표면적으로 자신의 이익을 위해 마련된 시스템에 등록하기를 원하지 않을 수도 있다. 즉, 일부 국가에서는 익명으로 처리하는 것이 더 나은 경우도 있다는 것이다. 인종, 종교 또는 자신의 수입과 관련해서든, 자신을 숨기려는 동기를 갖고 있다는 것이다. 이러한 현상은 영국에서 유일하게 비거주 조세 회피 자격을 제공하는 사람부터 경찰, 채권 추심자 또는 세무사를 피하고자 하는 사람, 과세 대상이 아닌 비공식 경제의 영역에서 일하는 사람에 이르기까지 전 세계에서 다양하게 나타날 수 있다.

결론적으로 통계는 중립적이지 않을 수도 있다는 점을 유념할 필요가 있다. 이상의 사례들은 통계가 단지 객관적이고 중립적인 수치의 집합이 아님을 보여준다. 인구통계는 데이터의 생산 방식, 접근 조건, 제도적 맥락, 정치적 의지에 따라 그 정확성과 의미가 달라질 수 있다. 숫자 하나하나의 이면에는 정치적, 사회적, 윤리적 권력관계가 작동하고 있다. 우리는 '정확한 수치'의 환상에서 벗어나 통계의 한계와 가능성을 함께 인식하는 비판적 시선을 가져야 한다.

4. 인구변화의 측정

1) 인구증가율

한 나라 또는 지역의 인구는 단순히 자연적으로 유지되지 않는다. 인구는 출생, 사망, 이동 등 인구 내재의 변동 요인뿐만 아니라, 그 사회가 처한 경제적·사회적·문화적 환경에 따라 시간적으로 변화한다. 이러한 인구의 시간적 변화를 이해하고 분석하는 것은, 인구정책뿐 아니라 교육·복지·산업 등 국가의 중장기 전략 수립에 있어 핵심적인 기초가 된다.

그중에서도 가장 기본적이면서도 중요한 지표가 바로 인구증가율이다. 이는 일정 시점 사이에 인구가 얼마나 늘거나 줄었는지를 백분율로 나타낸 것으로 국가 또는 지역의 인구동태를 간명하게 보여주는 핵심 진단도구라 할 수 있다.

인구증가율은 다음과 같은 수식으로 계산된다:

> 인구증가율 = {(A − B) ÷ B} × 100 (%)
> ※ A는 조사 기준 시점의 인구, B는 기준 연도의 인구

예를 들어, 2022년 한국의 총인구는 52,628,623명이며, 전년도인 2021년의 인구는 52,732,700명이었다. 이를 바탕으로 계산하면 2022년의 인구증가율은 −0.197%로, 사실상 인구가 줄어들고 있는 '인구 마이너스 성장' 상태에 진입했음을 보여준다.

이처럼 인구증가율은 단순한 수치가 아니다. 국가의 성장 가능성, 노동력 구성, 소비시장 규모, 복지 수요, 교육 및 의료 인프라 등 거의 모든 정책 분야의 수요 예측과 대응 전략 수립의 출발점이 되는 정보다.

예를 들어, 교육 분야에서는 학령인구 감소를 반영하여 학교 설립계획을 조정해야 하며, 보건·복지 분야에서는 고령인구의 급증을 고려한 장기요양 및 건강보험 계획이 필요하다. 도시계획과 주택정책에서도 인구 감소 지역에 대한 공공 인프라 조정과 균형 발전 정책이 불가피하다. 또한 기업 입장에서는 소비시장 변화 예측을 위한 핵심 지표로 활용된다. 인구가 증가하는 지역

은 새로운 수요가 창출되는 반면, 감소 지역은 시장 수축과 사업전략의 전환이 필요해진다.

따라서 인구증가율은 단순한 수치가 아닌, 국가와 사회, 기업 모두의 미래 대응을 좌우하는 '인구 나침반'이라 할 수 있다.

2) 인구밀도(Population Density)

인구밀도란 단위 면적(보통 1㎢)당 거주하는 인구 수를 의미한다. 공식은 다음과 같다:

인구밀도 = 총인구 ÷ 국토면적

이 지표는 단순히 '사람이 얼마나 많이 모여 사는가'를 넘어서 국토의 활용도, 주거환경, 지역 간 불균형 등을 판단하는 핵심 자료다. 예를 들어, 수도권의 인구밀도는 매우 높지만 농산어촌 지역은 인구 소멸 위기에 놓여 있다. 이는 수도권 집중, 지방소멸, 주택 수요, 교통 인프라, 환경 정책 등 다양한 정책 영역에서 지역 간 대응 전략을 달리 해야 함을 시사한다.

또한 인구밀도는 기후위기 대응과 공간정책 측면에서도 중요하다. 고밀도 도시는 에너지 효율이 높을 수 있으나 열섬현상, 대기오염, 주거 스트레스 등의 문제도 수반한다. 반면 저밀도 지역은 인프라 유지비용이 과도하게 발생할 수 있다.

인구밀도는 '공간 속 인구'에 대한 진단 지표이며 균형 발전과 환경 계획의 필수 지표다.

3) 출산율(Fertility Rate)

출산율은 인구의 재생산 가능성을 판단하는 가장 핵심적인 지표다. 일반적으로 합계출산율(Total Fertility Rate, TFR)이 가장 많이 사용되며, 이는 한 여성이 평생 낳을 것으로 기대되는 평균 자녀 수를 의미한다.

예: 한국의 합계출산율은 2023년 기준 0.72명으로 세계 최저 수준이다.

합계출산율이 2.1명보다 낮으면 인구 재생산이 불가능하며, 장기적 인구 감소 및 고령화 가속을 초래하게 된다. 저출산은 단순한 출생 수의 감소가 아니라, 노동력 축소, 학교와 병원의 수요 변화, 군 병력 감소, 성장 잠재력 저하 등 전방위적인 사회적 구조 재편을 야기한다. 특히 출산율 저하의 원인은 경제적 부담, 양육비용, 주거 불안, 경력 단절, 젠더 불평등 등 구조적 요인과 밀접하게 연결되어 있어, 단기적 인센티브보다 사회 전반의 재설계가 요구된다.

출산율은 단지 출생 수가 아닌 사회가 미래세대를 키워낼 수 있는 구조를 갖추고 있는지의 '지표'다.

4) 기대수명(Life Expectancy)

기대수명이란 한 개인이 출생 시점에서 기대할 수 있는 평균 생존 연수를 의미한다. 한국의 기대수명은 OECD 상위권으로, 2023년 기준 83.6세 수준이다.

이 수치는 보건·의료의 발달, 사회 안전망, 영양, 생활환경 등을 반영하는 종합지표이며, 동시에 고령화 사회 진입 속도와 복지 시스템 부담을 측정하는 기준이 된다. 기대수명이 늘어난다는 것은 더 오랫동안 살아야 할 사회적 준비와 책임이 커진다는 의미이기도 하다.

특히 기대수명과 함께 봐야 할 지표는 건강수명(Healthy Life Expectancy)이다. 세계보건기구(WHO 2023)에 따르면, 건강수명은 단순한 생존 연수 이상의 의미를 가지며, 질병이나 장애 없이 건강하게 활동할 수 있는 평균 생존 기간을 의미한다. 단순히 오래 사는 것이 아니라, 건강하게 활동할 수 있는 삶의 기간이 중요하다는 것이다. 고령자 인구가 증가할수록 노후 의료비, 장기요양 수요, 고령자 주거정책 등의 사회적 비용도 함께 증가한다.

기대수명은 단지 '수명'이 아니라, '살아야 할 삶의 질과 기간'을 묻는 지표다.

5. 현대의 국가별 인구통계체계

(1) 국가통계제도

현대 국가는 정책의 수립과 이행, 평가 과정에서 다양한 통계를 필요로 한다. 각 국가는 국가통계의 최대 생산자이자 이용자인 정부가 필요로 하는 통계를 효율적으로 생산하고 활용하기 위해 역사적 배경과 정치적 여건에 부합하는 통계제도를 운영하고 있다. 이는 국가통계 생산 구조에 따라 집중형과 분산형으로 구분할 수 있다.

집중형 통계제도는 하나의 전문화된 통계작성기관이 국가정책에 필요한 대부분의 통계를 작성·공급하는 제도로 캐나다, 스웨덴, 호주, 네덜란드, 인도네시아 등이 이 제도를 채택하고 있다. 반면 한국, 미국, 일본, 영국 등은 국가통계를 생산하는 데 있어 각 기관의 고유 업무 수행을 위해 필요한 통계를 개별 기관 책임아래 작성하고 있는 분산형 통계제도를 채택하고 있다.[2] 두 제도의 차이는 다음과 같이 정리할 수 있다.

	집중형	분산형
주요 특징	• 국가기본통계를 단일화된 통계전문기관에서 작성 • 부처간 통계연락기구의 설치	• 부처별로 필요한 통계를 개별적 작성 • 통계조정기관 설치
해당 국가	캐나다, 스웨덴, 핀란드, 네덜란드, 호주, 인도네시아 등	한국, 미국, 일본, 영국, 대만 등
장점	• 통계의 균형적 개발과 유기적 체계 확보 • 통계의 객관성 및 신뢰도 제고 • 통계전문인력의 집중적 활용	• 분야별 전문지식을 관련 통계 개발에 활용 가능 • 통계수요에 신속히 대응
단점	• 관련행정분야별 전문지식 활용 미흡 • 통계수요에 대한 신속한 대응 어려움	• 중복작성 등으로 인력과 예산의 낭비 초래 • 체계적 통계 개발의 제약 • 통계전문인력의 집중적 활용 어려움

※ 자료: 국가통계포털(https://kosis.kr/serviceInfo/statisInstitution.do)

---

[2] 국가통계포털(https://kosis.kr/serviceInfo/statisInstitution.do)

우리나라의 통계제도는 미국과 일본의 영향을 받아 원칙적으로 분산형 통계제도로 출발하였으나, 미국이나 일본보다는 집중형 성격이 강하다고 할 수 있다. 1962년 제정된 「통계법」은 정부를 위시한 각종 통계기관에서 독자적인 통계활동을 수행할 수 있는 분산형 통계제도를 반영하고 있다. 분산형 통계제도에서는 통계활동의 중복으로 인한 자원의 낭비와 국민의 응답부담가중, 관련 통계 상호간의 비교성 결여 등의 이유로 국가통계의 질적 수준 저하 등과 같은 문제가 발생할 가능성이 높다.

따라서 국가중앙통계기관인 통계청은 이러한 문제들을 최소화하고 국가통계의 체계적인 발전을 위해 통계생산기관으로서의 역할 뿐만 아니라 국가통계조정기관으로서의 기능을 동시에 수행하고 있다. 또한 국가통계포털과 같은 집중형 통계서비스를 통해 분산형 제도로 인해 발생할 수 있는 이용자의 불편사항을 최소화하는 데 노력하고 있다.

우리나라는 분산형 통계제도에 따라 국가통계를 생산하고 있으며, 통계작성기관은 중앙행정기관, 지방자치단체 및 통계작성 지정기관(민간기관) 등으로 나뉜다. 통계작성 지정기관은 중앙행정기관이나 지방자치단체 이외의 법인으로 국가통계를 작성할 능력이 있는 기관이 통계청장의 승인 후 통계작성 지정기관이 될 수 있는데 금융, 공사 및 공단, 연구기관, 협회 및 조합 등이 해당된다.

(2) 세계 인구통계

유엔 경제사회부 인구국(The Population Division of the Department of Economic and Social Affairs)은 인구통계 연구를 수행하고, 인구 및 개발 분야에서 유엔의 정부 간 프로세스를 지원하며, 각국이 인구 데이터와 정보를 생산하고 분석하는 역량을 개발할 수 있도록 돕고 있다. 이 부서는 지속 가능한 개발의 모든 측면에서 인구 동향의 중심적인 역할을 강조함으로써 인구 문제를 국제 사회의 관심사로 끌어올리고 있다. 인구국은 매년 전 세계 인구에 관한 데이터 세트를 발표하고 전 세계 인구 동향을 분석한다.[3]

---

[3] 유엔 인구국 홈페이지(https://www.un.org/development/desa/pd/)

인구국은 1946년 인구위원회(Commission on Population and Development)의 사무국 역할을 하기 위해 설립되었다. 지난 수년간 유엔의 인구 및 개발에 관한 글로벌 대화에 기여하고 지원하며 모든 국가에 대해 정기적으로 업데이트되는 인구 통계 추정 및 예측을 작성하고 지속가능개발목표(SDGs)에 포함된 인구 분야 국제 합의 개발 목표의 이행 상황을 모니터링하는 데 필수적인 데이터를 제공하고 있다. 인구국은 인구 및 개발 분야의 주요 유엔 회의 및 정상회의의 실질적인 준비와 조직을 주도하고 기여하며, 인구 및 개발위원회의 사무국 역할을 하고 총회와 경제사회이사회에서 관련 정부 간 절차를 지원한다.

이 부서는 정기적으로 전 세계 모든 국가의 인구 추계 및 전망과 국제 이주자 수 추정치를 작성한다. 이 부서는 인구 역학을 연구하고, 전 세계 인구 동향을 분석하며, 인구 정책을 모니터링하고 있다. 출산율과 가족계획, 결혼과 노조, 청소년과 청년, 인구 고령화, 사망률, 국제 이주, 도시화, 가구 규모와 구성, 인구 규모와 구조, 인구 정책 등 이 부서의 분석 연구는 회원국들, 연구자들, 공적 및 사적 기관들에 의해 널리 활용하고 있다. 이 부서는 유엔 이주 네트워크와 유엔 아동 사망률 추정을 위한 유엔 기관 간 그룹(UN IGME)을 비롯한 다양한 기관 간 조정 메커니즘에 참여하고 있다. 인구국 홈페이지에서 제공하는 주요 데이터는 다음의 그림에서 보는 바와 같다.

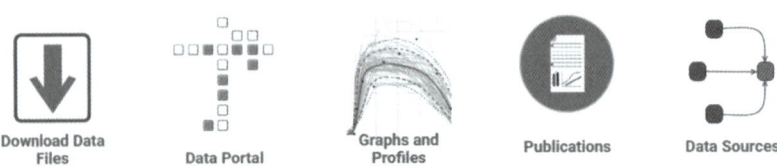

2024 세계 인구 전망(World Population Prospects 2024)[4]은 유엔 사무국 경제사회국 인구과에서 작성한 유엔 공식 인구 추정 및 전망의 스물아홉

---

4) https://www.un.org/development/desa/pd/world-population-prospects-2024

번째 판이다. 이 보고서는 1950년부터 현재까지 237개 국가 또는 지역에 대한 인구 추계를 제시하며, 역사적 인구 추세에 대한 분석을 바탕으로 하고 있다. 이 최신 평가는 1950년부터 2024년 사이에 실시된 1,758개의 국가 인구 센서스 결과와 생명 등록 시스템 및 2,890개의 국가 대표 표본 조사에서 얻은 정보를 활용하고 있다. 또한 2024년 개정판은 전 세계, 지역 및 국가 수준에서 다양한 타당성 있는 결과를 반영한 2100년까지의 인구 추계를 제시하고 있다.

주요 결과는 1950~2100년 중 선택된 기간 또는 날짜에 대한 각 유엔 개발 그룹, 세계은행 소득 그룹, 지역, 지속가능개발목표(SDGs) 지역, 하위 지역 및 국가 또는 지역에 대한 주요 인구통계 지표를 보여주는 일련의 Excel 파일로 제공된다. 온라인 데이터베이스(데이터 포털)는 프로그래밍 방식의 액세스를 위한 오픈 API를 포함하여 수요 지표의 하위 집합과 대화형 데이터 시각화에 대한 액세스를 제공한다. 처음으로 추정치와 전망치는 이전에 사용했던 5년 간격이 아닌 1년 간격으로 연령과 시간을 구분하여 제시되고 있다. 연령별로 세분화된 다양한 데이터 세트는 표준 5년 연령대별 및 단일 연령대별 두 가지 형태로 제공된다.

(3) 한국의 인구통계

우리나라에는 인구센서스 외에도 혼인 · 출생 · 사망 · 거주지 변동 등 신고로 이루어지는 여러 가지 인구통계가 있고, 이들을 이용한 자료도 정기적으로 생산되고 있다. 그리고 센서스나 신고통계로 부족한 자료는 표본조사에 입각한 특별인구조사를 통해 만들고 있다. 한마디로 우리나라는 역사적으로나 현재에 있어서나 인구조사와 자료의 관점에서 볼 때 세계적인 선진국에 속해왔다. 이러한 인구자료의 선진성이 1960년 이후 우리나라 여러 분야의 지속적인 발전에 밑거름이 되었음은 두말할 것이 없다. 오늘날 선진국은 바로 통계 선진국을 뜻하고, 인구통계는 모든 통계의 기초를 이루기 때문이다.

한국의 인구통계는 국가통계포털을 통해 구할 수 있다. 국가통계포털(KOSIS, Korean Statistical Information Service)은 국내 · 국제 · 북한의 주요 통계를 한 곳에 모아 이용자가 원하는 통계를 한 번에 찾을 수 있도록 통계청이 제공하는 One-Stop 통계 서비스이다. 현재 400여 개 기관이 작성하는 경제·사회·환경에 관한 모든 국가승인통계를 수록하고 있으며, 국제금융·경제에 관한 IMF, Worldbank, OECD 등의 최신 통계도 제공하고 있다. 쉽고 편리한 검색기능, 일반인들도 쉽게 이해할 수 있는 다양한 콘텐츠 및 통계설명자료 서비스를 통해 이용자가 원하는 통계자료를 쉽고 빠르고 정확하게 찾아볼 수 있도록 하고 있다.

국가통계포털에서 제공하는 서비스는 아래 그림에서 보는 것과 같은 각종 국내통계, e-지방지표, 국제통계, 북한통계, 쉽게보는 통계, 시각화 콘텐츠, 공유서비스(OpenAPI)등이 제공되고 있다.[5]

이러한 정보 제공은 「공공데이터의 제공 및 이용 활성화에 관한 법률(약칭: 공공데이터법)」과 「공공기관의 정보공개에 관한 법률(약칭: 정보공개법)」, 「저작권법」 등에 근거를 두고 있다. 공공데이터법 제1조, 제3조에 근거하여 국가통계포털(KOSIS)에서 제공하는 공공데이터는 누구나 이용가능하고, 영리 목적의 이용을 포함한 자유로운 활용이 보장된다. 단, 공공데이터법 제17조에 명시되어 있는 정보공개법 제9조의 비공개대상정보와 저작권법 및 그 밖의 다른 법령에서 보호하고 있는 제3자의 권리가 포함된 것으로 해당 법령에 따른 정당한 이용허락을 받지 아니한 정보는 제공 대상에서 제외된다.

---

[5] 국가통계포털(https://kosis.kr/serviceInfo/kosisIntroduce.do)

KOSIS에서 제공하는 각종 콘텐츠(웹문서, DB자료, 첨부 파일, 동영상 등)는 저작권법에 의하여 보호받는 저작물로서 별도의 저작권 표시를 명시한 경우를 제외하고는 원칙적으로 통계청에 저작권이 있다.

「공공데이터법」

제1조(목적) 이 법은 공공기관이 보유·관리하는 데이터의 제공 및 그 이용 활성화에 관한 사항을 규정함으로써 국민의 공공데이터에 대한 이용권을 보장하고, 공공데이터의 민간 활용을 통한 삶의 질 향상과 국민경제 발전에 이바지함을 목적으로 한다.

제3조(기본원칙) ① 공공기관은 누구든지 공공데이터를 편리하게 이용할 수 있도록 노력하여야 하며, 이용권의 보편적 확대를 위하여 필요한 조치를 취하여야 한다.

② 공공기관은 공공데이터에 관한 국민의 접근과 이용에 있어서 평등의 원칙을 보장하여야 한다.

③ 공공기관은 정보통신망을 통하여 일반에 공개된 공공데이터에 관하여 제28조제1항 각 호의 경우를 제외하고는 이용자의 접근제한이나 차단 등 이용저해행위를 하여서는 아니 된다.

④ 공공기관은 다른 법률에 특별한 규정이 있는 경우 또는 제28조제1항 각 호의 경우를 제외하고는 공공데이터의 영리적 이용인 경우에도 이를 금지 또는 제한하여서는 아니 된다.

⑤ 이용자는 공공데이터를 이용하는 경우 국가안전보장 등 공익이나 타인의 권리를 침해하지 아니하도록 법령이나 이용조건 등에 따른 의무를 준수하여야 하며, 신의에 따라 성실하게 이용하여야 한다.

---

6. 결론

인구를 측정한다는 것은 단순히 사람 수를 세는 행위에 그치지 않는다. 국가의 미래를 예측하고, 사회의 구조를 진단하며, 정책의 방향을 설계하는 데 있어 인구통계는 가장 기초적이면서도 전략적인 도구다. 우리가 흔히 접하는 인구센서스, 출생률, 기대수명, 인구밀도와 같은 지표들은 국가의 성쇠, 복지 수요, 지역 불균형, 경제활동 가능성까지 다면적인 정보를 제공한다.

그러나 숫자는 결코 중립적이지 않다. 데이터의 생산과 해석, 접근과 활용에는 제도적, 정치적, 윤리적 맥락이 함께 작동한다. 인구통계는 때로 누락되거나 왜곡되고, 때로는 정체성과 권력을 둘러싼 정치의 장이 되기도 한다는 점을 유념할 필요가 있다.

인구통계를 둘러싼 역사적 전개와 현대적 지표들을 정리해보면, 인구에 대한 이해는 단지 '몇 명인가'가 아니라 '누가, 어디에, 어떻게 살고 있는가'를 읽어내는 작업임을 확인하게 된다. 이제 우리는 이러한 통계적 감각을 바탕으로 세계와 한국의 인구변화가 어떤 경로를 따라 전개되고 있으며, 어떤 구조적 전환과 도전에 직면해 있는지를 살펴볼 차례다.

숫자를 읽는 눈은 현실을 보는 통찰로 이어진다. 다음 장에서는 통계로 드러난 인구의 흐름을 바탕으로 세계와 한국의 인구구조가 어떤 변화의 길 위에 있는지를 구체적으로 살펴본다.

제3장　요약

인구통계는 정책 설계, 사회 진단, 미래 예측의 기초 도구다. 정태통계(센서스)와 동태통계(출생·사망 등)의 차이를 이해하는 것이 핵심이다. 인구증가율, 밀도, 출산율, 기대수명 등 핵심지표는 각 분야의 정책 수립과 직결된다. 통계는 정치·사회적 맥락에 따라 그 신뢰성과 해석이 달라질 수 있으며, 항상 비판적 시각이 필요하다. 인구를 측정한다는 것은 단지 수를 세는 것이 아니라, 삶의 구조를 읽어내는 일이다. 인구통계는 단순한 수치가 아닌, 국가의 정책, 사회의 진단, 미래 예측의 뿌리가 되는 정보체계다. 그러나 그 이면에는 해석의 한계와 데이터 신뢰성이라는 비판적 시선이 늘 함께해야 한다.

핵심 주제	요점 정리
정태 vs 동태 통계	정태: 특정 시점의 인구 구조(센서스), 동태: 일정 기간의 인구 변화(출생·사망 등)
인구통계의 발전	고대의 병력·조세 기반 조사 → 근대 국가의 통치도구 → 현대 정책의 기초 자료
인구통계의 한계	추정치 의존, 데이터 접근성 제한, 국가 간 비교의 비신뢰성, 정치적 저항
측정지표와 활용	인구 증가율, 추계인구 등은 복지, 노동, 주거정책 설계의 핵심 기반이 됨
한국과 세계	한국은 분산형 통계체계, KOSIS를 통한 공개 강화. 유엔 인구국은 세계 인구 전망 제공

| 참고문헌 |

조은주. 2021. "인구에 대한 역사적 접근". 『인구로 보는 한국현대사: 사람, 숫자』. 대한민국역사박물관.
한동익. 2015. "인구통계, 그 존재의 이유". KDI 클릭경제교육.
한국학중앙연구원. "인구". 『한국민족문화대백과사전』.
　　https://encykorea.aks.ac.kr/Article/E0046845
Al-Hadithi, T. S., Shabila, N. P., Al-Tawil, N. G. and Othman, S. M. 2010. "Demographic transition and potential for development: the case of Iraqi Kurdistan." Eastern Mediterranean Health Journal, 16(10), 1098-1102.
Dorling, Danny and Stuart Gietel-Basten. 2018. Why Demography Matters. Cambridge: Polity Press.
Mahapatra, P., Shibuya, K., Lopez, A. D., Coullare, F., Notzon, F. C., Rao, C. and Szreter, S. 2007. "Civil registration systems and vital statistics: successes and missed opportunities." The Lancet, 370(9599), 1653-1663.
World Health Organization. 2023. World Health Statistics 2023: Monitoring Health for the SDGs.

제4장
세계와 한국의 인구

1. 인구학의 의미와 '세계와 한국 인구' 분석의 이유

인구학은 인구의 크기, 구조, 분포, 그리고 그 변화가 사회·경제·정치에 미치는 영향을 분석하는 학문이다. 단순한 숫자 계산을 넘어, 한 국가의 지속 가능성, 정책 설계, 세대 간 관계를 파악하는 핵심 프레임이기도 하다. 따라서 인구학의 이해는 정책결정자, 경제학자, 도시계획가, 복지 설계자 등에게 필수적일 뿐 아니라 미래 사회를 준비하려는 시민 모두에게 중요한 시각을 제공한다.

오늘날 세계는 유례없는 인구변화의 시대를 맞이하고 있다. 출산율의 급감, 인구 고령화, 국제이동의 확대, 노동인구의 재편 등은 단지 통계상의 변화가 아니라 국가의 복지체계와 거버넌스, 사회적 연대, 정치의 작동 방식까지 흔들고 있는 메가 트렌드다.

인구변화는 단지 '인구정책'의 문제가 아니다. 이제 그것은 국가의 미래 질서를 설계하는 문제이며, 시민의 삶의 조건을 재조정하는 거대한 사회계약의 문제다.

20세기 중반, 산아제한 운동은 인구가 과잉일 때 자원고갈, 도시 과밀, 식량부족을 초래한다는 우려에 기반하여 추진되었다. 인도와 중국 등은 강력한 산아제한 정책을 실시했으며, 국제사회는 이를 적극적으로 지원했다(Ehrlich 1968; Greenhalgh 2003). 그러나 21세기에는 전혀 다른 문제가 부상했다. 출산율의 급락과 고령화, 청년층 인구의 급감, 이민 수용을 둘러싼 사회적 갈등 등은 과거와 정반대의 구조적 도전에 해당한다. 또한 전 세계적인 인구이동은 다문화 사회의 형성을 촉진하며, 이는 사회통합 정책과 다문화 교육의 필요성을 더욱 강조한다(Castles & Miller 2009).

이러한 변화는 국가별로 다른 양상으로 전개되고 있다. 아프리카는 인구폭발, 유럽은 초고령사회, 아시아는 급속한 저출산, 북미는 이민 의존 강화라는 방식으로 다양하게 드러난다. 한국은 이들 중 가장 빠르고 압축적인 인구감소를 경험하고 있는 국가로서 국제 비교를 통해 얻을 수 있는 교훈이 특히 많다.

이 장에서는 세계 인구 동향의 전반적인 흐름을 살펴보고, 그 가운데 한국의 인구구조가 어떤 특성을 보이며, 어떤 점에서 비교 가능한지에 대한 분석을 시도한다. 특히 다음과 같은 질문에 답하고자 한다:

왜 어떤 국가에서는 출산율 하락에 성공적으로 대응하고, 어떤 국가는 실패하는가?
인구구조 변화는 경제 · 복지 · 안보 · 외교에 어떤 함의를 가지는가?
한국이 당면한 저출산 · 고령화 문제는 다른 나라의 경험을 통해 어떤 전략적 해법을 찾을 수 있는가?

이러한 비교 분석을 통해 독자들은 인구문제를 세계적 관점에서 읽는 능력, 그리고 한국 사회의 미래를 위한 정책적 상상력과 전략적 감각을 함께 키울 수 있을 것이다. 인구는 단지 숫자가 아니다. 그것은 국가의 권력과 자원의 배분, 사회적 연대의 방식, 시민의 삶의 구조를 규정하는 가장 근본적인 변수다.

이 장은 바로 그 변수의 세계적 흐름과 한국적 맥락을 조망하기 위한 출발점이다.

2. 세계 인구의 현재와 미래

전 세계 인구는 지난 몇십 년간 지속적으로 증가했으며, 유엔인구기금(UNFPA)에 따르면 2024년 현재 세계 인구는 약 82억 명에 이른다. 인구 증가율은 지역에 따라 차이가 크며, 특히 개발 도상국에서 더 높은 증가율을 보이고 있다. 21세기에 들어서면서 인구 증가율은 점차 둔화되고 있으나, 일부 지역에서는 여전히 높은 출산율을 유지하고 있다.

아프리카 대륙은 현재 글로벌 인구 증가의 핵심 지역 중 하나로 고유의 높은 출산율과 젊은 인구 구조를 가지고 있다. 세계은행(World Bank)에 따르면, 아프리카는 세계에서 가장 빠르게 인구가 증가하고 있는 대륙으로 이는 경제, 사회, 환경에 다양한 영향을 미치고 있다. 예를 들어, 나이지리아와 에티오피아와 같은 국가들은 2050년까지 세계에서 인구가 가장 많이 증가할 국가들 중 하나로 예상된다.

2024년 세계인구전망보고서(World Population Prospects 2024)는 현재와 미래의 인구 통계 동향에 대한 중요한 통찰력을 제공하고 있다. 주요 내용은 다음 〈그림 4-1〉과 같다.

세계 인구 증가: 세계 인구는 2024년 중반에 82억 명에 이르렀으며 계속 증가하여 2080년대 중반에는 약 103억 명으로 정점에 이를 것으로 예상하고 있다. 이후 점차 감소해 금세기 말에는 인구가 약 102억 명 수준으로 안정될 것으로 예상된다.[6]

출산율 감소: 출산율은 전 세계적으로 꾸준히 감소해 왔으며, 여성의 출산율은 지난 수십 년보다 평균적으로 적다. 현재 전 세계 국가의 절반 이상이 대체 수준인 여성 1인당 2.1명의 자녀라는 출산율보다 낮은 출산율을 보이고 있으며, 한국, 이탈리아, 스페인을 포함한 일부 국가에서는 여성 1인당 1.4명의 자녀라는 "초저"출산율을 보이고 있다.[7]

---

[6] https://ourworldindata.org/un-population-2024-revision
[7] https://news.un.org/en/story/2024/07/1151971

인구 고령화: 세계는 또한 인구 고령화로의 급격한 변화를 목격하고 있다. 2070년대 후반에는 65세 이상 인구가 18세 미만 인구를 넘어설 것으로 예상된다. 이러한 추세는 기대수명 연장과 출산율 감소로 인해 발생된다.

〈그림 4-1〉 세계 인구 전망 2024

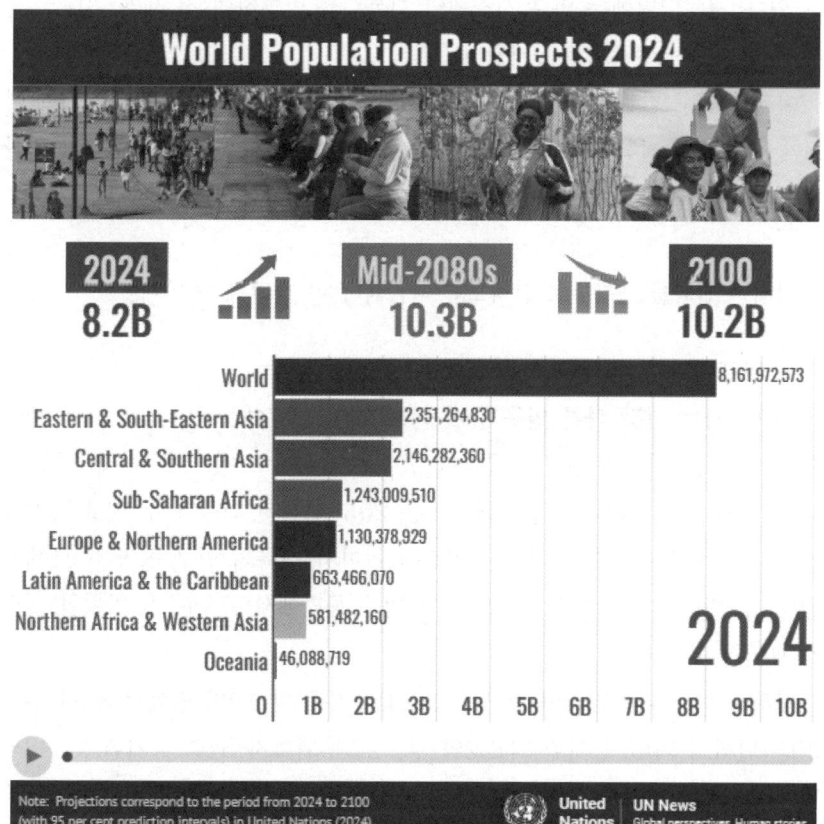

출처: UN. Growing or shrinking? What the latest trends tell us about the world's population.

지역 간 불균등한 성장: 고소득 국가에서는 인구 증가가 느리거나 마이너스인 반면, 저소득 국가, 특히 아프리카와 남아시아에서는 급격한 인구 증가가 예상된다. 예를 들어, 니제르·소말리아·콩고민주공화국과 같은 국가에서는 2054년까지 인구가 두 배로 늘어날 수 있다.

기대수명 회복: 코로나19 사태로 인해 하락했던 기대수명이 이제 반등하고 있다. 2023년에는 의료 시스템의 회복력을 반영하여 전 세계 기대 수명이 팬데믹 이전 수준으로 돌아왔다. [8]

이러한 연구 결과는 인구 증가, 출산율, 인구 고령화를 관리하는 동시에 빠르게 성장하는 지역의 기후 변화 및 자원 분배와 같은 문제를 해결하기 위한 정책 조정의 필요성을 제기하고 있다.

이러한 변화를 대륙별로 살펴보면 다음과 같이 정리할 수 있다.

1) 아프리카

아프리카는 가장 빠른 인구 증가를 보일 것으로 예상된다. 2024년 중반 기준으로 아프리카의 인구는 급격한 성장을 계속하고 있으며, 니제르·소말리아·콩고민주공화국과 같은 국가들은 2054년까지 인구가 두 배로 증가할 전망이다. 아프리카의 출산율은 여전히 높아서 대륙의 인구 성장은 21세기 내내 지속될 것이다. 아프리카는 세계 인구 증가에서 큰 비중을 차지할 것으로 보인다.

사하라 이남 아프리카의 인구는 2024년 기준 약 12억 명에서 30년 후인 2054년까지 79% 증가한 약 22억 명, 2100년까지 51% 증가한 약 33억 명에 달할 것으로 예측된다. 또한 앙골라, 중앙아프리카, 콩고민주공화국, 니제르, 소말리아 등 9개 국가의 인구는 2024년부터 2054년 사이에 2배 이상 급증할 가능성이 높으며, 2024년부터 2054년 사이에 예상되는 세계 인구 증가의 5분의 1 이상이 이들 9개 국가에 집중될 것이라고 한다. 히라노

---

[8] https://ourworldindata.org/un-population-2024-revision

(平野 2022)는 아프리카의 인구 증가율이 1950년대 이후 단 한 번도 2%를 밑돈 적이 없으며, 1950년에는 세계 총인구의 10%에도 미치지 못했던 이 지역이 인류 역사상 유례없는 팽창을 지속하고 있다는 점에 주목하였다. 그는 21세기 후반, 세계에서 가장 가난한 지역인 아프리카에서만 인구가 늘어날 것이며, 머지않아 인류의 절반이 아프리카인이 될 가능성이 높다고 지적하며 그의 저서에 '아프리카화되는 인류'라는 부제를 붙였다.

전 세계 126개 국가 및 지역이 2054년까지 인구 증가가 지속될 것으로 예상되며, 아프리카 국가들 역시 인구 증가가 지속될 것으로 보인다. 특히 아프리카 중에서도 나이지리아, 에티오피아, 콩고민주공화국은 세계 인구 상위 10위권에 진입할 것으로 예상된다.

2) 아시아

아시아의 인구는 여전히 증가하고 있지만, 20세기와 비교했을 때 성장 속도는 크게 둔화되고 있다. 아시아 인구는 2080년대 중반에 정점을 찍고 이후 점진적인 감소가 예상된다. 중국은 2023년부터 인구 감소를 경험하기 시작했으며, 인도는 2050년경 인구가 안정화될 것으로 보인다. 일본과 한국은 낮은 출산율로 인해 급격한 인구 고령화가 진행되고 있다(UN 2024).

3) 유럽

유럽은 향후 수십 년 동안 인구 감소를 겪을 것으로 예상된다. 독일, 이탈리아, 러시아와 같은 국가들의 인구는 이미 정점을 찍었고, 앞으로 30년간 인구가 14% 감소할 것으로 예상된다. 낮은 출산율과 고령화가 인구 감소의 주요 원인이다(UN 2024). 유럽은 세계에서 가장 빠르게 고령화되고 있는 지역 중 하나이며, 고령층의 비율이 높아지고 있다.

4) 라틴 아메리카 및 카리브해

라틴 아메리카와 카리브해 지역의 인구 증가는 둔화되고 있다. 이 지역의 인구는 21세기 중반에 정점을 찍고 이후 감소할 것으로 예상된다. 많은 국가의 출산율이 대체 출산율 이하로 떨어져 인구 성장이 둔화되고 있다. 그러나 여전히 유럽과 아시아에 비해 상대적으로 젊은 인구 구조를 가지고 있다(UN 2024).

5) 북아메리카

북아메리카의 인구는 상대적으로 느린 속도로 계속 성장할 것으로 예상된다. 특히 미국과 캐나다는 출산율이 대체 수준 이하이지만, 이민이 인구 성장을 유지하는 중요한 요소로 작용하고 있다. 그러나 고령화로 인해 고령층 인구 비율이 증가하고 있다(UN 2024).

6) 오세아니아

오세아니아는 안정적인 인구 성장을 이어갈 것으로 보인다. 출산율은 낮지만, 이민과 도시화가 인구 증가를 촉진하고 있다. 호주와 뉴질랜드는 이민자의 유입이 중요한 역할을 하고 있다(UN 2024).

세계 인구는 2080년대 중반에 약 103억 명으로 정점을 찍은 후 감소할 것으로 예상된다. 대륙별로는 아프리카가 가장 빠른 성장을 보일 것으로 예상되며, 반면 유럽과 일부 아시아 국가들은 인구 감소와 고령화를 겪을 것이다. 이는 각 지역의 인구 정책과 경제적, 사회적 도전에 큰 영향을 미칠 전망이다.

한국 통계청이 2024년 발표한 세계와 한국의 인구규모 변화는 다음의 〈표 4-1〉과 같이 정리할 수 있다.

〈표 4-1〉 세계와 한국의 인구규모

(단위: 백만 명, %)

	1970년		2024년		2050년		2072년	
	인구	구성비	인구	구성비	인구	구성비	인구	구성비
세 계	3,695	100.0	8,162	100.0	9,664	100.0	10,217	100.0
아프리카	366	9.9	1,515	18.6	2,467	25.5	3,205	31.4
아시아	2,138	57.9	4,807	58.9	5,280	54.6	5,147	50.4
유 럽	657	17.8	745	9.1	703	7.3	644	6.3
라틴아메리카	286	7.7	663	8.1	730	7.6	706	6.9
북아메리카	229	6.2	385	4.7	427	4.4	449	4.4
오세아니아	19	0.5	46	0.6	58	0.6	65	0.6
남북한	47	1.3	78	1.0	73	0.8	59	0.6
한 국	32	0.9	52	0.6	47	0.5	36	0.4
북 한	15	0.4	26	0.3	26	0.3	23	0.2

※ 자료: 통계청 보도자료, 「2022년 기준 장래인구추계를 반영한 세계와 한국의 인구현황 및 전망」, 2024/09/23.

과거 유엔은 제3세계 국가들을 대상으로 높은 출산율 억제하기 위한 다양한 산아제한 정책과 프로그램을 지원했다. 이러한 프로그램은 주로 가족계획, 보건 교육 및 출산 관련 서비스의 제공을 포함했다. 하지만 이러한 정책들은 문화적 저항, 종교적 이슈, 그리고 인권 문제 등 다양한 도전에 직면하기도 했다(Finkle & Crane 1990). 오늘날 아프리카의 인구 증가 현상은 글로벌 인구문제와 도전 과제에 대한 논의를 촉진시키며, 지속 가능한 개발과 인구 정책의 필요성을 강조하고 있다. 아프리카, 특히 북아프리카와 서아프리카에서 유럽으로의 이주가 눈에 띄게 증가하였다. 나이지리아, 세네갈, 가나와 같은 국가는 이주민의 주요 공급원이다. 예를 들어, 나이지리아인, 세네갈인, 가나인은 유럽 내 아프리카 이주민의 상당 부분을 구성하며 그 수가 수십만 명에 이르는 것으로 나타났다(Pew Research Center 2018).

이 지역에서 이주하는 경로에는 사하라와 지중해를 횡단하는 위험한 경로가 포함되는 경우가 많다. 북아프리카인, 특히 마그레브 지역(모로코, 알제리, 튀니지, 리비아) 출신은 정규 및 비정규 수단을 모두 활용하여 유럽으로 이주하는 경우가 많다. 이들 국가와 유럽의 근접성, 역사적 유대, 양자 간 협정이 이러한 이주를 촉진하는 것으로 알려져 있다(Flahaux & De Haas 2016; UNCTAD 2018).

많은 이주민들은 이러한 이동 중에 착취와 인권 유린 등 극심한 위험에 직면하게 된다. 유럽 국가들은 환영, 통합 노력, 더욱 엄격한 이민 통제 등으로 대응해 왔으며, 이는 EU 내에서 상당한 논쟁과 정책 조정의 주제가 되어왔다(European Commission 2025). 유럽으로의 이민 유입은 유럽 이민 정책에 영향을 미쳐 국경 통제, 망명법 및 통합 전략에 대한 논쟁을 촉발하였다. 이러한 논의는 종종 문화 통합, 경제적 영향, 보안에 대한 보다 광범위한 우려를 반영한다(European Commission 2025).

이러한 배경과 함께 아프리카의 빠른 인구 증가는 교육, 보건의료, 도시 계획, 고용, 그리고 식량 안보 등의 분야에서 광범위한 정책적 대응을 요구하고 있다. 아프리카 국가들은 이 증가하는 인구를 경제 발전의 기회로 전환하기 위해 국가적 차원의 종합적인 접근 방식을 개발할 필요가 있다.

3. 한국 인구변천의 특징

1) 한국 인구의 역사적 변화

한국의 인구 역사는 전통적으로 농업 중심의 경제에서 출발하여 산업화 및 도시화 과정을 거치며 큰 변화를 경험하였다. 1950년대 한국전쟁 이후, 한국은 높은 출산율과 빠른 인구 증가를 경험하였다. 하지만 1960년대 이후 경제개발계획과 함께 시작된 가족계획 정책은 출산율을 점차 감소시켰으며, 이는 1970년대와 1980년대의 경제 성장과 밀접하게 연결되었다(Park & Cho 1995). 21세기에 들어서면서 출산율은 더욱 급격히 감소하여 세계 최저 수준에 이르렀으며, 이는 경제적·사회적 변화와도 깊은 관련이 있다.

2) 현재 한국 인구의 구조

현재 한국의 인구구조는 저출산과 고령화의 진전으로 인해 중대한 변화를 맞이하고 있다. 통계청 자료에 따르면, 2025년 기준 65세 이상 노인 인구 비율은 전체 인구의 약 20%를 차지하며, 이 비율은 계속 증가할 전망이다(Korean Statistical Information Service 2024). 젊은 층의 인구 비율은 감소하는 반면, 노인 인구 비율이 증가하는 상황은 노동시장, 공공 서비스, 사회보장 제도에 큰 부담을 주고 있다.

3) 고령화, 저출산의 현황과 전망

한국의 고령화와 저출산 문제는 국가적 도전 과제로, 경제적 성장 둔화, 노동력 부족, 세대 간 소득 불균형 등을 초래하고 있다. 특히 2023년 출산율은 0.72로, 이는 인구감소의 시간이나 기울기 정도가 가히 세계적이라는 것을 말해준다(Lee 2021; Hwang et al. 2024). 정부는 다양한 인구정책을 시행 중이지만 출산율 증가에는 한계가 있으며, 이민 증대와 같은 대안적 방안도 사회적·정치적 논의가 필요한 상황이다.

한국은 주로 세계 최저 출산율과 급속한 인구 고령화로 인해 심각한 인구통계학적 문제에 직면해 있다(〈표 4-2〉 참조). 이러한 과제는 경제, 사회구조 및 정부 정책에 심각한 영향을 미치게 된다.

1. 낮은 출산율

한국의 출산율은 1970년대 이후 꾸준히 감소해 왔으며 최근에는 심각한 최저치를 기록하였다. 2023년 현재 출산율은 여성 1인당 약 0.72명으로 떨어졌으며, 이는 안정적인 인구를 유지하는 데 필요한 대체 수준(여성 1인당 2.1명)에 훨씬 못 미치는 수치이다. 이러한 감소에는 다양한 요인이 작용하고 있다. 다음 장에서 구체적으로 살피겠지만 개요만 살펴보면 다음의 요인들을 지적할 수 있을 것이다. 먼저 경제적 고려 사항이다. 높은 생활비, 경쟁적인 취업 시장, 고용 안정성 부족으로 인해 많은 한국 젊은이들이 결혼하고 자녀를 갖는 것을 꺼리고 있다. 특히 교육비와 주거비 등을 부담스럽게 느끼고 있는 것으로 나타났다. 사회적 태도의 변화도 주목을 끈다. 전통적인 가족 역할보다 개인 발전과 경력 발전에 더 중점을 두면서 젊은 세대 사이에서 개인 목표가 점점 더 많이 변화하고 있다. 아울러 여성의 노동시장 참여 증가도 한 몫을 차지하고 있다. 여성의 고등교육 및 취업이 증가하면서 초혼 및 출산 연령이 높아져 저출산율이 더욱 높아지고 있는 것으로 보고되고 있다.

〈표 4-2〉 세계[주1]와 한국[주2]의 합계출산율

(단위: 가임여자 1명당, %)

	1970년 (A)	2000년	2023년 (B)	1970년 대비 2023년 증감(B-A)	증감률
세 계	4.83	2.75	2.25	-2.57	-53.3
아 프 리 카	6.69	5.20	4.07	-2.62	-39.1
아 시 아	5.59	2.58	1.88	-3.71	-66.4
유 럽	2.28	1.41	1.40	-0.89	-38.9
라틴아메리카	5.17	2.61	1.81	-3.36	-65.0
북아메리카	2.49	1.98	1.60	-0.89	-35.9
오 세 아 니 아	3.57	2.45	2.14	-1.42	-39.9
한 국	4.53	1.48	0.72	-3.81	-84.1
북 한	3.85	1.94	1.78	-2.07	-53.7

주1) https://population.un.org/wpp/Download/Standard/MostUsed/WPP2022_GEN_F01_DEMOGRAPHIC_INDICATORS, 2022.7.14. 추출
주2) 통계청, 인구동향조사(출생통계)
출처: 통계청 보도자료. 「2022년 기준 장래인구추계를 반영한 세계와 한국의 인구현황 및 전망」. 2024/09/23.

2. 고령화 인구

저출산과 함께 한국은 급속한 고령화를 겪고 있다. 65세 이상 인구의 비율이 급격히 증가하고 있다. 고령화는 다양한 분야에 영향을 미치게 된다. 경제적 영향을 살펴보면, 인구 고령화는 노동력 감소를 의미하며 이는 경제 성장을 방해할 수 있다. 노동시장 참여율은 하락할 것으로 예상되며, 이러한 생산가능인구의 감소는 경제에 상당한 부담을 주게 될 것이다(〈그림 4-2〉 참조).

의료 및 연금 시스템에도 중대한 영향을 미치게 된다. 인구가 고령화됨에 따라 의료 서비스 및 연금 지급에 대한 수요가 증가하고 있다. 이러한 변화는 공공 의료 및 연금 시스템에 부담을 주어 지속 가능성을 보장하기 위한 개혁의 필요성을 증가시킨다. 사회 서비스 부문에도 장기 요양 시설, 전문 의료 서비스, 노인을 위한 사회 프로그램에 대한 수요가 증가하고 있으며, 이를 위해서는 상당한 정부 투자가 필요하게 된다.

〈그림 4-2〉 세계와 한국의 인구 피라미드 변화

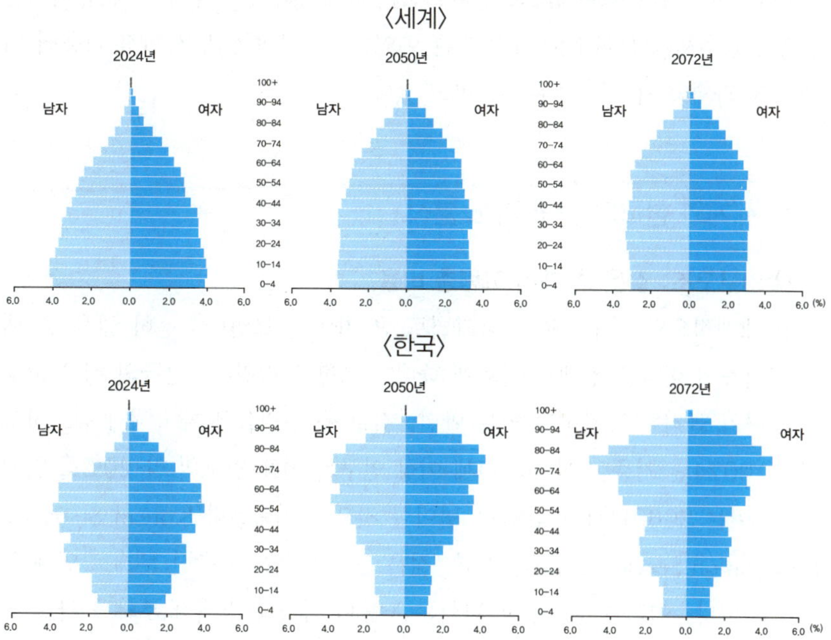

출처: 통계청. 2024. 2022년 장래인구추계를 반영한 세계와 한국의 인구현황 및 전망.

이러한 인구통계학적 문제를 해결하기 위해 한국 정부는 다양한 정책을 시행하였다. 예를 들면, 보육 및 가족 수당 등이 대표적이다. 정부는 자녀가 있는 가정에 보육 보조금, 세금 혜택 등 다양한 재정적 인센티브를 제공한다. 일과 삶의 균형 정책도 젊은 층에게 중요한 정책이다. 일과 삶의 균형을 개선하기 위한 노력에는 유연한 근무 시간을 장려하고 육아 휴가를 늘려 아버지의 부모 참여를 더욱 크게 장려하는 것이 포함된다. 다음으로 초고령화 사회에 대한 준비가 있다. 초고령 사회의 지속가능성을 확보하기 위한 이니셔티브에는 의료 인프라 확충, 연금 시스템 개정, 노인들의 지역사회 및 경제 참여를 장려하는 적극적 고령화 전략 추진 등이 포함될 것이다.

이러한 맥락에서 한국이 직면한 인구통계학적 문제에는 장기적인 전략 계획이 필요하다. 이러한 문제를 해결하려면 즉각적인 정책 대응뿐 아니라 가족, 직장, 고령화에 대한 태도에 대한 광범위한 사회적 변화도 뒤따라야 할 것이다. 이러한 조치의 효과는 향후 수십 년 동안 한국의 인구통계학적 지형을 형성하여 경제 정책에서 사회 서비스에 이르기까지 모든 것에 영향을 미칠 것이다. 한국의 인구통계학적 상황은 전 세계 여러 선진국에 영향을 미치는 광범위한 추세를 보여주는 가슴 아픈 예이며, 정책 혁신과 사회적 적응에 대한 도전 과제와 기회를 모두 제시하고 있다.

4. 세계와 한국의 인구 비교 분석

1) 인구구조: 젊은 층 대비 고령층 비율

전 세계적으로 인구구조는 국가별로 큰 차이를 보인다. 특히 젊은 층 대비 고령층의 비율은 경제와 사회에 중대한 영향을 미친다. 한국의 경우 고령층 인구가 급격히 증가하고 있는 반면, 젊은 층의 비율은 계속해서 감소하고 있다. 2024년 기준, 한국의 65세 이상 인구는 전체 인구의 약 20%를 차지하며, 이는 2060년까지 40%를 넘어설 것으로 예측된다(Korean Statistical Information Service 2024). 반면, 젊은 층의 비율은 저출산 문제로 인해 줄어들고 있다. 이러한 인구구조 변화는 노동력 감소와 경제적 부담 증가를 초래할 수 있다.

반면, 세계적으로는 지역별로 인구구조에 큰 차이가 있다. 아프리카 대륙은 상대적으로 젊은 인구구조를 유지하고 있으며, 평균 연령이 20대 초반으로 낮다. 이는 향후 몇십 년간 노동력 공급을 유지할 수 있는 긍정적인 요인으로 작용할 수 있다. 그러나 이러한 인구 증가가 경제적 성장으로 이어지기 위해서는 교육과 고용 창출 등 정책적 뒷받침이 필요하다(UN 2019).

2) 인구문제에 대한 국가별 대응 전략 비교

한국은 저출산과 고령화 문제에 직면하면서 다양한 정책을 시행하고 있다. 한국 정부는 출산 장려를 위해 자녀 양육비 지원, 주택 보조금, 그리고 보육 서비스 강화 등의 정책을 시행 중이다. 그러나 이러한 정책들은 아직까지 출산율 증가에 미치는 영향이 미미한 상태이다. 또한 고령화에 대비해 국민연금 제도의 개편과 건강보험 서비스 강화를 추진하고 있으나, 사회적 부담을 줄이기 위한 근본적인 해결책은 여전히 논의 중이다.

반면, 프랑스와 스웨덴과 같은 유럽 국가들은 일찍부터 저출산 문제에 대한 대응책을 마련해 왔다. 프랑스는 가족수당, 세금 혜택, 그리고 일-가정 양립을 돕는 제도를 통해 출산율을 유지해 오고 있으며, 스웨덴은 성평등 육아 휴직과 같은 혁신적인 정책을 통해 출산율을 높이는 데 성공했다(McDonald 2006). 이처럼 국가별로 저출산 문제에 대한 대응 전략은 각국의 사회적, 경제적 맥락에 따라 상이하다.

국가별 주요 저출산 정책의 특징을 살펴보면 다음과 같다.

스웨덴: 성평등과 가족 지원을 통한 출산율 증가

스웨덴은 저출산 문제에 대응하기 위해 매우 포괄적인 가족 지원 정책을 시행하고 있다. 스웨덴의 주요 특징은 성평등 육아휴직이다. 부모 모두가 자녀 양육에 동등하게 참여할 수 있도록 설계된 육아휴직 제도는 일-가정 균형을 맞추는 데 큰 도움이 되고 있다. 스웨덴은 또한 보육 서비스에 대한 국가적인 투자를 통해 부모들이 자녀 출산 후 빠르게 노동시장에 복귀할 수 있도록 지원하고 있다. 이러한 정책들은 스웨덴이 출산율을 유지하는 데 효과적인 역할을 하고 있는 것으로 평가되고 있으나, 최근 출산율은 하락세를 보이고 있다. 2023년 스웨덴의 출산율은 약 1.45명으로 집계되었다(World Bank 2024).

프랑스: 가족수당과 세금 혜택을 통한 출산율 유지

프랑스는 가족수당과 세금 혜택을 통해 저출산 문제에 대응하고 있다. 프랑스의 가족수당은 자녀의 수에 따라 증가하며, 부모들이 경제적 부담 없이 자녀를 양육할 수 있도록 돕는다. 또한, 다자녀 가정에 대한 세금 혜택은 가족들이 경제적 안정감을 가지고 자녀를 더 많이 가질 수 있는 환경을 조성한다. 이러한 정책들은 프랑스의 출산율을 유럽 평균 이상으로 유지하는 데 기여하고 있다. 프랑스의 출산율은 2023년 기준 1.68명으로, 유럽평균 이상을 유지하고 있다(Thévenon 2011; World Bank 2024).

노르웨이: 포괄적인 부모 휴가와 보육 서비스

노르웨이는 포괄적인 부모 휴가 제도를 운영하며, 출산 후 부모들이 자녀 양육에 전념할 수 있는 시간을 보장하고 있다. 또한, 저렴하고 접근성 높은 보육 서비스를 제공하여 부모들이 자녀 양육 후에도 빠르게 직장으로 복귀할 수 있도록 돕고 있다. 노르웨이의 이러한 정책은 여성들의 경제활동을 유지하면서도 출산을 장려하는 효과를 가져왔다. 노르웨이의 출산율은 2023년 약 1.40명으로 나타났다(World Bank 2024).

독일: 세금 혜택과 주거 지원 정책

독일은 세금 혜택과 주거 지원을 통해 젊은 가정이 경제적 부담을 덜 수 있도록 지원하고 있다. 독일의 정책은 특히 주거비 부담을 줄여 가정이 더 많은 자녀를 가질 수 있는 여건을 조성하는 데 중점을 두고 있다. 이외에도 유연근무제와 재택근무와 같은 일-가정 양립 정책을 통해 부모들이 자녀 양육과 직장 생활을 병행할 수 있도록 돕고 있다. 이러한 정책은 최근 독일의 출산율을 약간 상승시키는 효과를 보였으나, 최근 하락세를 보이며 2023년 독일의 출산율은 1.35명으로 나타났다(World Bank 2024; Goldstein et al. 2013).

한국: 출산 장려금과 일-가정 양립 정책

한국은 저출산 문제 해결을 위해 출산 장려금과 일-가정 양립 정책을 시행하고 있다. 정부는 자녀 출산 시 경제적 지원을 제공하고 있으며, 보육비와 주택비에 대한 지원도 확대되고 있다. 그러나 한국의 출산율은 여전히 세계 최저 수준인 0.72명(2023년 기준)으로, 이러한 정책의 효과는 아직 미미한 상태이다(Lee 2021; Hwang et al. 2024). 한국은 더 적극적인 정책 개편과 문화적 변화를 통해 저출산 문제에 대한 해결책을 모색하고 있다.

〈표 4-3〉 국가별 저출산 대응 정책 비교

국가	핵심 정책 방향	주요 특징	정책 효과
스웨덴	성평등 기반의 가족정책	남성 육아휴직 의무화, 보편적 보육 서비스, 일·가정 양립 지원	출산율 유지(1.7~1.9 수준), 여성 고용률 높음
프랑스	경제적 지원 + 보육 인프라	아동수당, 세액공제, 다양한 보육시설(보편적 제공)	출산율 1.8대 유지, 전통적 핵가족 외 다양한 가족 형태 포용
노르웨이	보편주의적 복지와 탄력적 육아휴직	양육휴직 유연제도, 아동수당, 주거 연계 정책	출산율 1.5대 유지, 복지 만족도 높음
독일	주거정책과 이민 정책 연계	양육수당, 가족 주거 지원, 이민자 가정 통합 정책	정책 효과는 점진적, 동서 지역 격차 여전
한국	재정지원 중심, 문화적 제약	출산장려금, 육아휴직 장려, 국공립보육 확대 시도	출산율 세계 최저(0.72), 실효성과 사회적 수용성 미흡

OECD 주요국들은 저출산 문제 해결을 위해 다양한 정책을 도입하고 있으며, 그 효과는 국가별로 차이가 있다. 스웨덴과 프랑스는 가족 지원 정책의 성공적인 운영을 통해 비교적 높은 출산율을 유지하고 있다. 반면 한국과 독일은 여전히 출산율 증가에 큰 어려움을 겪고 있으며, 보다 강력한 정책적 변화가 요구된다. 출산율을 높이기 위해서는 경제적 지원뿐만 아니라, 사회적 인식 변화와 일-가정 양립을 위한 근본적인 문화적 변화가 필요하다.

3) 경제, 사회, 문화적 맥락에서의 인구변화 영향

인구구조 변화는 경제와 사회, 그리고 문화적 맥락에서 다양한 영향을 미친다. 경제적으로는 고령화로 인한 노동력 감소와 생산성 저하가 문제로 대두되고 있으며, 이는 국가의 경제 성장 잠재력을 약화시킬 수 있다. 한국의 경우 젊은 층의 인구감소는 노동시장에 직접적인 영향을 미쳐, 인력 부족과 노동비용 상승으로 이어질 가능성이 크다(OECD 2019). 이러한 문제를 해결하기 위해 한국은 이민 정책의 완화 및 외국인 노동자 수용을 고려하고 있다.

사회적으로는 세대 간 불균형이 심화되면서 연금 제도와 복지 시스템에 대한 부담이 증가하고 있다. 고령층 인구가 늘어나면 의료 서비스와 복지 혜택의 수요가 증가하며, 이는 경제적 부담을 가중시킨다. 또한 문화적으로는 고령화로 인해 전통적인 가족 구조와 사회적 규범이 변화하고 있으며, 새로운 사회적 역할과 가치관이 형성되고 있다.

세계적으로도 비슷한 문제가 발생하고 있다. 일본과 같은 고령화가 극심한 국가는 노동력 부족 문제 해결을 위해 기술 혁신과 자동화 도입을 가속화하고 있으며, 일부 유럽 국가들은 이민자 수용을 통해 노동력 문제 해결을 시도하고 있다(OECD 2020).

5. 강대국 인구감소와 지정학적 구조변화

인구는 새로운 지정학이다

"이제 인구는 경제뿐 아니라, 세계 질서를 뒤흔드는 핵심 전략 변수다." 과거에는 군사력과 경제 규모가 국제 질서의 중심축이었다면, 21세기에는 인구구조와 인구 역학이 새로운 지정학적 지렛대로 부상하고 있다. 인구는 단지 한 국가의 내적 문제를 넘어, 외교적 영향력, 군사 동원력, 글로벌 리더십의 지속가능성을 결정짓는 핵심 요인이 되었다. 이 절에서는 미국, 중국, 일본, 유럽연합 등 주요 강대국들의 인구변화가 국가전략 및 국제관계에 어떤 영향을 미치고 있는지를 살펴보고자 한다.

1) 인구와 국력: 이론적 토대

폴 케네디(Kennedy 1989)는 『강대국의 흥망』에서 경제력, 군사력과 더불어 인구를 국가 권력의 기본 요소로 지목한다. 그는 근대 영국과 프랑스가 인구 증가를 기반으로 제국을 확장하고 산업화를 성공적으로 추진할 수 있었던 점에 주목하며, 인구의 규모와 생산성이 국가의 전쟁 수행력과 경제 지속가능성을 결정짓는다고 본다.

그러나 단순한 인구 규모만으로는 충분하지 않다. 케네디는 국민을 얼마나 효과적으로 경제와 군사에 동원할 수 있는가가 핵심이라며, 경제적·인구통계학적·군사적 요인의 균형이 무너질 때 강대국은 쇠퇴의 길을 걷게 된다고 경고한다. 특히 케네디는 경제력과 군사력에 과도한 부담을 지는 상태, 즉 '전략적 과잉 팽창'(strategic overreach)과 인구 고령화의 결합이 강대국의 쇠퇴를 초래할 수 있다는 점을 지적하였다. 이는 오늘날의 선진국들이 직면한 인구 고령화와 전략적 과잉 부담 문제와도 직결된다.

2) 인구감소와 고령화가 가져올 전략적 재편

『인구감소와 강대국 정치의 재편』(Yoshihara & Sylva 2012)은 출산율 하락과 고령화가 강대국들의 전략 환경을 구조적으로 변화시키고 있다고 분석한다. 특히 고령화는 경제 생산성과 군사력 모두에 부정적 영향을 미치며, 유럽, 일본, 러시아 등에서는 이미 생산가능인구의 감소가 군사력 유지와 글로벌 영향력 유지에 어려움을 초래하고 있다.

2050년까지 유럽에서는 퇴직자 수가 근로자 수를 따라잡을 것으로 예측되며, 국방 예산 축소와 다자간 방위전략 의존도가 심화될 전망이다. 이 책은 또한 미국, 중국, 러시아, 일본, 인도의 인구 구조를 비교하며, 젊은 인구가 증가하고 있는 인도는 전략적 중요성을 확대하고, 반대로 일본과 러시아는 군 인력 확보에 구조적 제약을 받을 것이라고 분석한다.

3) 미국의 상대적 우위와 도전: 이민의 유연성, 하지만 지속가능성의 시험대

미국은 상대적으로 높은 출산율과 이민자 유입 덕분에 인구 구조에서 유리한 위치에 있다. Yoshihara와 Sylva는 미국이 이러한 인구적 장점을 바탕으로

21세기 중반까지는 글로벌 리더십을 유지할 수 있을 것으로 전망했다. 그러나 RAND 연구소(Heim & Miller 2020)와 브루킹스(O'Hanlon 2023)는 의료비 증가, 사회복지 부담 확대, 노동력 성장의 둔화 등 장기적 위험 요인이 잠재하고 있다고 경고한다. 사회통합의 실패는 이민 기반 인구정책의 가장 큰 불안 요소로 작용할 수 있다.

4) 중국: '인구의 절벽'이 가져올 지정학적 불확실성

가장 주목할 사례는 중국이다. 한 자녀 정책의 여파로 출산율 급락과 성비 불균형, 급속한 고령화가 동시에 진행되며 인구감소와 인력부족이 본격화되고 있다. 브루킹스(O'Hanlon 2023)에 따르면, 2050년까지 중국 인구의 약 40%가 60세 이상 고령자가 될 것으로 예상되며, 이는 경제성장 둔화, 국방 재정 압박, 병력 충원 한계라는 복합적 문제를 야기한다.

중국의 전통적 경제 모델인 '값싼 노동력+높은 저축률' 기반은 이미 한계에 도달하고 있으며, 인구감소는 혁신 역량과 군사 확장 가능성마저 제약할 것으로 전망된다(MIT Press 2023). 이로 인해 중국은 자신이 세계무대에서 영향력을 행사할 수 있는 '전략적 창(window of opportunity)'이 닫히기 전보다 공세적인 외교 정책을 택할 가능성이 있다는 분석도 제기된다(CFR 2023).

5) 유럽과 러시아: 복지와 군사력 사이의 균형

유럽은 출산율 저하와 고령화 속에서도 다문화 통합과 복지 유연화 전략을 모색하고 있다. 그러나 방위 의존성이 커지고 독자적 군사력 유지가 점점 어려워지고 있는 것도 사실이다. 러시아는 보건지표 악화와 청년층 감소로 군사동원 역량에 이미 한계를 드러내고 있다. 특히 우크라이나 전쟁 이후 지속되는 병력 부족은 지속적인 군사확장에 구조적 제약을 더하고 있다.

6) 인구구조가 지정학을 바꾼다

이처럼 인구 구조의 변화는 더 이상 내부 사회문제가 아니라, 국제관계의 구도 자체를 재편하는 동력으로 작용하고 있다(〈표 4-4〉 참조).

<표 4-4> 강대국 인구구조 변화와 지정학적 영향

국가/지역	인구 트렌드	전략적 영향	정책적 대응
미 국	출산율은 낮지만 이민 유입으로 인구 유지	젊은 노동력 유지, 군사력 동원력 우위	이민 통합 정책, 고급 인력 유치 전략
중 국	출산율 급감, 고령화 가속, 성비 불균형	노동력 감소, 성장 한계, 지역 불균형 심화	산아제한 철폐, 보육지원 확대, 인구균형 정책 시도
일 본	세계 최고 수준 고령화, 지속적 인구감소	내수시장 축소, 군사동원력 저하, 외교 탄력성 제한	노년층 활용 정책, 외국인 노동자 유입 점진 확대
유럽연합	저출산·고령화 + 이민 갈등	복지 부담 증가, 극우 정치 부상, 통합 어려움	다문화 정책·가족친화 정책 병행
러 시 아	인구감소·이탈 현상 지속	군사력 유지 어려움, 지역 통제력 약화	이민 정책 한계, 우크라이나 전쟁 후 더 악화
한 국	세계 최저 출산율, 빠른 고령화	국방력·경제력·복지 재정 동시 압박	재정지원 중심 정책, 아직 구조 전환 미진

　미국은 이민 유입을 통해 유연성을 유지하고 있으나, 사회통합과 복지 재정이라는 이중 과제에 직면해 있다. 중국은 고령화, 성비 불균형, 생산가능인구 감소라는 3중 위기를 겪고 있으며, 이는 전략적 행동의 불확실성을 높이고 있다. 러시아는 인구 유출과 감소로 군사동원과 지역통치의 한계를 드러내고 있고, 유럽은 복지국가와 다문화의 조화를 위한 지속가능한 사회모델 설계를 요구받고 있다.

　전통적으로 지정학은 지리, 자원, 군사동맹을 중심으로 설명되었지만, 이제는 인구구조가 전략 지형을 재편하는 핵심 변수로 부상하고 있다. Yoshihara & Sylva(2012)는 인구가 감소하거나 고령화되는 국가는 장기적으로 국제적 위상이 약화될 가능성이 높다고 주장한다. 반면 인구가 증가하고 생산가능한 인력이 풍부한 국가는 신흥 강국으로 부상할 여지를 가진다. 결론적으로 인구는 새로운 지정학이다. 강대국의 인구감소는 단순한 사회문제가 아닌 전략 자산의 약화로 연결된다.

이는 단지 병력 규모와 경제활동 인구의 문제가 아니라, 사회안정성, 자원 재분배, 연금과 복지의 지속가능성, 기술혁신의 역동성 등 국가 내부 시스템 전체에 영향을 주며 국제 무대에서의 경쟁력을 좌우한다. 결국 21세기 지정학의 핵심 경쟁력은 단순한 인구 '수'가 아니라, '어떤 구조의 인구를, 어떻게 유지하고 활용할 수 있는가'에 달려 있다. 인구는 이제 외교, 전쟁, 협력의 전략지도를 바꾸는 변수이며, 국가전략 수립의 중심 축으로 자리매김하고 있다. 따라서 인구를 단지 '내부 문제'가 아니라 국가전략의 핵심 변수로 인식하고 대응 전략을 마련하는 것이 시급하다.

6. 세계와 한국 인구 변화의 중요성 재조명

세계와 한국의 인구 변화는 단순한 수치 변화나 인구 규모의 증감이 아니라, 국가의 미래를 결정짓는 핵심 구조 변수로서 작동하고 있다. 세계적으로는 선진국을 중심으로 저출산과 고령화, 개발도상국에서는 청년층 인구 폭증과 도시 집중이 주요 도전 과제로 부상하고 있다. 한국은 그중에서도 가장 급속한 출산율 저하와 고령화 속도, 그리고 심각한 인구 불균형을 동시에 경험하고 있는 사례로, 인구구조 변화가 경제 성장, 복지 체계, 정치 안정, 지역 소멸 등 사회 전반에 미치는 영향이 매우 광범위하다(Lee 2021).

이러한 현실 속에서 인구정책은 더 이상 출산 장려금 지급이나 이민자 수용과 같은 단편적 수단에 머물러서는 안 된다. 인구변화에 효과적으로 대응하기 위해서는 국가적 비전과 사회적 합의를 기반으로 한 총체적 전략이 필요하다.

첫째, 저출산 대응의 문제이다. 출산율 회복을 위해서는 경제적 지원 강화, 보육·교육 인프라 확대, 일·가정 양립을 위한 제도 개혁, 그리고 성평등한 문화 조성이 유기적으로 연계되어야 한다(McDonald 2006). 단기적인 인센티브보다 '아이를 낳고 기를 수 있는 사회'에 대한 구조적 신뢰 회복이 핵심이다.

둘째, 고령화 대응 문제이다. 고령화 문제 해결은 단지 복지 부담을 줄이는 데 그치지 않고, 고령 세대의 능동적 참여와 삶의 질 향상을 중심으로 재설계되어야 한다. 이를 위해서는 ▲연금 제도의 지속 가능성 확보, ▲건강 관리 시스템의 전환, ▲고령 인구의 노동시장 재참여를 위한 사회적 환경 조성이 필요하다.

셋째, 이민·다문화 정책의 확대이다. 장기적인 인구 유지를 위한 이민 정책 확대와 다문화 수용성 강화도 불가피한 과제가 되고 있다. 다만, 이는 단순히 인력 수급 차원이 아니라 사회 통합·시민권·정체성 문제를 아우르는 '새로운 사회계약'의 구성이라는 관점에서 접근되어야 한다(OECD 2020).

넷째, 정책의 통합성과 유연성 강화이다. 국가별 정책을 단순히 모방하기보다는 한국 사회의 문화·제도·세대 간 신뢰 구조에 맞는 맞춤형 전략 개발이 중요하다. 이를 위해서는 정책 효과에 대한 지속적인 모니터링과 평가, 그리고 사회적 합의를 통한 장기 로드맵 구축이 반드시 병행되어야 한다.

결론적으로 인구정책은 미래를 예측하는 것이 아니라, 우리가 바라는 미래를 설계하는 일이다. 지금 필요한 것은 단기 대응이 아니라 인구구조 변화에 기반한 새로운 사회계약의 구상과 실천이다. 요약하자면, 인구는 국가의 권력, 시장, 복지, 문화의 기반이다. 한국은 세계에서 가장 빠르게 인구구조가 재편되고 있는 '실험실'이다. 이제는 인구문제를 사회혁신의 계기이자 공동체 재구성의 기회로 삼아야 한다.

이처럼 세계 각국이 처한 인구구조의 변화는 단지 인구정책의 성패를 넘어 국가의 존립 기반과 세계 질서를 흔드는 중대한 과제임을 보여준다. 세계 인구의 흐름은 이제 단순한 인구 증가·감소를 넘어 국가의 지속가능성, 사회적 통합, 그리고 세계 질서의 판도를 결정짓는 핵심 변수가 되고 있다. 한국은 그 중에서도 가장 빠르고 압축적인 인구구조 재편을 경험하고 있는 국가로 저출산과 고령화, 지역 격차와 세대 간 불균형, 이민 문제까지 복합적인 인구문제의 '집약형 사례'라 할 수 있다.

국가마다 처한 인구 문제는 다르지만 그 대응 전략은 경제 정책, 가족 정책, 이민정책, 문화적 수용성 등 전 영역에 걸쳐 총체적으로 설계되어야 한다. 세계와 한국의 인구변화를 입체적으로 조망함으로써 우리는 인구문제를 '정책의 영역'이 아니라 '사회계약의 재설계'라는 더 큰 틀에서 다시 성찰할 수 있는 시야를 얻게 된다.

이제 우리는 한국이라는 '인구 실험실'에서 벌어지고 있는 가장 핵심적인 변화, "왜 한국은 이토록 빠르게 출산율이 하락했는가?"라는 질문과 마주해야 한다. 제5장에서는 저출산의 원인과 구조를 다층적으로 분석하며, 그것이 우리 사회 전반에 어떤 파장을 가져오는지를 살펴보고자 한다.

제4장 요약

세계 인구는 전체적으로는 증가세를 지속하고 있지만, 일부 선진국과 동아시아 국가들은 이미 인구 감소와 초고령화라는 전환기를 맞이하고 있다. 특히 한국은 세계에서 가장 낮은 출산율과 가장 빠른 고령화 속도를 동시에 경험하고 있으며, 이로 인해 노동력 부족, 세대 불균형, 지역 소멸, 이민 정책 등 복합적인 인구 문제에 직면해 있다. 인구는 단지 인구통계학적 지표가 아니라, 국가의 지속가능성과 사회 구조를 좌우하는 핵심 변수이며, 세계와 한국의 인구 흐름을 비교하고 조망하는 일은 앞으로의 사회계약과 정책 재설계를 위한 중요한 출발점이 된다.

〈세계와 한국 인구변화의 흐름과 의미〉

구분	핵심 내용
세계 인구 흐름	2080년경 103억 명으로 정점, 이후 감소 예상. 아프리카는 성장, 유럽·일본·한국은 감소와 고령화 진입.
저출산 대응 정책 비교	스웨덴: 성평등 중심 프랑스: 경제 지원 중심 독일: 주거 지원 중심 한국: 재정 지원 위주, 효과 미약
경제·사회적 영향	고령화 → 노동력 감소, 연금·보건 부담 증가 청년 인구 감소 → 교육·일자리·사회 안전망 재조정 필요
지정학적 변화	인구감소는 군사력, 영향력 저하로 연결됨. 미국은 이민 유입으로 상대적 유리, 중국은 빠른 고령화로 제한 요인

| 참고문헌 |

통계청. 2024. 「2022년 기준 장래인구추계를 반영한 세계와 한국의 인구현황 및 전망」. 통계청 보도자료. 2024/09/23.
Castles, S., & Miller, M. J. 2009. The Age of Migration: International Population Movements in the Modern World. Guilford Press.
Council on Foreign Relations. 2023. Demography and World Power, With Nicholas Eberstadt. Retrieved from CFR.
https://www.cfr.org/podcasts/demography-and-world-power-nicholas-eberstadt
O'Hanlon, E. 2023. China's Shrinking Population and Constraints on its Future Power. Brookings Institution.
https://www.brookings.edu/articles/chinas-shrinking-population-and-constraints-on-its-future-power/

Drucker, P. F. 1997. Managing in a time of great change. New York: Truman Talley Books.
Ehrlich, P. R. 1968. The Population Bomb. Ballantine Books.
European Commission. 2025. Migration and asylum. Retrieved from European Commission. https://home-affairs.ec.europa.eu/policies/migration-and-asylum_en
Finkle, J. L., & Crane, B. B. 1975. "The Politics of Bucharest: Population, Development, and the New International Economic Order." Population and Development Review, 1(1), 87-114..
Flahaux, M. L., & De Haas, H. 2016. "African migration: trends, patterns, drivers." Comparative migration studies, 4, 1-25.
Goldstein, J. R., Sobotka, T., & Jasilioniene, A. 2013. "The end of 'lowest-low' fertility?" Population and Development Review, 35(4), 663-699.
Greenhalgh, S. 2003. "Science, Modernity, and the Making of China's One-Child Policy." Population and Development Review. 29(2). 163-196.
Heim, J. L., & Miller, B. M. 2020. Measuring Power, Power Cycles, and the Risk of Great-Power War in the 21st Century. RAND Corporation.
Hwang, In Do, Yunmi Nam, Won Sung, Seri Shim, Jiin Yeom, Byongju Lee, Harim Lee, Jongwoo Chung, Taehyoung Cho, Young Jun Choi and Seolwoong Hwang(Economic Research Institute), Minkyu Son(Research Department). 2024. Lowest-low Fertility and Super-aged Society: Causes and Impacts of the Extreme Population Structure, and Policy Options. 한국은행. https://dl.bok.or.kr/pyxis-api/1/digital-files/c213ac2c-8e32-438b-b4f0-212676f8352e
Kennedy, Paul. 1989. The Rise and Fall of the Great Powers: Economic Change and Military Conflict from 1500 to 2000. NewYork: Vintage.
Korean Statistical Information Service (KOSIS) 2024. "Population by Age and Sex."
Lee, H.-C. 2021. Population aging and Korean society. Korea Journal, 61(2), 5~20. https://doi.org/10.25024/kj.2021.61.2.5
McDonald, P. 2006. "Low fertility and the state: The efficacy of policy." Population and Development Review, 32(3), 485-510.
MIT Press. 2023. The Peril of Peaking Powers: Economic Slowdowns and Implications for China's Next Decade. International Security. Retrieved from MIT Press
OECD. 2019. Demographic Challenges and Economic Implications. OECD Publishing.
OECD. 2020. Labour Market Reforms in Response to an Aging Workforce. OECD Publishing.
OECD. 2020. OECD Family Database.
Park, C. B., & Cho, N.-H. 1995. "Consequences of son preference in a low-fertility society: Imbalance of the sex ratio at birth in Korea." Population and Development Review, 21(1), 59-84.
Pew Research Center. 2018. Being Christian in Western Europe. Retrieved from https://www.pewresearch.org
Ritchie, H. and Lucas Rodés-Guirao. 2024 "Peak global population and other key findings from the 2024 UN World Population Prospects" Published online at OurWorldInData.org. Retrieved https://ourworldindata.org/un-population-2024-revision

Simpson, William S. 2023. Anticipated U.S. Population Decline and the Risks Ahead. Bradley Intelleigence Report.
   https://www.bradley.com/insights/publications/2023/12/anticipated-us-population-decline-and-the-risks-ahead
Thévenon, O. 2011. Family policies in OECD countries: A comparative analysis. Population and Development Review, 37(1), 57~87. https://doi.org/10.1111/j.1728-4457.2011.00390.x
United Nations Population Fund (UNFPA). Various years.
United Nations (UN). 2024. World Population Prospects: summary of Results. https://desapublications.un.org/publications/world-population-prospects-2024-summary-results
UN. Growing or shrinking? What the latest trends tell us about the world's population. https://news.un.org/en/story/2024/07/1151971
United Nations Conference on Trade and Development. 2018. Trade and Development Report 2018: Power, Platforms and the Free Trade Delusion. United Nations. https://unctad.org/publication/trade-and-development-report-2018
humandevelopment.va+3
World Bank. 2024. World Bank Development Indicators. Retrived by https://databank.worldbank.org/source/world-development-indicators
Yoshihara, Susan and Douglas Sylva. 2012. Population Decline and Remaking of Great Power Politics. Potomac Books.
平野克己. 2022.『人口革命 アフリカ化する人類』. 東京: 朝日新聞出版.

제5장
왜 저출생인가?

1. 인구의 변천: 지금 왜 저출산을 분석해야 하는가

"전 세계에서 가장 낮은 출산율, 가장 빠른 고령화 속도, 가장 급격한 인구감소를 동시에 겪고 있는 한국의 상황은 단순한 인구정책 실패가 아니라, 사회 전반의 구조적 위기를 드러내는 신호다." 이 장은 바로 그 위기의 실체를 진단하고, 한국이 처한 '초저출산' 상황을 역사적·사회적 맥락에서 분석하려는 시도다.

전 세계적으로 보면 인구는 아직 증가하고 있다. 1970년 37억 명이던 세계 인구는 2022년에는 79억 7천만 명으로 약 2.2배 증가했다. 유엔은 2070년경 세계 인구가 103억 명에 이를 것으로 전망하고 있다. 하지만 이러한 총량 증가의 흐름은 모든 국가에 동일하게 적용되지 않는다.

한국의 경우, 1970년 3,200만 명에서 2022년 5,200만 명까지 증가했으나, 2070년에는 3,800만 명으로 다시 감소할 것으로 예측된다. 이는 약 100년 전 인구 규모로 회귀하는 현상이며, 세계에서 가장 빠른 속도의 인구감소 사례로 주목받고 있다.

〈그림 5-1〉 세계와 한국의 인구추이

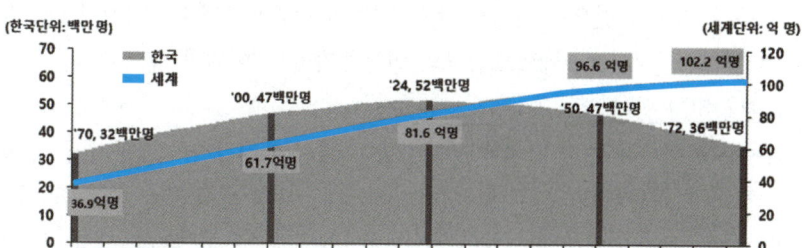

※ 자료: 통계청. 2024. 「2022년 기준 장래인구추계를 반영한 세계와 한국의 인구현황 및 전망」. 통계청 보도자료. 2024/09/23.

현재 지구촌은 주당 약 200만 명씩 인구가 증가하고 있는 상황이지만, 그 이면에서는 '인구 이원화' 현상이 진행되고 있다. 이는 선진국에서는 출산율 하락과 인구감소가, 개발도상국에서는 청년층 증가와 인구 폭발이 동시에 일어나고 있음을 의미한다.

아래 표는 대륙별로 인구 변화 유형을 분류한 것이다. 특히 아프리카는 86% 이상 국가가 앞으로도 지속적인 인구 증가가 예상되는 반면, 유럽은 절반 이상의 국가가 지속적인 인구 감소 추세에 있다.

〈표 5-1〉 대륙별 인구 증가 유형별 분류(20270년 기준 예상)

	계		계속 증가		증가 후 감소		계속 감소		기타	
		구성비		구성비		구성비		구성비		구성비
총 합 계	237	100.0	96	40.5	72	30.4	53	22.4	16	6.8
아프리카	58	100.0	50	86.2	6	10.3	2	3.4	0	0.0
아 시 아	51	100.0	23	45.1	18	35.3	8	15.7	2	3.9
유 럽	50	100.0	1	2.0	15	30.0	26	52.0	8	16.0
라틴아메리카	50	100.0	8	16.0	30	60.0	10	20.0	2	4.0
북아메리카	5	100.0	2	40.0	0	0.0	3	60.0	0	0.0
오세아니아	23	100.0	12	52.2	3	13.0	4	17.4	4	17.4

※ 자료: 통계청. 2024. 「2022년 기준 장래인구추계를 반영한 세계와 한국의 인구현황 및 전망」. 통계청 보도자료. 2024/09/23.

우리는 오랫동안 세계 인구의 '폭발적 증가'가 자원 고갈, 도시 과밀, 환경 파괴 등의 위협 요인으로 작용할 것이라는 담론에 익숙했다. 하지만 최근에는 선진국의 인구감소, 개발도상국의 인구증가라는 '이원화' 구조가 더 큰 문제로 부상하고 있다.

이러한 이원화에 대한 담론에는 단순한 통계적 우려를 넘어, 정치적·문화적 상상과 권력관계가 작동하고 있다. 예컨대, 특정 대륙 또는 인종의 인구 증가가 지구촌에 위협이 되는 것처럼 표현되거나 '그들 대 우리' 식의 이분법적 사고로 이어질 가능성도 존재한다(Dorling & Gietel-Basten 2018).

이런 시선은 단지 출산율의 문제가 아니라, 미래의 자원 분배와 정치 질서에 대한 문화적 상상과 지정학적 전략 판단과도 연결되어 있다. 이 장은 한국이 초저출산 사회에 진입하게 된 역사적·사회경제적 원인을 본격적으로 분석하고, 그 해법이 단지 출산율의 수치가 아닌 사회 구조 전반의 재설계와 관련된 과제임을 밝히고자 한다.

2. 인구구조 전환: '출산율'만 보지 말고 '전환 구조'를 보라

오늘날 우리는 한편으로는 지속적인 세계 인구 증가, 다른 한편으로는 선진국 중심의 인구감소와 출산절벽이라는 두 흐름을 동시에 마주하고 있다. 이처럼 인구의 '폭발'과 '붕괴'가 동시적으로 일어나는 상황에서 어디에 주목하는가에 따라 인구정책의 방향과 담론의 무게가 달라진다.

예컨대 저출산으로의 전환은 때로는 의료·보건·교육의 개선이라는 긍정적 사회 변화의 산물로 간주되기도 한다. 실제로 출산율이 높은 국가들에서도 사람들이 '갖고 싶다'고 응답한 자녀 수는 평균적으로 실제 출산 수보다 적다(Peterson et al. 2012). 이 차이는 가족계획이 충족되지 않은 현실, 즉 '충족되지 않은 욕구(unmet need)'를 반영하며, 이는 지난 50년간 전 세계 인구정책의 주요 쟁점이었다(Ross & Mauldin 1996).

한편, 출산율 감소는 교육 수준 향상, 보건 개선, 여성 권한 강화, 도시화, 사회 인프라 확대 등의 구조적 변화와 밀접히 연결되어 있다(Basten, Sobotka & Zeman 2014). 이처럼 출산의 결정은 단순히 개인의 선택이 아니라, 사회 전체의 구조와 문화의 반영이라는 점에서, 이를 설명할 수 있는 가장 영향력 있는 이론이 바로 인구구조전환 이론(Demographic Transition Theory, DTT)이다.

먼저, 인구구조전환 모형(DTT)의 4단계를 살펴보자(〈표5-2〉참조). 인구구조전환 이론은 산업혁명 이후 많은 국가에서 관찰된 인구 변화 패턴을 정리한 이론으로 출산율과 사망률의 상호관계와 그 변화를 단계별로 설명한다(Demeny 1986; Kirk 1996). 인구구조 전환 개념은 1940년대 중반에 처음 제시되어 '현대 인구학의 중심 개념'으로 자리잡았다. 인구구조 전환 모형은 출산율과 사망률 사이의 관계, 그리고 두 비율 모두에서 높은 비율에서 낮은 비율로의 '전환'에 관심을 두고 있다.

〈표 5-2〉 인구구조전환 단계

단계	출산율	사망률	인구 증가율	주요 특징
1단계	높음	높음	거의 없음	전통 농경사회. 고출생·고사망으로 인구 정체
2단계	높음	급감	급증	의학·위생·식량 개선으로 사망률 감소
3단계	감소	낮음	완만한 증가	교육·산업화·도시화로 출산율 감소
4단계	낮음	낮음	거의 없음 또는 감소	초고령사회. 인구 정체 또는 감소 국면

첫 번째 단계에서는 고출생율과 고사망율의 상태로 두 비율이 모두 높아 서로 상쇄되어 인구 증가율이 극히 낮은 상태를 이룬다. 두 번째 단계에서는 고출생율과 저사망율의 조합, 즉 사망률이 급격히 감소하는 반면 출산율은 상대적으로 높게 유지된다. 따라서 인구증가율은 높게 나타난다. 출산율 감소의 원인에 대해서는 국가나 지역에 따라 의견이 분분하지만 영양, 의학, 위생, 공공보건 조치 등의 개선이 주요 원인으로 지목되고 있다. 세번째 단계에서는 출생율이 낮아지지만 사망률은 그보다 낮게 나타난다. 결과적으로 완만한 인구증가가 이어지는 것을 말한다. 네 번째 단계에서는 저사망율과 저출산율의상태가 유지되는 것으로 인구증가는 극히 낮게 나타난다. 인구구조 전환을 그림으로 나타내면 다음의 〈그림 5-2〉와 같다.

〈그림 5-2〉 인구구조전환

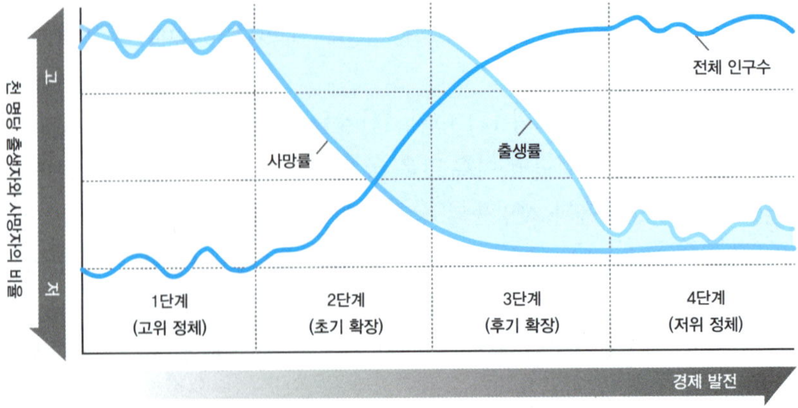

한국은 이미 4단계를 넘어 '5단계' 또는 '축소사회 단계'로 진입한 세계에서 가장 선두적인 사례로 평가받는다. 극단적으로 낮은 출산율(0.72)과 빠른 고령화 속도, 청년층 인구 감소, 지역 소멸 등의 현상은 단순한 전환이 아니라, '인구 전환의 비가역적 구조화' 가능성을 시사한다. 즉, 지금 우리가 논의해야 할 것은 단지 '출산율을 어떻게 높일 것인가'가 아니라, "축소사회로의 전환을 어떻게 준비할 것인가"라는 보다 구조적인 질문이어야 한다.

3. 한국의 저출산: 가장 빠르고 깊은 인구절벽

한국은 세계 최저 수준의 초저출산 국가다. 합계출산율은 2015년 1.24명으로 이미 OECD 최하위였고, 이후 지속적으로 하락하여 2023년에는 0.72명으로 추락, 단일 국가 기준 역사상 가장 낮은 수준을 기록했다(통계청 2024; Reuters 2024). 덴트(2015)가 말한 '인구절벽'이라는 말이 더 이상 비유가 아니라, 현실로 다가온 사회 구조적 위기가 된 것이다.

1) 인구억제정책의 유산

한국의 저출산은 개인의 선택이나 현대사회의 가치관 변화만으로 설명되지 않는다. 그 뿌리는 국가 주도의 인구억제정책이라는 역사적 유산에 깊게 박혀 있다. 1960년대 초반 베이비붐으로 인해 연간 출생아 수는 100만 명을 넘었고, 합계출산율은 6.0명을 상회했다. 이에 따라 정부는 1961년 제1차 경제개발 5개년계획의 일환으로 UN과 국제기구의 권고에 따라 인구 억제정책(family planning)을 공식 도입하였다.

이후 30여 년 동안 정부는 '가족계획은 애국', '덮어놓고 낳다 보면 거지꼴을 못 면한다', '하나만 낳아도 삼천리는 초만원' 등의 강력한 구호 아래, 출산 통제를 체계적으로 추진했다. 정책 수단은 피임 도구 무료 보급, 가족계획 상담소 설치 확대, 공무원 승진·재산세·주택청약 등에서의 자녀 수 불이익 등 직접적 유도와 간접적 제약을 포괄했다(Kwon 2002; 조영태 2021).

특히 1983년 합계출산율이 인구대체수준(2.1명)에 도달한 이후에도 정부는 인구억제 기조를 유지하며 "자녀는 한 명이면 충분하다"는 사회적 기준을 제도와 문화로 정착시켰다. 이는 단기적으로 출산율 하락을 유도하는 데 성공했지만, 장기적으로는 가족 규모에 대한 인식 변화와 출산 기피 정서의 내면화를 낳았다.

이러한 정책적 과잉이 남긴 후유증은 현재까지도 지속되고 있다. 가족을 구성하는 것이 '국가에 불리하다'는 오랜 담론은 현대사회에서 '자녀는 개인의 짐'이라는 통념으로 전이되었다. 한국의 저출산은 단순히 '출산을 꺼리는 개인'의 문제가 아니라, 국가가 한때 '낳지 말라'고 독려했던 역사의 반작용이 구조화된 결과다.

2) 외환위기와 구조적 저출산의 고착: 생애 경로의 불확실성과 제도적 신뢰 붕괴

1980년대 후반부터 완만한 하락세에 접어들었던 한국의 출산율은 1997년 외환위기(IMF 사태)를 기점으로 급격히 구조적 저출산 국면으로 진입하게 된다. 당시 외환위기로 인한 대규모 정리해고, 비정규직 확산, 청년 고용시장 위축 등은 한국 사회의 일자리 안정성을 근본적으로 약화시켰다. 특히 청년 세대의 생애 경로가 불확실성에 직면하게 되면서, 결혼과 출산은 '미루는 선택'이 아닌 '포기하는 선택'으로 전환되기 시작했다.

이러한 불확실성은 단순히 일자리 문제에 그치지 않았다. 외환위기 이후 주거비의 급등, 사교육과 보육비의 부담 증가, 성평등 인프라의 미비, 불안정한 돌봄 체계 등이 겹쳐지며 출산은 감당하기 어려운 위험 비용이 되었다. 이에 따라 2001년 출생아 수는 55만 명, 2005년에는 43.9만 명까지 하락하며 저출산이 구조적으로 고착화되었다.

정부는 위기의 심각성을 인식하고 2005년 「저출산·고령사회 기본법」을 제정했으며, 이후 5년마다 기본계획(1~5차)을 수립하여 정책 대응에 나섰다. 하지만 이들 정책은 대부분 일시적 현금 지원, 출산 장려금, 육아 바우처 등 단기적 재정지원에 집중되었고, 일·가정 양립, 성평등 문화 확산, 주거 안정, 공공 돌봄 인프라 구축과 같은 구조적 기반 형성에는 실패했다.

전문가들은 이 시기의 정책이 "출산을 개인의 책임으로 전가하는 방식"에 머물렀으며, 장기적이고 지속 가능한 사회 신뢰 기반(social trust infrastructure) 구축에는 미흡했다는 점을 지적한다(정성호 2018). 다시 말해, 출산은 개인의 선택이 아니라 사회적 신뢰와 제도적 안정성이 뒷받침될 때 가능한 '공동의 결정'임을 간과한 채, 정부는 출산을 장려하는 '캠페인 정책'에 머물렀던 것이다.

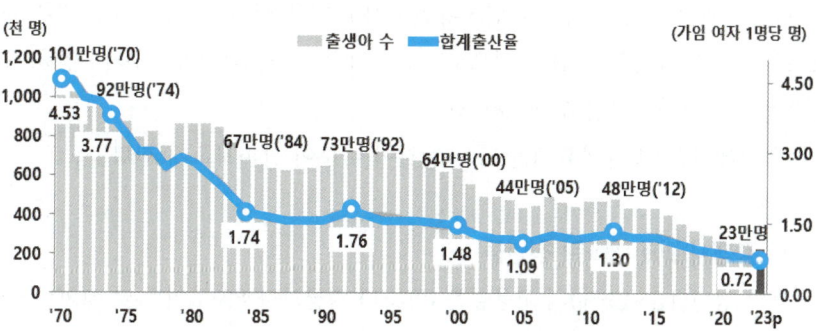

〈그림 5-3〉 한국의 합계출산율 추이

※ 자료: 통계청. 2024. "2023년 인구동향조사: 출생·사망통계" 보도자료(2024/02/28).

3) 오늘날의 현실: 심각한 사회 전반의 위기

2023년 현재, 한국의 합계출산율은 0.72명, 연간 출생아 수는 23만 명에 불과하다. 조출산율(1,000명당 출생아 수)은 4.5명으로, 전년 대비 0.4명 감소했다. 이러한 저출산은 단지 숫자의 문제가 아니다. ▲ 노동력의 절대적 감소, ▲ 국가재정 악화, ▲ 군 병력 및 지역 유지의 어려움, ▲ 성별·세대 간 갈등 심화 등을 초래하며 사회 전반의 지속 가능성을 위협하는 구조적 변수로 작동하고 있다.

결론적으로, 가장 빠르고 깊은 인구절벽에 봉착한 한국은 당장의 '출산율'이 아닌 '출산 구조'를 보아야 한다. 한국의 저출산은 일시적인 문화 트렌드가 아니라 역사적으로는 국가 주도의 인구억제정책의 유산, 경제적으로는 불안정한 생애경로와 청년의 기회 상실, 제도적으로는 불신과 단절이 누적된 정책 설계, 문화적으로는 가족과 미래에 대한 기대의 해체에서 비롯된다. 이제 한국 사회는 단지 '출산율을 높이는 방법'이 아니라 '왜 사람들이 아이를 낳고 싶지 않은 사회가 되었는가'라는 구조적 질문에 답해야 한다.

4. 왜 저출생인가?: 불확실성과 비용의 사회

2006년 이후 정부는 수많은 저출산 대책을 추진해 왔지만 출산율은 반등하지 않았고, 2023년에는 결국 0.72명이라는 세계 최저 수준에 도달했다. 이제 단순한 재정지원이 아니라 사람들이 '왜 아이를 낳지 않으려 하는가'를 구조적으로 이해하는 일이 우선되어야 한다.

한국은행의 종합 분석(이하림·황인도 2023)은 국가·시도·개인 단위 자료를 통해 저출산의 핵심 원인으로 '경쟁 압력'과 '불안(고용·주거·양육 불안)'을 지목한다(〈그림 5-4〉 참조).

이 절에서는 그 세부요인을 다음과 같이 나누어 살펴보고자 한다.

1) 경쟁사회에 내몰린 청년들

한국 청년(15~29세)의 고용률은 OECD 평균보다 8%포인트 낮고(2022년 기준 46.6%), 비정규직 비중은 41.4%로 증가 추세다. 질적인 측면에서 청년층 임금근로자 중 비정규직 비중이 2003년 31.8%에서 2022년 41.4%로 상당폭 증가하였고, 국별 비교가 가능한 임시직 근로자 비중 또한 27.3%(2022년, 전연령 기준)로 OECD 34개국 중 두번째로 높아 고용안정성이 좋지 않은 것으로 평가된다(OECD 평균은 11.3%)(이하림·황인도 2023).

양질의 일자리 경쟁이 심화되며, 청년들은 취업 이전에는 결혼·출산을 생각할 수 없는 구조에 놓여 있다. 심리적 인식에서도 이들은 "경쟁에서 밀리면 낙오된다"는 압박에 시달린다. 갤럽 조사(2022년)에 따르면, 경쟁압력을 많이 느끼는 청년일수록 희망 자녀 수가 뚜렷이 낮았다.

2) 고용·주거 불안정

패널 분석 결과 실업률·전세가·인구밀도가 높을수록 출산율이 낮은 경향이 확연히 나타났다. 특히 서울·수도권에서 주거 비용 상승은 청년층의 생애설계 자체를 불가능하게 만든다. 이에 양질의 일자리를 얻기 위한 취업경쟁이 심화되고 있으며 그에 따라 취업 스트레스를 느끼는 청년이 늘고 있다.

문화체육관광부가 2017년 7월부터 2019년 6월까지 누리소통망(SNS) 게시물 31만여 건을 바탕으로 '저출생 고령화'에 대한 빅데이터 분석에서도 '저출생의 원인'과 관련한 연관어를 분석한 결과, '일자리', '교육(비)' 등 경제적 요인과 관련한 핵심어(키워드) 언급량이 가장 높게 나타났다(문화체육관광부 2019). '일자리' 연관어로는 '맞벌이', '월급', '청년실업'이 언급 순위 상위에 등장해 맞벌이가 불가피하지만 취업이 안 돼 출산을 꺼리는 상황을 나타냈다.

3) 교육비 부담과 사교육 시스템

문체부 빅데이터 분석, 뉴욕타임스 보도, 한국경제인협회 보고서 모두 저출산의 주된 원인으로 사교육비 부담을 꼽고 있다. 2022년 기준 서울의 1인당 월평균 사교육비는 71만 원, 사교육 총액은 26조 원을 넘어섰다. 사교육비가 월 1만 원 증가할 때마다 합계출산율이 0.012명씩 감소한다는 분석도 있다(유진성 2023). 한국의 평등의식과 사교육 경쟁은 '아이를 낳는 순간 곧바로 시작되는 생존 경쟁'으로 인식되게 한다.

뉴욕타임스는 '한국 소멸하나'(Is South Korea Disappearing? 2023/12/02)라는 제목으로 '흑사병이 창궐했던 14세기 유럽의 인구감소를 능가한다'는 충격적인 경고를 하며, 주요 원인 중 하나로 사교육비를 지목하였다. 평등의식이 매우 높은 한국에서 자녀들에게 좋은 교육을 시켜 사회에서 뒤처지지 않게 키우려는 욕망이 다른 어느 나라보다 강하다. 이러한 측면에서 사교육비의 획기적 저감대책도 저출산 대책의 하나로 꼽히고 있다. 사교육비를 이대로 방치한 채 저출산에 대한 그 어떤 대책을 쏟아내도 백약이 무효일 것이라는 주장은 오래전부터 대두된 주장이다.

4) 정책 불신과 분절적 제도 운영

김진표 국회의장은 "5년 단임제의 분절된 정책 구조가 저출산 위기의 근본 원인"이라고 진단했다(2024.1.4). 지금 필요한 것은 '대책의 나열'이 아니라 보육·교육·주거 세 분야의 대대적이고 일관된 개혁, 그리고 "사회가 아이를 키워주는 나라"에 대한 신뢰 회복이다.

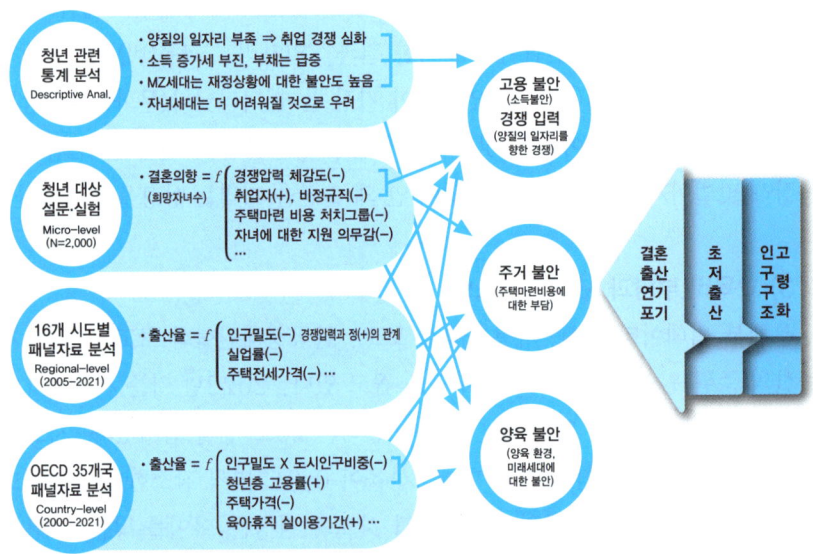

〈그림 5-4〉 저출생의 원인분석

※ 자료: 이하림·황인도. 2023. "초저출산 및 초고령사회 (1): 심각성과 그 원인은?". 한국은행. https://www.bok.or.kr/portal/bbs/B0000347/view.do?nttId=10080997&menuNo=201106

　이하림과 황인도(2023)의 분석에서 주목할 만한 것은 개인단위 미시적 분석에서 높은 경쟁압력과 불안(고용·주거·양육 불안)이 실제로 저출산과 연관되어 있음을 확인하였다는 점이다. 경쟁압력과 저출산의 연관성을 보기 위해 전국 25-39세 남녀 2천 명에 대해 설문조사를 실시한 결과(2022.9, 한국갤럽, 미혼자 1천 명과 무자녀인 기혼자 1천 명), 경쟁압력을 많이 느끼는 청년일수록 희망자녀수가 적은 것으로 나타났다는 점에 주목할 필요가 있다. 16개 시도별 출산율 분석에서도 2005-2021년 시도별 출산율을 종속변수로 두고 패널자료 분석을 실시한 결과 경쟁압력과 연관성이 높은 인구밀도가 높을수록, 그리고 주택가격(전세가격)과 실업률이 높을수록 출산율이 낮아지는 모습이 뚜렷하게 나타나 경쟁압력과 주거불안, 고용불안이 저출산과 연관되어 있음을 재차 확인할 수 있었다.

요약하자면, "왜 낳지 않는가"는 "왜 못 낳는가"로 바꾸어 생각해야 한다는 것이다. 한국의 초저출산은 개인의 선택이 아니라 경쟁의 압력과 불안이 사회구조적으로 내재화된 결과로 보아야 할 것이다. 이 절은 단순한 '출산율 저하의 통계'가 아닌 청년들이 출산을 선택할 수 없게 된 심층 구조와 감정의 지형을 조망한다.

5. 초저출산, 어떻게 해결할 것인가?

이제는 '축소사회'의 미래를 설계할 시간이다. 2023년 기준 한국의 합계출산율은 0.72명이다. 이는 단순한 인구지표의 변화가 아니라 사회 전체 구조와 기능을 근본적으로 재편해야 할 순간이 도래했음을 뜻한다. 아무리 출산율이 반등하더라도, 그 효과는 20년 이후에나 생산가능인구에 반영될 수 있다. 즉, 지금 태어난 아기가 경제활동에 들어서기까지의 시간 지연을 고려하면, 이미 시작된 인구감소와 그 파장은 현 세대가 직면한 현실이자 과제이다. 떨어지는 출산율을 조금이라도 높이려는 노력이 필요하다는 사실은 두말할 나위가 없다. 더 중요한 것은 아래에서 서술하는, 이미 시작된 인구감소로 우리에게 찾아온 사회·경제적 위기 별로 대응책을 시급히 추진해야 한다는 것이다.

첫째, 교육 현장의 구조적 붕괴에 대응해야 한다.

출생아 수 감소는 곧바로 학령인구 축소로 이어지고 있다. 입학생이 '0명'인 학교(2023년 현재 2,138개교)가 전국 초·중·고의 17.6%에 달하며, 2040년에는 학급당 학생 수가 10명 이하로 떨어질 것으로 예측된다(예산정책처 2023). 이는 지역교육의 붕괴를 넘어 공동체 기반의 해체로 이어질 수 있다. 이에 대한 해법은 '유지'가 아니라 '통합과 재구성'이다. 학교를 지역거점 돌봄·평생학습·문화 복합공간으로 전환하고, 온라인 학습·이동형 교육 서비스 등 유연한 교육 인프라로의 전환이 필요하다. 동시에 교사 배치, 교육재정, 커리큘럼을 학령인구 변화에 맞추어 유연하게 조정해야 한다.

둘째, 병역자원 감소에 따른 국가안보 재설계가 필요하다.

2021년 약 25만 명이던 20세 남성 인구는 2037년에는 약 17만 명 수준까지 줄어들 것으로 전망된다(통계청 2023). 2030년 이후에는 상비병 50만 명 유지조차 어렵다는 전망이 현실화되고 있다. 따라서 단순히 징집대상을 확대하기보다, 병역제도의 근본적인 전환과 군의 구조개편이 시급하다. 전문기술군, 사이버·드론·우주 등 미래 전장에 특화된 전력 강화, 민군협력형 예비역 활용 확대, 선택형 병역제 도입 논의 등이 병행되어야 한다. 병역의무 부담의 공정성도 함께 설계되어야 하며, 장기적으로는 병력 중심 안보에서 기술·정보 기반 안보로 전환이 필요하다. 이는 병역제도뿐 아니라 외교·안보 전략까지 재설계가 필요한 상황임을 시사한다.

셋째, 생산가능인구 감소에 대비한 외국인력 활용과 사회 통합전략이 요구된다.

내국인 청년의 공급이 구조적으로 축소된 상황에서, 외국인력 유입은 선택이 아닌 필수다. 문제는 단순히 인력을 '데려오는 것'이 아니라, '정착하게 만드는 것'에 있다. 이를 위해 숙련 외국인 유입 확대, 통합이민청 설립, 지역사회 정착지원 프로그램, 언어·문화 교육, 차별금지 법제화 등 이민자와 지역사회의 공존을 위한 제도화된 준비가 필요하다. '이민은 위기 대응이 아니라, 미래 전략'이라는 인식 전환이 핵심이다.

넷째, 연금·의료·복지의 지속가능성을 위한 사회계약의 재구성이 필요하다.

고령자 부양비의 급격한 상승은 복지 시스템의 지속가능성을 위협하고 있다. 이에 대한 해법은 단기적 재정 보전이 아니라, 제도 설계 자체의 전환이다. 국민연금의 급여구조와 보험료율 개편, 건강보험의 지출 효율화, 장기요양보험의 서비스 혁신이 필요하며, 무엇보다도 '노동 가능한 고령자'의 사회참여를 제도적으로 보장하고, 세대 간 재분배의 정당성을 확보할 수 있는 거버넌스 구조가 필요하다.

결론적으로 인구감소보다 더 큰 문제는 '격차'와 '갈등'이다. 출산율 반등은 여전히 중요한 과제다. 그러나 지금부터는 축소사회의 지속가능한 운영 구조를 설계하는 것이 훨씬 더 긴급한 과제이다. 그 핵심은 단지 인구의 '양'을 늘리는 것이 아니라 줄어드는 사회 안에서 삶의 질, 세대 간 정의, 지역 간 균형, 사회적 신뢰를 어떻게 유지할 것인가이다.

이제 인구정책은 출산 장려정책이 아니라, '새로운 사회 설계 전략'이 되어야 한다.

인구감소 시대에는 효율과 복지를 함께 고려한 유연한 제도 설계, 디지털과 기술을 활용한 인프라 혁신, 생애주기 중심의 돌봄·노동·교육 체계, 그리고 다문화·다세대가 공존할 수 있는 통합적 공동체 구조가 필수적이다. 지금 필요한 것은 숫자의 회복이 아니라 공동체 구조의 재편과 지속가능한 미래를 위한 합의의 구축이다.

이 장에서는 초저출산과 인구감소가 한국 사회에 어떤 충격을 주고 있으며, 무엇을 다시 설계해야 하는지를 살펴보았다. 하지만 이 거대한 인구구조 변화의 또 다른 축은 '고령화'이다. 지금 우리가 직면한 문제는 단순히 인구가 줄어드는 것이 아니라 줄어드는 속도보다 훨씬 더 빠르게 사회가 늙어가고 있다는 사실이다. 다음 장에서는 '인구고령화와 한국사회'라는 주제로 고령화의 구조적 전개와 그것이 만들어낼 미래 사회의 모습, 그리고 대응 전략을 살펴보고자 한다.

 **제5장   요약**

한국의 저출산은 단지 개인의 선택이나 가치관 변화의 결과가 아니다. 불안정한 일자리, 높은 주거 비용, 육아와 교육에 대한 과도한 부담, 성평등의 지체, 미래에 대한 불신이 복합적으로 작용한 구조적 산물이다. 이는 개인의 '출산 기피'가 아니라, 사회 전체가 '아이를 낳기 어려운 구조'로 전환되었음을 의미한다.

따라서 정책의 목표도 단순한 출산율 반등에 머물러선 안 된다. 이제는 인구가 감소하는 현실을 전제로, '작아지는 사회'를 어떻게 지속가능하고 정의롭게 운영할 것인가에 대한 사회적 상상과 제도 설계가 요구된다. 저출산 대책은 더 이상 인센티브 중심의 숫자 회복 전략이 아닌, 삶의 질 향상, 돌봄과 노동의 재구성, 세대 간 공정성 회복이라는 전환적 관점에서 접근해야 한다. 요컨대, 이 장은 저출산을 한국 사회의 구조적 거울로 파악하며, 인구감소 시대의 새로운 사회계약을 설계할 필요성을 강조한다.

구분	핵심 내용
문제 진단	한국은 세계 최저 출산율(0.72) 지속. 단기 대책 효과 미미.
원인 분석	고용·주거·교육비 불안 + 경쟁 압력 + 제도 신뢰 부족. 역사적 인구억제 정책 영향도 존재.
정책 실패 요인	단기주의, 문화적 수용성 결여, 실질적 삶의 개선 부족
대응 방향	① 삶의 신뢰 회복 중심 구조개혁 ② 축소사회 연착륙 전략 ③ 사회적 재설계와 제도 신뢰 구축
핵심 메시지	초저출산은 '숫자 문제'가 아니라, 한국 사회의 구조와 정체성에 대한 총체적 질문이다.

| 참고문헌 |

덴트, 헤리. 2015. 『2018 인구절벽이 온다: 소비, 노동, 투자하는 사람들이 사라진 세상』. 서울: 청림출판.
문화체육관광부. 2019. "저출생의 가장 큰 원인은 '일자리'와 '교육비'" 보도자료(2019. 7.3.).
박희영·주보배. 2024. "가속 페달 밟힌 인구감소…'축소사회' 어떻게 살아갈까". CBS노컷뉴스〉(2024/03/01).
유진성. 2023. 「사교육비가 저출산에 미치는 영향」. 한국경제인협회 FKI인사이트(2023. 12. 19.). https://www.fki.or.kr/main/publication/globalInsight_detail.do
예산정책처. 2023. 「중장기 재정현안 분석: 인구위기 대응전략」. 예산안분석 시리즈 Ⅶ (2).
이하림·황인도. 2023. "초저출산 및 초고령사회 (1): 심각성과 그 원인은?". 한국은행. https://www.bok.or.kr/portal/bbs/B0000347/view.do?nttId=10080997&menuNo=201106

정성호. 2018. 저출산 대책의 패러다임 전환을 위한 과제. 「한국인구학」, 41(3), 41-63.
조영태. 2021. 『인구 미래 공존』. 북스톤.
한국은행. 2023. 「초저출산 및 초고령사회: 극단적 인구구조의 원인, 영향, 대책」. 한국은행 중장기 심층연구(2023. 11.). https://www.bok.or.kr/portal/bbs/B0000368/view.do?nttId=10081530&searchCnd=1&searchKwd=%EC%A0%80%EC%B6%9C%EC%82%B0&date=&sdate=&edate=&sort=1&pageUnit=10&depth=201150&pageIndex=1&programType=newsData&menuNo=201140&oldMenuNo=201150

Basten, S., Sobotka, T., & Zeman, K. (2014). Future fertility in low fertility countries. World population and human capital in the twenty-first century, 39-146.

Demeny, P. 1986. Pronatalist policies in low-fertility countries: Patterns, performance and prospects. Population and Development Review, 12, 335~358. https://doi.org/10.2307/2807916

Dorling, Danny and Stuart Gietel-Basten. 2018. Why Demography Matters. Cambridge: Polity Press.

Kirk, D. 1996. "Demographic transition theory." Population studies, 50(3), 361-387.

Kwon, Tai-Hwan. 2001. "The National Family Planning Program and Fertility Transition in South Korea". East-West Center, Population Policies and Programs in Asia. 39-64.

Peterson, Brennan D., Matthew Pirritano, Laura Tucker, Claudia Lampic. 2012. "Fertility awareness and parenting attitudes among American male and female undergraduate university students", Human Reproduction, Volume 27, Issue 5, May 2012, 1375~1382, https://doi.org/10.1093/humrep/des011

Reuters. 2024. "In South Korea, world's lowest fertility rate plunges again in 2023". https://www.reuters.com/world/asia-pacific/south-koreas-fertility-rate-dropped-fresh-record-low-2023-2024-02-28/

Ross, J. A., & Mauldin, W. P. 1996. "Family planning programs: efforts and results, 1972-94." Studies in family planning, 27(3), 137-147.

제6장
인구고령화와 한국사회

대한민국은 이제 고령사회가 아니라 '초고령사회의 전면 실험대'에 올라섰다. 출산율 회복보다 먼저 이 거대한 전환이 초래할 경제·정치·문화적 재편을 준비해야 할 시점이다.

1. 인구고령화의 구조적 전개: 세계에서 가장 빠른 고령화, 그 경로와 특성

인구고령화는 특정 연령 이상의 인구 비중이 사회 전체 인구에서 급격히 증가하면서 노년 중심 구조로의 전환이 일어나는 현상을 의미한다. 유엔은 전체 인구 중 65세 이상 고령 인구가 7% 이상이면 '고령화 사회(aging society)', 14% 이상이면 '고령사회(aged society)', 20% 이상이면 '초고령사회(super-aged society)'로 분류한다(〈표 6-1〉 참조). 한국은 이 기준에 따라 2000년에 고령화사회, 2017년에 고령사회로 진입했으며, 2024년 말에는 초고령사회에 진입하였다. 천만 노인시대가 열린 것이다. 고령인구 비중은 계속 증가하여 36년 30%, '50년에는 40%를 넘어설 것으로 전망된다. 또한 생산연령인구(15~64세)에 대한 고령인구(65세 이상) 비중을 나타내는 노년부양비는 '24년 27.4명이며, '35년 47.7명, '50년 77.3명에 이를 것으로 전망된다(〈그림 6-1〉, 〈그림 6-2〉, 〈표 6-2〉 참조).

〈표 6-1〉 고령화 진행 속도

연도	고령인구 비율	단계
2000	7.2%	고령화사회 진입
2017	14.2%	고령사회 진입
2025 (2024.12)	20.6%	초고령사회 도달
2070 (예상)	46.4%	전체 인구 절반이 65세 이상

※ 자료: 통계청, 2023. 「2022년 장래인구추계」

한국 고령화의 시계열적 전개를 살펴보면 얼마나 급격하게 진행되는지 알 수 있다. 이처럼 한국은 출산율 저하, 기대수명 증가, 베이비붐 세대의 고령 진입이라는 삼중 요인에 의해, 세계 유례없는 속도로 고령사회에 진입하고 있다.

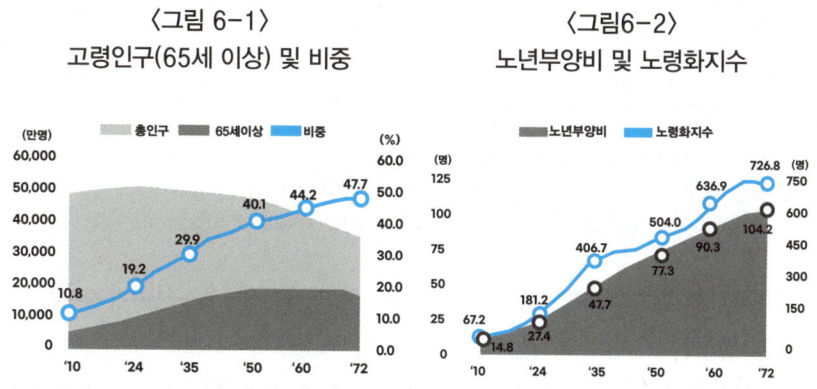

〈그림 6-1〉
고령인구(65세 이상) 및 비중

〈그림6-2〉
노년부양비 및 노령화지수

※ 자료: 통계청, 2023.,「장래인구추계: 2022~2072년」

이러한 속도를 외국의 사례와 비교하면 빠르기만 한 것이 아니라, 압축되고 가파르다는 것을 알 수 있다. OECD 평균 국가가 '고령화사회 → 고령사회'로 전환하는 데 40여 년이 걸리는 데 비해, 한국은 단 17년 만에 해당 전환을 마쳤다. 고령사회에서 초고령사회로의 이행 또한 일본(11년)보다 빠른 8년 만에 진행된 것을 알 수 있다. 불과 25년 만에 세 단계를 모두 거치는 속도는 세계에서 가장 빠른 고령화 경로로 기록된다.

〈표 6-2〉 한국 고령인구 비중과 노인부양비 추이

	총인구	65세 이상	비중[1]	노년부양비[2]	노령화지수[3]
2010	49,554	5,366	10.8	14.8	67.2
2020	51,836	8,152	15.7	21.8	129.3
2024	51,751	9,938	19.2	27.4	181.2
2025	51,685	10,514	20.3	29.3	199.9
2030	51,306	12,980	25.3	38.0	312.0
2035	50,825	15,208	29.9	47.7	406.7
2040	50,059	17,151	34.3	59.1	442.2
2050	47,107	18,908	40.1	77.3	504.0
2060	42,302	18,682	44.2	90.3	636.9
2072	36,222	17,271	47.7	104.2	726.8

자료: 통계청, 2023. 「장래인구추계: 2022~2072년」
주: 1) 비중 = {고령인구(65세 이상) ÷ 총인구} × 100
    2) 노년부양비 = {고령인구(65세 이상) ÷ 생산연령인구(15~64세)} × 100
    3) 노령화지수 = {고령인구(65세 이상) ÷ 유소년인구(0~14세)} × 100

이처럼 한국의 고령화는 속도·압축성·구조 변화의 경직성이라는 점에서 고유한 특성을 가지며, 기존의 복지국가 정책 경험이 그대로 적용되기 어려운 조건에 처해 있다. 아울러 짧은 이행 기간으로 인한 준비 부족으로 다양한 형태의 갈등을 겪을 가능성이 높다.

뿐만 아니라 수도권과 비수도권의 고령화 이중 위기로 인한 지역간 격차의 심화도 문제이다. 고령화는 전 국가적 현상이지만, 지역 간 속도와 양상은 매우 다르다. 2023년 기준으로 전남·경북·강원등은 이미 초고령사회(65세 이상 인구 20% 이상)에 진입, 서울·경기·세종 등 수도권은 상대적으로 낮은 고령인구 비율을 유지하고 있다(〈그림 6-3〉, 〈표 6-3〉 참조). 이로 인해 '지방은 늙고, 수도권은 밀집된다'는 구조적 양극화가 고령화와 저출산의 교차점에서 심화되고 있다.

〈그림 6-3〉 지역별 고령인구(65세 이상) 비중

※ 자료: 통계청, 2023. 「장래인구추계(시도편): 2022~2052년」

〈표 6-3〉 지역별 고령인구(65세 이상)

	2023	고령인구 비중	순위	2024	고령인구 비중	순위	2028	고령인구 비중	순위	2038	고령인구 비중	순위	2052	고령인구 비중	순위
전국	9,436	18.2	-	9,938	19.2	-	12,125	23.6	-	16,492	32.7	-	18,861	40.8	-
서울	1,687	17.9	10	1,769	18.8	10	2,080	22.6	10	2,669	30.3	14	2,950	37.2	16
부산	722	22.0	5	756	23.2	5	887	28.1	5	1,065	36.6	6	1,068	43.6	8
대구	445	18.9	9	469	19.9	9	565	24.8	9	733	34.8	7	762	42.5	10
인천	482	16.0	13	517	17.0	13	666	21.6	13	964	30.8	12	1,161	39.2	12
광주	233	15.9	14	245	16.9	14	297	20.9	15	406	30.4	13	458	38.8	13
대전	240	16.3	12	253	17.2	12	310	21.5	14	419	30.3	14	472	37.8	14
울산	169	15.3	15	181	16.5	15	235	22.0	11	336	34.2	10	361	43.7	6
세종	40	10.3	17	43	11.0	17	57	13.5	17	98	20.2	17	157	29.3	17
경기	2,073	15.0	16	2,214	16.0	16	2,843	20.1	16	4,229	29.1	16	5,176	37.5	15
강원	352	23.1	3	369	24.3	3	447	29.5	3	596	39.2	3	677	47.1	4
충북	322	19.8	7	338	20.7	7	414	25.3	7	570	34.8	7	667	43.2	9
충남	440	20.0	6	461	20.7	7	560	25.0	8	780	34.3	9	955	43.7	6
전북	409	23.1	3	423	24.1	4	494	28.8	4	628	38.8	4	680	46.9	5
전남	445	25.2	1	460	26.2	1	528	30.6	1	672	40.8	1	742	49.6	1
경북	617	23.6	2	643	24.7	2	763	30.0	2	988	40.7	2	1,071	49.4	2
경남	644	19.7	8	677	20.8	6	831	26.2	6	1,125	37.8	5	1,241	47.8	3
제주	116	17.2	11	122	18.1	11	149	21.9	12	213	31.5	11	263	40.9	11

자료: 통계청, 2023. 「장래인구추계(시도편): 2022~2052년」

요약하자면, 한국은 세계에서 가장 빠른 속도의 고령사회 진입 국가이다. 고령화는 단지 인구구조의 변화가 아니라 경제, 복지, 노동, 정치, 지역 불균형을 유발하는 거대한 구조 전환이다. 이 절은 고령화의 수치를 넘어 한국 사회가 무엇을 잃고 있으며 무엇을 재설계해야 하는지를 묻는 문턱 역할을 한다.

2. 한국 고령사회의 6대 위기영역

인구고령화는 단순히 나이든 인구가 많아지는 현상이 아니라 사회 전 영역의 작동 원리를 바꾸는 구조적 전환을 의미한다. 한국은 특히 압축적 고령화 속도 때문에 이러한 변화가 시차 없이 동시다발적으로 진행되고 있다.

다음 여섯 가지 분야는 특히 '제도 피로'와 '사회적 갈등'이 중첩되며, 초고령사회 도래와 함께 맞닥뜨릴 위기영역이다.

1) 노동시장 위기: 일할 사람이 줄어든다

한국은 본격적인 인구 감소와 함께 노동시장 구조 자체가 붕괴의 기로에 서 있다. 특히 베이비부머 세대의 대규모 퇴직과 함께 생산가능인구(15~64세)는 2020년 3,726만 명에서 2070년 2,377만 명으로 36.2% 감소할 것으로 전망된다(통계청 2023). 이처럼 청년층의 신규 유입은 제한적인 반면, 대규모 퇴직이 겹치면서 중소기업, 제조업, 농축산업, 돌봄노동 등 주요 생계 기반 산업에서 인력 부족 현상이 구조화되고 있다.

이러한 공백을 고령층이 일정 부분 메우고는 있으나, 그 고용은 주로 저임금·비정규직에 집중되어 있어 실질적 해결책이 되지 못하고 있다. 실제로 한국의 고령자 고용률은 2022년 기준 36.9%로 OECD 평균(15.5%)의 두 배를 넘지만, 이는 '자발적 노동'이 아니라 생계 유지를 위한 '불가피한 노동'에 가깝다는 점에서 질적 위기를 드러낸다(OECD 2018). 높은 노인 고용률에도 불구하고 한국의 노인 빈곤율은 여전히 40% 이상으로 OECD 최고 수준이다.

이에 따라 단순한 연령별 고용률 유지가 아니라 인구구조 변화에 적합한 노동시장 재설계와 사회적 자원 재배치 전략이 절실하다. 청년층과 여성의 경제활동 확대, 고령자의 숙련 노동자 전환, 이민자 유입을 통한 노동시장 다변화 등이 함께 추진되어야 한다. 뒤에서 다룰 '인구구조 변화와 경제' 항목에서는 이와 관련한 정책적 대응 방향을 보다 구체적으로 검토하고자 한다.

2) 재정·복지 시스템의 지속 가능성 위기

급격한 고령화는 국민연금, 건강보험, 장기요양보험 등 사회보장제도의 재정 지속 가능성에 심각한 도전을 안기고 있다. 국민연금의 적립금은 2039년에 고갈될 것으로 전망되며, 보험료율 인상 없이 현재 체제를 유지하는 것은 사실상 불가능한 상황이다. 건강보험 지출의 상당 부분은 노인 진료에 집중되어 있으며, 65세 이상 고령자의 1인당 의료비는 65세 미만의 5배에 달한다. 여기에 치매, 중증질환, 장기요양 등의 복합 돌봄 수요가 폭증하면서 장기요양보험 역시 연속적인 적자 구조로 전환되었다.

2023년 기준 노인의료비는 46조 5천억 원에 달했으며, 장기요양보험도 2022년 기준 1조 7천억 원의 적자를 기록했다. 문제는 이러한 지출이 향후 급격히 늘어날 수밖에 없다는 점이다. 따라서 고령화에 따른 복지 재정 위기를 단순히 지출 통제의 관점이 아니라 제도의 구조적 개편과 사회적 합의 기반 위에서 재구성해야 할 시점에 이르렀다.

3) 병역자원과 안보 위기

병역자원의 급감은 고령화가 안보에까지 직격탄을 주는 현실을 보여준다. 2021년 25만 명 수준이었던 20세 남성 인구는 2037년에는 17만 명까지 감소할 것으로 전망된다. 이에 따라 국방부는 당초 '상비병력 50만 명 유지' 계획을 철회하고, 병력 규모를 점진적으로 축소하는 방향으로 국방개혁을 추진 중이다.

2022년 국방백서에 따르면 최근 5년간 병력은 약 12만 명이 줄었으며, 병역 미필자 수는 2030년 이후부터 급감할 것으로 분석된다. 이는 단순히 징병제 유지 여부의 문제가 아니라 청년 인구 기반 병역체계의 근본적 지속가능성에 대한 구조적 재설계를 요구하는 문제다.

4) 교육체계와 지역돌봄의 붕괴

출산율 하락은 학령인구의 급감으로 직결되며, 이는 교육 인프라와 지역 공동체의 붕괴로 이어진다. 2023년 기준 초·중·고교에서 입학생이 '0명'인 학교는 전체의 17.6%에 달하는 2,138개교에 이른다. 1977년 1,092만 명에 달했던 학령인구는 2070년에는 227만 명 수준까지 줄어들 것으로 예측되며, 특히 농산어촌 지역에서 소규모 학교의 확산은 교육의 질 저하와 지역사회의 붕괴를 동반하고 있다.

2040년에는 초등학교 학급당 학생 수가 10명 미만으로 하락할 것으로 보이며, 이는 2022년 기준(21.1명) 대비 절반 이하 수준이다. 이런 현상은 지역 돌봄 인프라의 축소, 지역 사회의 공동체 기능 약화, 그리고 지방소멸 문제와도 직결되며 고령화와 저출산이 결합된 복합 위기의 단면을 보여준다.

5) 정치 구조의 변화: 실버민주주의와 세대 불균형

정치 구조 역시 고령화의 영향으로 점차 변화하고 있다. 2024년 총선을 기준으로 60세 이상 유권자 비율은 38%에 달하며, 2030년에는 65세 이상 유권자가 전체의 42%를 차지할 것이라는 분석도 있다. 이는 정치 의제와 정책 결정에 있어 고령층의 영향력이 매우 커지고 있음을 뜻한다.

실버민주주의가 정치적 균형을 왜곡할 수 있다는 우려가 제기되며, 청년 세대의 정책 대표성 약화, 조세 부담 구조의 불균형, 복지 수혜층 중심 정책의 편향성 문제가 함께 대두되고 있다. 향후 세대 간 갈등의 제도적 완충장치와 조정 메커니즘 마련이 절실한 과제로 떠오르고 있다.

6) 지역 간 불균형의 심화

한국의 고령화는 전국적으로 나타나고 있지만, 지역 간 속도와 양상은 뚜렷하게 다르다. 특히 농산어촌을 중심으로 고령화율이 30~40%를 넘는 지역이 다수 존재하는 반면, 수도권은 출산율은 낮지만 청년층 인구가 집중되어 있는 상태다. 이로 인해 지방은 고령화되고, 도시는 과밀해지는 양극화된 고령사회 구조가 더욱 고착화되고 있다.

2023년 기준으로 전남, 경북 등 12개 시군구는 이미 고령인구 비율이 40%를 초과하고 있으며, 해당 지역에서는 노인일자리, 돌봄서비스, 의료 접근성 등 핵심 인프라의 격차가 빠르게 확대되고 있다. 이는 고령화와 지역소멸이 교차하는 이중위기로 지역 균형발전 정책의 전면 재설계 없이는 대응이 불가능한 문제다.

이처럼 한국의 고령사회는 더 이상 복지의 문제만으로 환원될 수 없다. 고령화는 노동시장, 안보체계, 교육과 돌봄, 정치질서, 지역 균형 등 사회 전 분야의 기반을 다시 짜야 할 만큼 구조적인 위기를 동반하고 있다. 단순한 인구 구성의 변화가 아니라 국가 시스템 전반의 작동 원리를 바꾸는 전환기적 과제로 받아들여야 한다.

이제는 '고령화에 어떻게 적응할 것인가'를 넘어 '고령사회를 어떻게 지속가능하게 설계할 것인가'라는 질문에 사회 전체가 함께 답해야 할 때다.

3. 고령자 삶의 질과 사회참여: 늙어간다는 것은 어떤 경험인가?

초고령사회로 진입한 오늘날, 인구 고령화에 대응하는 중심 과제는 단지 '얼마나 오래 사는가'가 아니라 '어떻게 살아가는가'이다. 노년기는 삶의 마지막 주기가 아닌 새로운 사회적 역할과 삶의 질을 실현할 수 있는 '삶의 확장기'로 재인식될 필요가 있다. 그러나 한국 사회에서는 그동안 다양한 노인돌봄 정책을 추진하여 왔지만(〈그림 6-4〉 참조) 노인의 삶은 여전히 빈곤, 고립, 건강불안, 돌봄 위기 등 부정적인 이미지와 연결되는 경우가 많다.

〈그림 6-4〉 한국 노인 돌봄 정책의 변화와 지속

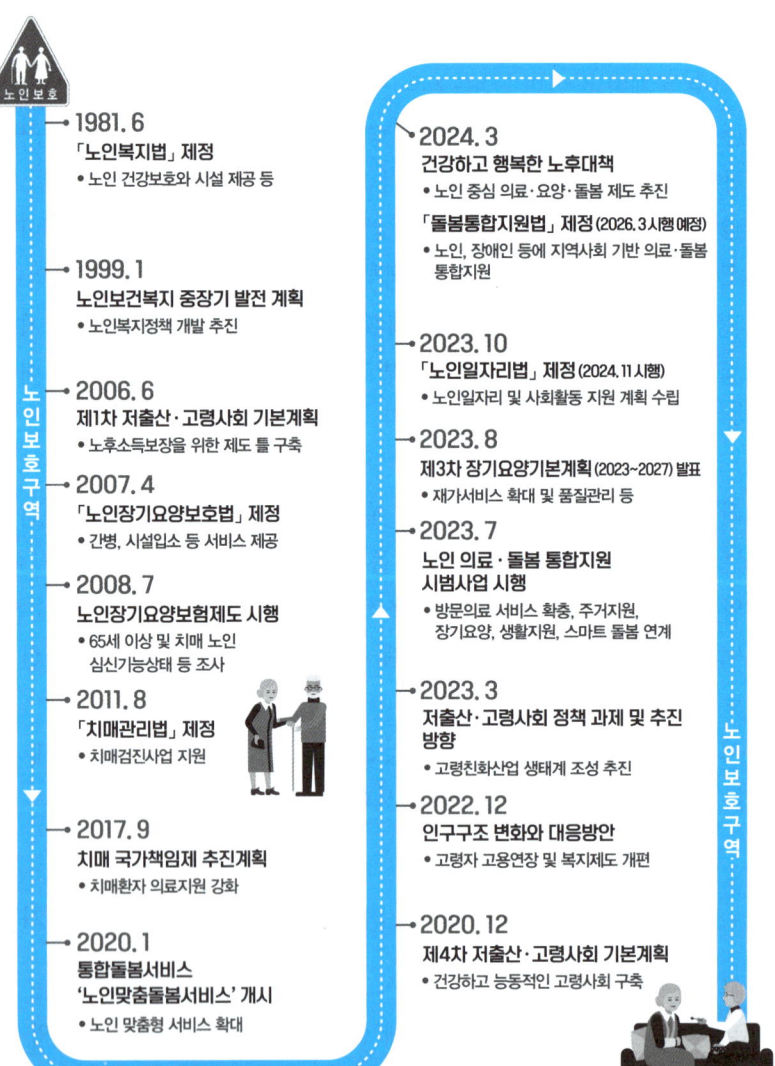

※ 자료: 국회도서관(2024). p.5.

　이제는 고령자의 삶의 질을 결정짓는 다양한 요소들—경제적 안정, 사회적 관계망, 건강과 돌봄 접근성, 여가와 문화 참여, 노동과 사회적 역할—을 입체적으로 조망하고, 이들이 어떻게 상호작용하는지를 분석하는 다차원적 접근이 요구된다.

1) 노인빈곤: 오래 살수록 가난해지는 사회

한국의 노인빈곤율은 2022년 기준 43.4%로, OECD 회원국 중 가장 높다. 이는 OECD 평균인 13.1%의 세 배가 넘는 수치로, 고령화 속도가 빠른 한국에서 고령자의 경제적 취약성이 구조화되어 있음을 보여준다(OECD 2023). 이러한 현상은 다음과 같은 요인이 복합적으로 작용한 결과이다.

첫째, 공적 연금의 불충분성이다. 국민연금의 급여 수준이 생계 유지에 턱없이 부족하며, 조기 퇴직과 경력 단절 등으로 가입기간이 짧은 고령자가 많다. 둘째, 비공식 경제활동에의 의존이 많다. 많은 노인이 저임금 단기 일자리나 비정규직에 종사하고 있으며, 이는 노후 소득의 안정성을 해친다. 셋째, 가족 부양 체계의 약화이다. 전통적인 가족 중심의 부양 모델이 해체되었지만, 이에 대한 공공 대체 시스템이 충분히 구축되지 못하였다. 넷째, 성별 격차의 심화이다. 특히 여성 노인은 경력 단절, 연금 사각지대, 배우자 사망 등의 요인으로 빈곤 위험이 더욱 높다. 2021년 통계에 따르면 여성 고령자의 상대빈곤율은 남성보다 10%p 이상 높게 나타났다(통계청 2022).

노인 빈곤은 단순한 경제 문제가 아니라, 건강, 고립, 삶의 만족도 전반에 영향을 미치는 결정적 요인이며, 초고령사회에서 사회통합과 지속가능성을 저해하는 구조적 장애 요인이다. 따라서 생애 전 주기에 걸친 소득보장 체계의 개편과 성평등적 관점을 반영한 복지 설계가 병행되어야 한다.

2) 사회적 고립과 고독사

1인가구 고령자는 2023년 기준 전체 노인의 36.5%에 달하며, 가족 및 사회적 연결망이 약화되면서 '관계의 사막화' 현상이 심화되고 있다. 노년기 자살률은 OECD 최고 수준이며, 고독사 문제는 지방자치단체의 긴급한 대응 과제로 떠올랐다. 복지 사각지대, 디지털 소외, 이동권 제약 등은 노인을 '살아 있는 시민'이 아닌 '통계상의 존재'로 밀어낸다. 고령층은 시민으로서의 주체성과 공적 목소리를 상실한 채 복지 수급의 대상으로 통계화되는 경향이 심화되고 있다. 노인이 시민의 주체가 아니라 정책 통계로 환원되는 구조는 비판적 복지국가론의 핵심 문제로 오래전부터 지적되어 왔다(Marshall 1950; Eliasoph 2013; Cole 1992).

3) 건강과 돌봄: 치매와 장기요양의 일상화와 존엄한 생애의 마지막

고령인구의 급증과 함께 치매 유병률과 복합 돌봄 수요가 폭증하고 있다. 장기요양보험 수급자는 2012년 31만 명에서 2022년에는 100만 명을 넘어섰으며, 가족 돌봄자의 부양 스트레스와 생계 부담은 단순한 가정의 문제가 아니라 사회 전체의 돌봄 위기로 확산되고 있다.

현재의 요양시설 중심 돌봄체계는 서비스 질 관리, 지역 간 인프라 격차, 재정 지속 가능성 측면에서 근본적인 재설계를 요구받고 있다. 특히 1,000만 노인시대를 맞는 한국에서는 기존의 국가-가족 중심 모델을 넘어 지역사회가 주체가 되는 '사회적 돌봄 시스템' 구축이 시급하다. 프랑스의 '마지막 삶 돌봄(palliative care)' 체계, 일본의 지역포괄케어시스템(Community-based Integrated Care System)은 말기 노인들이 의료의 사각지대에서 방치되지 않고, 자신이 사는 곳에서 존엄하게 생애를 마감할 수 있도록 설계된 모델이다.

한국 또한 장기요양, 호스피스, 재택 돌봄, 지역사회 복지서비스를 유기적으로 연계하여 '시설이 아닌 공동체에서 존엄하게 늙고 죽을 권리'를 제도화할 수 있는 통합돌봄 시스템 구축을 더 이상 미룰 수 없다. 이는 단지 복지 인프라 확충의 문제가 아니라 고령사회에서 인간다운 삶과 죽음을 실현하는 사회정의의 과제이기도 하다.

4) 여가와 문화참여의 격차

활동 가능 고령자(건강한 65세 이상)의 비중은 점점 늘어나고 있지만, 여가와 문화 활동의 참여 기회는 고령자 간 건강·소득·지역에 따라 뚜렷한 격차를 보이고 있다. 한국은 노인 인구가 빠르게 증가함에도 불구하고, 여가생활을 규칙적으로 누리는 노인의 비율은 OECD 평균보다 낮고, 특히 저소득층 고령자의 여가활동 참여율은 60% 미만에 불과하다.

지방과 농촌 지역에서는 문화시설, 복지관, 여가공간 접근성이 부족하여 '문화의 지역격차'가 곧 '삶의 질 격차'로 이어지는 구조가 고착되고 있다. 한국 고령자들의 활동적 노화(active ageing)를 결정하는 주요 요인은 소득 수준과 지역 인프라 접근성, 사회적 관계망의 유무로 나타났다(Lee 2021; Repkine & Lee 2022). 특히 여가와 문화 활동은 건강 유지와 삶의 만족도를 높이는 핵심 경로임에도 불구하고, 사회적 지지 기반이 부족하거나 물리적 접근성이 떨어지는 계층일수록 여가활동의 기회가 제한되는 것으로 나타났다.

이러한 구조는 노년기를 단순한 생존의 시간이 아니라 '삶의 의미와 참여를 지속할 수 있는 확장된 시간'으로 만들기 위해 반드시 넘어야 할 장벽이다. 결국 '수명 연장'에서 '삶의 확장'으로 고령기 개념을 전환(WHO 2015; 조영태 2016)하기 위해서는, 소득 격차, 지역 격차, 사회적 고립을 완화하는 문화정책과 커뮤니티 기반 여가 인프라가 함께 논의되어야 한다.

5) 일하고 싶지만, 일할 수 없는 구조

한국의 고령자 고용률은 2022년 기준 36.9%로, OECD 회원국 중 최상위권에 속한다(OECD 2023). 이는 표면적으로 보면 '활력 있는 고령층의 증가'로 해석될 수 있지만, 실상은 '노후 빈곤 회피를 위한 생계형 노동'이라는 점에서 사회적 위기의 징후로 봐야 한다.

한국 고령층의 노동 참여는 자발적 선택이라기보다 연금 소득의 부족과 가족 부양 체계의 약화로 인해 '일하지 않으면 생존이 어려운' 구조 속에서 이루어지는 경우가 많다. 특히 노인들이 주로 종사하는 일자리는 경비·청소·배식, 주차 등 저임금·단순 노동에 집중되어 있으며, 이들 일자리는 임금 수준이 낮고 고용 안정성도 취약하다(한국노동연구원 2022). 고령 노동자 상당수가 비정규직, 시간제 일자리, 일용직에 머무는 현실은 이들의 노동이 존중받기보다 '생존 수단'으로 기능하고 있음을 보여준다.

게다가 고령 노동자는 산업재해의 위험에 더 많이 노출되어 있으며, 직업 재교육이나 전환 기회도 제한적이다. 이는 고령자 노동의 지속 가능성과 삶의 질을 동시에 위협하는 구조적 문제다.

한편, 한국의 기대수명은 83.6세(OECD 평균: 81.0세)로 세계 최상위권에 속하지만, 건강수명은 상대적으로 낮아 고령자의 상당수가 만성질환, 장애, 돌봄 필요 상태에서 노동시장에 남아 있는 현실 또한 간과할 수 없다. 한국 고령자의 건강수명은 약 73세로, 노후 10년 이상을 질병과 불편 속에서 보내는 셈이다(통계청 2023).

결국, 문제는 단지 고령자의 '노동 참여율'이 아니라 어떤 조건에서 일하고 있는가, 그리고 그 노동이 존엄한가에 있다. 초고령사회에서는 고령자들의 경험과 능력을 지속적으로 활용할 수 있는 '존중 기반의 일자리' 설계가 필요하다. 이를 위해서는 다음과 같은 전략이 요구된다. 즉, ▲ 고령자 적합 산업 육성(예: 헬스케어, 교육, 지역 돌봄 등), ▲ 공공부문이 중심이 된 '사회기여형 일자리' 확대, ▲ 직업 재교육 및 전직(轉職) 훈련 강화, ▲ 고령자 노동권 보호와 차별 금지를 위한 법적 제도 정비 등이다.

"더 오래 사는 사회에서 중요한 것은 얼마나 오래 일하느냐가 아니라 어떻게 존엄하게 일할 수 있느냐"는 인식의 전환이 절실하다. 고령자의 삶의 질을 '양'에서 '질'로 전환하는 것이야말로 초고령사회의 복지와 사회통합의 핵심 과제가 되어야 한다.

4. 초고령사회에 대응하는 정책 모델: 복지, 돌봄, 기술, 지역이 통합되는 '지속가능한 노년'의 설계

한국은 2025년을 기점으로 초고령사회에 본격 진입하게 된다. 그러나 현재의 정책 시스템은 여전히 출산율 반등, 요양시설 중심의 고령 돌봄, 임시성 일자리 지원 등 단기적 대응에 머무르고 있다. 이제 고령사회를 단순한 '위기'로 볼 것이 아니라, 복지·보건·기술·지역·거버넌스를 통합하는 '새로운 질서의 설계'로 접근해야 한다. 초고령사회는 삶의 질을 넘어 죽음의 질까지 포함하는 공공적 과제가 되었으며, 이러한 변화를 전제로 하는 정책 패러다임 전환이 필수적이다.

1) 복지 중심에서 지역 기반 통합돌봄체계로

고령사회의 핵심은 '누가, 어디서, 어떻게 돌봄을 제공할 것인가'에 있다. 선진국들은 이미 오래전부터 지역사회 중심의 복지체계를 구축해왔다. 스웨덴은 고령자의 자기결정권을 복지정책의 핵심 가치로 삼고 있으며, ICT 기반 '소셜 알람' 시스템은 응급상황을 실시간 감지해 구조할 수 있는 기술적 기반을 제공한다. 도시의 기능을 중심부에서 주변부로 확장한 '핑거 모델'은 교통, 보건, 문화 기능이 결합된 고령자 친화형 지역 생활권 모델로 주목받는다.

일본은 '지역포괄케어시스템'을 통해 병원, 요양, 주거, 예방, 복지 서비스를 통합하고, 고령자가 지역에서 가능한 한 오래 자립할 수 있도록 지원한다. 한국은 아직도 돌봄 책임을 가족에 의존하며, 요양시설 중심 대응에서 벗어나지 못하고 있다. 지역이 중심이 되는 커뮤니티케어 체계 구축이 시급하며, 특히 생애 말기 돌봄, 공공 돌봄 인력의 전문성·처우 개선이 함께 추진되어야 한다.

또한 병원-요양시설-재가 간의 돌봄 공백을 메우기 위한 '중간 돌봄시설'(intermediate care)의 도입도 중요하다. 영국의 intermediate care, 일본의 short-stay, 호주의 transitional care program은 퇴원 후 재입원을 방지하고 가족돌봄자의 부담을 줄이며, 노인의 자립 회복을 효과적으로 지원하는 모델로 자리 잡았다. 한국도 지역밀착형 회복기 돌봄 인프라를 설계해 의료비 절감과 삶의 질 향상을 동시에 꾀해야 한다.

나아가 '돌봄을 받을 권리'뿐 아니라 '돌볼 권리'에 대한 사회적 인식 전환과 정책적 보장이 함께 이루어져야 한다(정순둘 2025). 이를 위해서는 가족돌봄자에 대한 유급휴직제, 심리지원, 고용보장 등 복합적 보호체계가 필요하다(이윤경 2025.6). 이는 고령사회 대응의 윤리적 기반이며 동시에 사회 지속가능성을 확보하는 장치다.

2) 기술과 연결: '에이지테크(Age-Tech)'의 전략적 도입

고령친화기술은 노인의 건강과 자립적 생활을 지원하고 삶의 질을 향상시키기 위해 ICT, 로봇, 모바일 기술, 인공지능, 앰비언트 시스템(ambient system), 퍼베이시브 컴퓨팅(pervasive computing)과 같은 첨단 기술을 활용하는 것을 말한다(국회도서관 2024). 이러한 고령친화기술은 주로 '자립생활 기술', '돌봄 기술', '기술수용 서비스'의 세 분야로 분류된다(김영선 2022). 돌봄 로봇은 일상생활 유지가 어려운 고령자나 장애인에게 신체적·정신적 도움을 제공하는 로봇 또는 로봇 기술이 적용된 기기를 의미한다.

정부는 2006년 「고령친화산업 진흥법」(시행 2022.2.18. 법률 제18410호)을 제정해 고령친화산업의 육성을 위한 법적 기반을 마련하였다. 이어 '제4차 저출산·고령사회 기본계획(2021~2025)'에서는 '기술혁신을 통한 스마트 돌봄 체계로의 진화'를 정책목표로 제시하고, 2022년까지 이승 보조, 욕창 예방, 배변 보조, 식사 보조 등 4종의 스마트 돌봄 로봇 개발 및 보급을 추진하였다. 그러나 이 기본계획에서는 고령친화산업 전반에 대한 종합적 발전계획이 여전히 미흡하게 수립되어 있는 것으로 나타났다.

일본은 고령화에 대응하여 간병로봇, 자가 건강 모니터링 기기, 이동 보조 장치 등 고령친화기술을 적극적으로 도입하고 있다. 이러한 기술은 노인의 자립성과 돌봄 부담을 동시에 완화할 수 있으며, 단순한 기기 보급을 넘어 복지의 새로운 패러다임인 '기술복지'로 전환하는 흐름을 보여준다. 이는 노인의 정보 접근권과 디지털 권리를 보장하는 것이 복지국가의 새로운 책무가 되었음을 의미한다.

한국에서도 민간 부문을 중심으로 에이지테크 기술 개발은 활발히 진행되고 있지만, 보건복지 정책과의 연계는 아직 부족하다. 향후에는 공공정책 차원에서 기술 요소를 내재화하고, 고령자 대상 기술 접근 격차 해소, 안전성 검증, 표준화 체계 마련이 함께 추진되어야 한다. 특히 디지털 소외계층을 고려한 디지털 역량 강화 교육과 기기 지원이 병행되어야 한다(Bae 2021).

나아가 전 세계적인 고령화 추세 속에서 과거에는 경제의 주변부로 인식되었던 고령층이 이제는 중요한 경제 주체로 부상하고 있다. 이들을 대상으로 하는 서비스 및 제품은 시장의 주목을 받고 있으며, AI·로봇·데이터 등 첨단 기술이 접목된 고령친화기술(AgeTech) 산업으로 발전하고 있다. 이러한 흐름을 체계적으로 뒷받침할 수 있는 전략적 지원이 필요하다.

3) 삶의 마지막까지 존엄을: 생애말기 돌봄과 웰다잉(Well-Dying)

초고령사회에서는 죽음 또한 공적 영역으로 포함된다. 프랑스, 일본, 대만은 생애말기 돌봄과 웰다잉을 제도화하여, 병원이 아닌 지역사회에서 삶을 마무리할 수 있도록 지원하고 있다. 이는 단순한 의료적 연명 치료 중단 논의가 아닌 환자와 가족의 의사결정권과 삶의 질을 마지막까지 존중하는 정책 방향이다.

한국은 아직도 의료 중심의 말기 치료 체계에 머물러 있으며, 존엄한 죽음을 위한 법·제도적 기반이 부족하다. 김영숙·김유경(2018), 양정현·정민숙(2020)은 웰다잉이란 단순한 생명 연장 여부가 아니라 관계성, 자율성, 준비된 이별을 포함한 포괄적 개념임을 강조한다. 한국도 이제는 '연명치료 중단'의 법제화를 넘어 생애말기 돌봄계획(Life Ending Plan), 지역 호스피스, 재택의료 등 다차원적 정책을 통합적으로 설계해야 한다.

4) 국가-지방 거버넌스 재설계와 돌봄의 사회적 투자화

지역 간 복지 인프라 격차를 해소하기 위해서는 중앙과 지방의 역할 재조정이 필요하다. 지방정부는 주민 실태와 욕구에 맞춘 통합돌봄을 주도하고, 중앙정부는 최소기준 설정, 재정·기술 지원 등 조정자 역할을 수행해야 한다. 이는 '분권형 복지 거버넌스'로의 전환이며, 중앙 집중형 복지모델의 한계를 보완하는 방향이다.

또한 돌봄은 비용이 아니라 예방적 사회투자라는 인식 전환이 필요하다. 장기적으로 통합돌봄체계는 지역 일자리 창출, 커뮤니티 회복, 지역경제 활성화로 이어질 수 있다. 특히 고령화와 인구감소가 겹치는 지방에서는 돌봄이 공동체 유지와 지역 재생의 핵심 자원이 될 수 있다.

5) 노인연령 기준의 재정립: 고령사회의 정의를 다시 묻다

한국은 2025년 초고령사회에 진입하면서 노인을 단일한 집단으로 규정했던 기존의 연령 기준과 정책 틀이 사회 현실과 괴리를 보이기 시작했다. 평균 기대수명이 83세에 달하고, '건강한 70대'가 사회활동을 지속하는 시대에 만 65세를 일률적인 노인 기준으로 적용하는 것이 타당한지에 대한 논의가 본격화되고 있다. 실제로 통계청과 보건복지부, 학계 일각에서는 '고령자'의 기준을 70세로 상향조정하거나, 활동능력에 따른 다층적 구분(예: 초기노년, 중기노년, 후기노년)을 제안하고 있다(보건복지부 2025; 이윤경 2025.6).

노인 연령 상향은 여러 법적, 제도적 기준이 두루 연계 된 사안으로 사회적 합의를 이루기 쉽지 않으나, 베이비부머의 노인 연령 편입이 본격적으로 이루어지는 과정이므로 이러한 논의는 지속적으로 이루어질 예정이다. 조사 결과 노인들은 노년기 시작 연령을 평균 71.6세라고 생각하는 것으로 나타났다(강은나 외 2023). 노인연령 기준에 대해서는 다양한 이해관계와 인식 차이가 존재하는 가운데 노인들이 스스로 생각하는 노인 연령은 인식 변화를 확인하는 중요한 정보가 될 수 있다.

노인연령 기준 재정립 논의는 단순한 통계상의 문제가 아니라 복지 재정의 지속가능성, 일자리 정책, 돌봄 정책, 연금제도 전반에 영향을 미치는 구조적 사안이다. 예를 들어, 생산 가능 인구 비율을 유지하고, 노동시장 내 고령자의 기여를 확대하려면 연령 기준의 유연화가 필요하다. 반면, 연령 기준 상향이 저소득층이나 건강 취약 계층에 불리하게 작용할 수 있다는 점에서 신중한 접근도 요구된다.

또한 이는 '노인을 보는 사회적 인식'을 바꾸는 문제이기도 하다. 연령 기준을 사회적 참여 능력이나 건강 상태에 따라 유연하게 적용함으로써, 고령자를 단순한 복지 수급 대상이 아니라 '능동적인 사회 구성원'으로 바라보는 관점 전환이 필요하다. 이는 앞서 논의한 에이지테크 도입, 중간 돌봄체계 설계, 웰다잉 정책 등과도 긴밀히 연결된다. 고령자 정책의 타당성과 지속가능성을 확보하려면, 시대 변화에 맞춘 연령 정의의 재정립이 이제 불가피한 과제가 되었다.

결론적으로, 초고령사회는 단순한 인구변동이 아니라 사회 시스템 전반의 재설계를 요구하는 거대한 전환이다. 복지와 기술, 돌봄과 자립, 죽음과 존엄을 통합적으로 설계하는 정책 패러다임의 변화 없이는 지속가능한 고령사회는 불가능하다. 해외 사례를 단순 수용하기보다는 한국 사회의 문화적 특성과 지역구조를 반영한 고령사회 맞춤형 모델을 개발해야 한다.

5. 초고령사회, 무엇을 다시 설계해야 하는가

고령사회의 문제는 단지 '노인의 숫자'에 관한 것이 아니다. 그것은 '삶의 속도가 다른 세대들이 어떻게 공존하고 연대할 수 있는가'에 대한 근본적 질문이다. 인구 고령화는 이제 '예측'이 아니라 '실행'의 영역이다. 한국은 세계에서 가장 빠른 속도로 초고령사회에 진입하고 있으며, 출산율 반등이 불확실한 지금, 지속가능한 축소사회를 미리 설계해야 하는 시점에 와 있다.

고령화의 영향은 단일 분야가 아니라 정치, 경제, 노동, 돌봄, 세대 갈등, 주거와 지역 균형까지 사회 전 영역을 관통하는 구조적 전환을 요구한다. 단편적 대책의 나열을 넘어서, 다음과 같은 4대 분야에서의 근본적 패러다임 전환이 요청된다.

분야	전환 과제
복지	연금 · 건강보험 재구조화 / 커뮤니티케어 기반 지역 돌봄 체계 구축
노동	정년 탄력화 / 고령 친화 일자리 설계 / 세대 간 고용 균형
도시 · 주거	에이지프렌들리 시티 / 노인 이동성 강화 / ICT 기반 안전 주거
정치 · 세대	실버민주주의 대응 / 세대 간 조세 · 복지 재설계 / 신사회계약 구상

궁극적으로 고령사회에서의 핵심 과제는 수명 연장이 아닌, 삶의 질 유지, 의존의 확대가 아닌 참여의 지속, 사후적 복지가 아닌 예방적 투자로의 전환에 있다. 웰다잉(Well-Dying)을 포함한 생애 말기 준비, 지역 기반의 돌봄 생태계 확충, 기술과 연계된 노인 자립 시스템은 노년기를 다시 설계할 수 있는 실질적 도구들이 되어야 한다.

이 장에서는 고령화가 한국 사회 전반에 가져오는 구조적 파장을 조망하였다. 그러나 고령화는 단독으로 존재하는 위기가 아니다. 저출산과 지역 불균형이 맞물릴 때, 그 충격은 더욱 복합적이고 불균등하게 나타난다.

다음 장에서는 '저출산-고령화-지역소멸'이라는 트리플 위기가 만들어내는 지역사회의 재구성 과제를 중심으로 살펴보고자 한다.

제6장 요약

한국 사회는 세계에서 가장 빠른 속도로 고령화가 진행되는 가운데, 경제·복지·의료·노동·지역공동체 전반에 걸쳐 구조적 대응이 시급한 상황에 놓여 있다. 고령화를 단순히 비용이나 위기의 관점에서 볼 것이 아니라, 장생사회를 지속가능하게 설계할 수 있는 전환의 계기로 삼아야 한다. 이를 위해서는 세대 간의 새로운 사회계약, 포괄적 돌봄 시스템, 고령자 참여 확대, 지역중심의 대응 전략이 통합적으로 마련되어야 한다. 초고령사회는 더 이상 미래의 가능성이 아니라, 현재의 과제이며, 이에 대한 사회적 상상력과 정책적 결단이 한국의 지속가능성을 좌우할 것이다.

핵심 주제	요점 정리
고령화의 구조	2025년 초고령사회 진입, 2070년 고령인구 46% 예상. 세계 최고 속도의 고령화
6대 위기영역	노동, 복지재정, 병역, 교육·돌봄, 정치 구조, 지역 불균형 등 전 영역 위기화
삶의 질 이슈	노인 빈곤, 고립, 치매, 여가 격차, 일자리 문제 등 복합적인 사회적 배제
정책 대응 모델	커뮤니티케어, 에이지테크, 생애말기 돌봄, 분권형 돌봄 거버넌스, 사회적 투자로 전환

| 참고문헌 |

강은나 외. 2023. 『2023년도 노인실태조사』. 보건복지부. 용역보고서 2023-84.
국회도서관. 2024. 『초고령사회와 노인돌봄 한눈에 보기』. FACT BOOK 2024-5호 통권 제113호.
김숙경. 2024. "고령친화산업 현황과 정책 방향에 대한 고찰". 『KIET 산업경제』, 310.
김영선. 2022. "초고령사회의 새로운 성장 엔진, 고령친화산업 발전을 위한 제언". 『복지저널』, 168. 7.
김영숙, 김유경. 2018. "웰다잉(well-dying) 인식 및 태도에 관한 연구." 노인복지연구, 71, 85~106. https://doi.org/10.21194/kapswr.71.4
보건복지부. 2025. "고령층 특성 변화에 따른 노인 연령 기준 개편 논의: 제4차 노인연령 전문가 간담회 개최". 보도자료(2025/04/11).
양정현, 정민숙. 2020. 웰다잉 교육이 중년 성인의 죽음 인식과 삶의 의미에 미치는 영향. 노인복지연구, 85, 65~89.
이윤경. 2025a. 「노인기준연령 상향 논의와 향후 과제」. 국회입법조사처. 이슈와 논점. 2338호.
이윤경. 2025b. "노인돌봄 권리의 확장과 정책과제: 돌봄 받을 권리와 돌봄권리 보장," 국민통합위원회. 함께만드는 노인돌봄 사회 특별위원회 정책토론회 발표논문. (2025. 4. 4.)
정순둘. 2025. "특위 활동경과 및 정책제안 개요" 국민통합위원회. 함께만드는 노인돌봄 사회 특별위원회 정책토론회 발표논문. (2025. 4. 4.).

조영태. 2016. 『정해진 미래』. 서울: 북스톤.
통계청. 2022. 2022 고령자 통계. https://kostat.go.kr
통계청. 2024. 고령자통계 https://www.kostat.go.kr/board.es?mid=a10301010000&bid=10820&act=view&list_no=432917 (검색일 2024.10.4.)
한국노동연구원. 2022. 고령자 일자리 실태 및 정책과제.
행정안전부. 2024. "65세 이상 인구 비중 20% 기록," 행정안전부 보도자료(2024. 12. 24).
통계청. 2023. 『장애인구 추계: 2020-2072』.

Bae, Ilhan. 2021. "Shaping the Elderly's Avatar-in-Reality". Korea Journal, 61(2), 118-145.
Eliasoph, N. 2013. The politics of volunteering. Polity Press.
Cole, T. R. 1992. The journey of life: A cultural history of aging in America. Cambridge University Press.
Lee, H.-C. 2021. "Population aging and Korean society". Korea Journal, 61(2), 5~20. https://doi.org/10.25024/kj.2021.61.2.5
Marshall, T. H. 1950. Citizenship and social class, and other essays. Cambridge University Press
OECD. 2018. Working Better with Age: Korea. OECD Publishing. https://www.oecd.org/content/dam/oecd/en/publications/reports/2018/10/working-better-with-age-korea_g1g96de2/9789264208261-en.pdf
OECD. 2023. Pensions at a Glance 2023: OECD and G20 Indicators. OECD Publishing.
Repkine, A. & Lee, H.-C. 2022. "Determinants of Healthy and Active Ageing in Korea". Int. J. Environ. Res. Public Health. 19, 16802. https://doi.org/10.3390/ijerph192416802
WHO. 2015. World report on ageing and health. World Health Organization.

제7장

인구의 지도, 지역의 미래: 수도권 집중과 지방소멸의 경계에서

1. 수도권 집중화와 지방소멸: 인구구조 변화의 전개

인구구조의 변화는 단순한 수치의 문제가 아니다. 그것은 사람이 어디에 태어나고, 살고, 늙어가고, 떠나는가에 따라 공간의 질서가 새롭게 짜여지는 과정이다. 한국 사회는 지난 수십 년간 급격한 산업화와 도시화 속에서 수도권으로의 인구 집중을 경험해왔다. 그 결과, 한편에서는 수도권 일극체제의 과밀화, 다른 한편에서는 지방의 지속 불가능성과 소멸 위기가 동시에 심화되는 양상을 보이고 있다(이현출 2018).

2023년 기준, 서울·경기·인천 등 수도권에 거주하는 인구는 전체의 50.4%를 넘어 국민 절반 이상이 세 지역에 밀집되어 있는 상태다. 이는 한국 인구의 절반 이상이 수도권에 집중되어 있음을 의미하며, 지방 인구의 감소와 불균형을 심화시키는 주요 원인 중 하나로 작용하고 있다. 통계청이 밝힌 장래인구추계에 따르면 수도권과 비수도권과의 인구격차는 2019년 이후 지속적으로 확대되는 것으로 나타나고 있다. 이러한 연유로 한국의 수도권 면적은 국토면적의 11.8%에 불과하나, 수도권 집중현상은 갈수록 심화되고 있다. 이러한 추세는 갈수록 심화되어, 1970년에는 28.3%였던 수도권 인구비중이 2050년에는 53%까지 높아질 것으로 전망되고 있다(〈그림 7-1〉 참조).

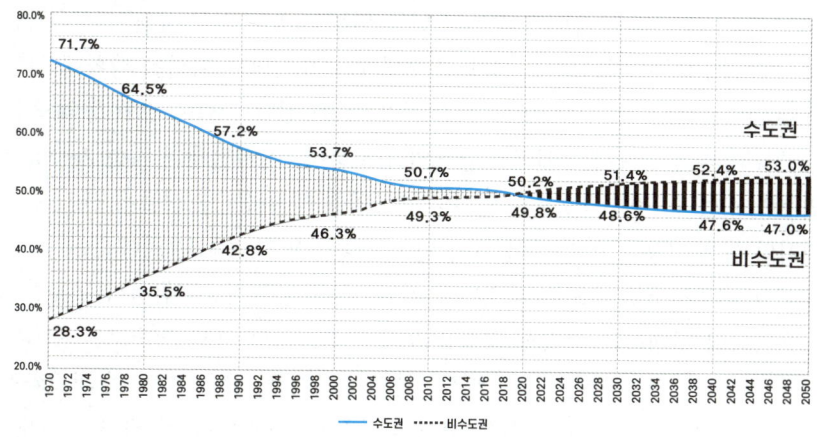

※ 출처 : 통계청, 「장래인구추계(시/도)」

 반면 2023년 행정안전부의 분석에 따르면 전국 228개 기초지자체 중 89개가 '소멸위험지역'으로 분류되었으며, 그 가운데 상당수는 출생보다 사망이 많고, 청년층의 유출이 출산율보다 빠른 구조적 고착화가 진행 중이다.
 소멸위험지역의 공통된 특징은 인구수의 절대적 감소뿐 아니라 생산가능인구의 유출, 고령화의 급속한 진행, 지방재정의 악화, 사회서비스 접근성 저하가 함께 진행된다는 점이다. 이들 지역은 일자리와 교육, 의료, 돌봄 등의 핵심 인프라가 줄어들면서 삶의 기반이 무너지고, 그것이 다시 인구 유출을 가속하는 악순환에 빠지고 있다.
 2024년 행정안전부가 고시하는 '인구감소지역'의 98%(89개 중 87개 시군구)가 비수도권인 상황으로 장기적으로 국토의 많은 부분이 공동화되어 자치단체 및 행정체제를 유지하기 어려울 것으로 전망되고 있다. 세부적으로 살펴보면, 비수도권의 경우 광역시(100만 이상 도시) 인구가 크게 감소하며, 중소도시-농촌지역 또한 인구감소가 예상되나, 20만 및 50만 이상 도시는 인구가 확대되어 '도시간 빈익빈 부익부' 현상을 확인할 수 있다. 지방 대도시(예: 부산, 대구, 광주, 대전)와 중소도시 간에도 인구구조 격차가 나타나고 있다. 지방 대도시는 여전히 일정 수준의 인구를 유지하고 있지만, 중소도시와 농촌은 인구 감소가 더욱 심각하다.

이러한 인구 감소와 고령화는 지방 자치단체들의 존립 위기로 이어질 수 있다. '지방소멸'이라는 용어가 사용될 만큼 일부 지역은 인구 유출이 지속되면서 경제적 기반이 약화되고, 지방 자치단체가 유지되기 어려운 상황에 직면하고 있다(이상호 2016). 인구 감소 지역, 특히 전남, 경북, 강원 등의 농촌 지역과 일부 중소도시는 인구가 급격히 감소하며, 자치단체의 지속 가능성이 위협받고 있다. 전통적으로 농업이나 제조업에 의존하던 지역들은 산업 구조 변화와 함께 고용 기회가 줄어들며, 인구 유출을 막지 못하고 있다.

이와 대조적으로 수도권은 청년과 기업, 인프라가 집중되면서 인구유입과 고용기회의 확대라는 긍정적 외형을 보여주고 있지만, 내부적으로는 주거비 폭등, 육아 및 교육 부담, 교통혼잡, 환경 스트레스, 출산 기피 등 과밀화로 인한 삶의 질 하락 문제가 심화되고 있다. 즉, 수도권은 '너무 많아서 문제', 지방은 '너무 없어서 문제'인 셈이다.

〈표 7-1〉에서 보는 바와 같이 수도권의 면적은 11.8%에 불과함에도 2024년 현재 인구는 50.8%를 점하고 있다. 대학 재학생 수도 40.8%가 수도권에 집중되어 있고, 지역내 총생산도 52.8%가 수도권에 집중되어 있는 것을 알 수 있다. 이러한 지표는 이웃 일본과 비교할 때 대학생수는 동경권이 40.8%로 높은 편이나, 국내총생산(GDP)의 시·도판인 지역내총생산은 동경권이 32.6%인데 반하여(2014년 기준, 이현출 2019) 우리 수도권이 인구집중도와 거의 비슷한 수준으로 높다는 것을 알 수 있다.

〈표 7-1〉 수도권집중의 주요 지표

	연도	전국	수도권 (서울·인천·경기)	비수도권	수도권/ 전국	비고
면적 (㎡)	2024	100,283,945,001	11,825,493,632	88,458,451,369	11.8%	
인구(명)	2024	51,238,450	26,047,963	25,190,487	50.8%	주민등록인구
대학생수(명)	2022	1,888,699	770,693	1,118,006	40.8%	대학재학생수
GRDP 지역내총생산 (백만원)	2022	2,327,595,674	1,229,066,121	1,098,529,553	52.8%	

※ 자료: 통계청 국가통계포털(http://kosis.kr/index/index.do) 및 한국교육개발원 고등교육통계조사 참조 필자 작성

수도권 집중과 지방소멸은 각각 별개의 문제가 아니라 동일한 인구구조 변화 속에서 나타나는 비대칭적 현상이다. 한쪽에서 사람과 자원이 집중되는 만큼 다른 쪽은 공동화되며, 이는 단순한 경제 불균형을 넘어 정치적 대표성, 조세와 복지의 재분배, 국가의 공간적 정당성에도 영향을 미치게 된다.

지금 이 시점에서 우리는 대한민국의 인구지도를 다시 읽어야 한다. '사람이 줄어드는 지역'의 문제는 단순히 행정구역의 축소가 아니라 공공성이 유지될 수 있는 최소한의 사회계약이 가능하냐는 물음이다. '사람이 몰리는 지역'의 문제는 성장의 과실을 누가, 어떻게 감당하고 배분할 것인가에 대한 도시정책과 복지의 재설계 과제를 제기한다. 행정체제 개편의 문제도 그렇다.

앞으로의 한국 사회는 이러한 인구지리적 불균형을 '불가피한 현상'이 아니라, 관리하고 조정해야 할 정치적 의제로 받아들여야 하며, 이는 단순한 지역균형 발전을 넘어서 지속가능한 공동체 설계의 전제 조건이 되어야 한다.

2. 누가, 어디로, 왜 이동하는가?: 지역 이주와 청년 유출의 정치경제

이주는 지역 간 인구구조 변화의 중요한 요인이다. 인구 이동은 주로 경제적 기회와 생활 수준 차이에 따라 이루어진다. 특히 농촌에서 도시로의 이주는 전 세계적으로 일반적인 현상으로, 도시화와 함께 농촌지역의 인구감소와 고령화를 가속화하고 있다. 이주는 지역경제 구조와 사회적 구성에 큰 변화를 일으키며, 노동력의 재배치와 지역 불균형을 야기할 수 있다.

도시로의 인구 이동은 해당 지역의 경제성장을 촉진할 수 있지만, 동시에 주거 문제와 인프라 부족 등 다양한 사회적 문제를 초래할 수 있다. 반대로 농촌 지역에서는 이주로 인해 경제활동 가능 인구가 감소하고, 고령화가 심화되어 지역 경제가 쇠퇴하는 경향을 보인다. 이러한 인구 이동은 장기적으로 지역 간 불평등을 심화시키며, 정책적 개입이 필요한 상황을 만든다(정민수 외 2023).

호모 우루바누스(Homo Urbanus): 도시인류 출현과 그 함의

Homo Urbanus는 급격한 도시화 과정에서 형성된 현대 도시 거주자를 의미하는 개념으로 인간이 도시 환경에 적응하면서 나타나는 새로운 생활방식, 사고방식, 행동 양식을 포괄한다. 이 용어는 자연과 밀접한 환경 속에서 살아온 Homo Sapiens가 점차 도시 중심의 삶으로 전환하며, 도시만의 독특한 문화와 사회 구조를 내면화한 인간 유형으로 진화했음을 시사한다.

「도시의 탄생」(스미스 2015) 저자는 "인류라는 종은 환경을 스스로 만들어 나가는 유인원이자 도시를 건설하는 존재, 즉 호모우루바누스"라고 말한다. 산업화는 농촌에서 도시로의 인구 이동을 촉진하였으며, 특히 20세기 중반 이후 많은 국가에서 도시화가 급속히 진행되었다. 이로 인해 농업 중심의 사회에서 공업과 서비스업이 중심이 되는 도시 기반 사회로 구조가 변화하였고, 이에 적응한 인간 유형으로 Homo Urbanus가 부상하게 되었다.

정보화와 세계화의 진전 역시 이 개념의 형성에 큰 영향을 미쳤다. 도시는 정보와 자원이 집중되는 중심지로 기능하며, 현대인의 삶에서 경제적·사회적·문화적 활동의 핵심 무대로 자리 잡았다.

그러나 도시화의 진전은 다양한 사회적 문제도 수반한다. 도시는 익명성과 자율성을 제공하지만, 동시에 개인 간의 고립감과 사회적 단절을 초래하기도 한다. 또한, 도시 인프라의 과밀화, 주거 불균형, 교통 혼잡, 환경오염 등의 문제는 Homo Urbanus가 직면한 실질적인 과제들이다. 이처럼 Homo Urbanus는 도시 생활의 기회와 위험, 자율성과 불안정성이라는 이중성을 내포하고 있으며, 현대 도시사회의 구조와 인간 심리를 이해하는 데 핵심적인 개념으로 작용한다.

* 이 개념은 학술보다는 도시 문화나 인문 교양 담론에서 먼저 등장하였으며, 도시에서의 인간형 변화를 설명하는 데 사용되어옴

1) 지역사회 인구구조 변화의 현황과 특성

한국의 지역 간 인구구조 변화는 수도권의 과잉 집중과 지방의 고령화·인구감소가 동시에 진행되는 '인구의 양극화' 현상으로 요약된다. 수도권은 국토의 11.8% 면적에 불과하지만, 2024년 기준 전체 인구의 50.8%가 거주하고 있으며, 대학생의 40.8%, 지역내총생산(GRDP)의 52.8%가 집중되어 있다(통계청 2024). 특히 수도권은 대기업 본사의 72%, 대형 병원의 60% 이상, 주요 대학 대부분이 밀집해 있는 구조로, 일자리, 교육, 의료, 문화 자원이 몰려 있다(한국농촌경제연구원 2022).

반면 지방은 청년층의 유출과 급속한 고령화, 생활 인프라 붕괴라는 삼중 위기를 겪고 있다. 농촌과 중소도시를 중심으로 한 지방의 청년인구는 꾸준히 감소하고 있으며, 고령화율은 이미 30%를 넘는 지자체도 적지 않다. 이러한 인구감소는 고용, 세수, 돌봄, 생활서비스 전반의 붕괴로 이어지고 있으며, 일부 자치단체는 인건비조차 감당하지 못하는 재정위기에 직면하고 있다(한국농촌경제연구원 2022; 통계청 2024).

2) 산업구조 변화와 청년 유출

한국의 인구구조 변화는 단지 인구 수의 문제가 아니라 누가, 어디로, 왜 이동하는가를 보여주는 질적 분포의 문제다. 특히 청년층의 수도권 집중과 비수도권의 인구 유출은 단순한 개인 선택의 결과가 아니라 구조적인 정주 여건 불균형과 정책 실패의 산물로 드러나고 있다.

청년 인구의 수도권 유입은 구조적인 현상이다. 이승종(2023)은 이를 '정주국가의 해체'로 규정하며, 한국 사회는 더 이상 고향에서 살고, 일하고, 노후를 보내는 삶이 불가능한 '유목국가'로 전환하고 있다고 지적한다. 청년은 진학과 취업이라는 과정을 통해 수도권에 흡수되고, 그 과정에서 지방은 '출산이 없는 공동체'가 되어간다(이승종 2023).

실제로 통계청에 따르면 수도권으로 순유입되는 20~30대 청년은 연간 10만 명 이상이며, 청년층의 70% 이상이 수도권에 집중되어 있다. 대전, 대구, 광주, 부산, 울산 등 5대 광역시조차 청년 순이동률이 지속적으로 마이너스를 기록하고 있으며, 이 추세는 20년 넘게 이어져 왔다(마강래 2023). 이들은 교육, 일자리, 문화, 의료, 주거 등 정주 여건의 복합적 이유로 비수도권에 정착하지 못하고 있다. 특히 지방 대도시조차 청년 순이동률이 마이너스를 기록하고 있으며, 청년 유입 공공사업이나 창업 지원 등도 정주 생태계가 부실해 장기 정착으로 이어지지 못하고 있다(마강래 2023).

오늘날 한국에서 지방 청년들이 수도권으로 지속적으로 이동하는 현상은 여러 가지 경제적, 사회적, 기술적 배경이 작용하고 있다. 특히, 인공지능(AI)을 비롯한 과학기술의 획기적인 발전과 함께 등장한 4차 산업혁명은 산업 전반에 걸쳐 혁명적인 변화를 가져왔으며, 이러한 변화는 수도권 집중화 현상을 더욱 가속화시키고 있다.

첫째, 4차 산업혁명은 기존의 노동집약적 산업구조에 큰 충격을 주었다. 전통적으로 노동과 토지, 자본이 주요 생산 요소로 작용했던 산업들은 AI, 빅데이터, 자동화와 같은 첨단 기술의 발전으로 인해 그 중요성이 점차 약화되었다. 대신 고급 인재, 스마트 자본, 혁신 네트워크와 같은 고도화된 생산 요소가 새로운 경쟁력을 결정짓게 되었으며, 이러한 변화는 전통적인 제조업이나 농업 중심의 지역 경제에 큰 타격을 주고 있다.

특히, 저숙련 노동에 의존하던 1차 산업과 단순 제조업은 AI와 자동화 기술에 의해 빠르게 대체되면서, 이러한 산업에 대한 수요가 감소하였고, 그 결과 실업 문제와 산업 쇠퇴가 심화되고 있다. 반면 수도권과 대도시는 금융, 정보통신, 디자인, 문화콘텐츠 등 교역 가능한 고부가가치 산업(traded clusters)이 집중되어 있으며, 이러한 산업은 지방에 비해 평균 임금이 현저히 높다. OECD 연구에 따르면 도시 집중도가 높은 산업일수록 임금 수준도 함께 상승하는 경향이 뚜렷하게 나타나고 있다(〈그림 7-2〉 참조).

결국 지방의 많은 자치단체들은 노동집약적 산업에 의존해왔기 때문에, 해당 산업의 쇠퇴는 지역 경제의 기반을 붕괴시키고 있다. 동시에 수도권의 교역 클러스터는 젊은층에게 더 나은 소득과 경력 기회를 제공함으로써 인구 이동을 더욱 가속화시키는 중요한 요인이 되고 있다.

〈그림 7-2〉 주요 산업 클러스터(Traded Clusters)별 도시 집중도와 임금 수준

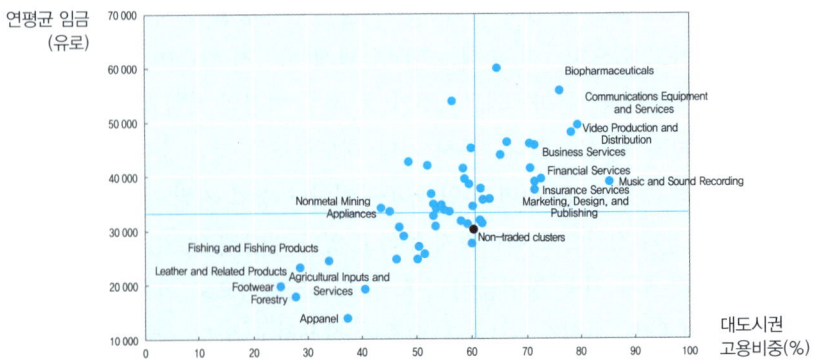

※ OECD. 2018. Productivity and Jobs in a Globalised World: (How) Can All Regions Benefit?, OECD Regional Development Studies, OECD Publishing, Paris, https://doi.org/10.1787/9789264293137-en.

둘째, 4차 산업혁명과 신산업 중심지로서의 수도권 집중이다. 수도권은 이미 대기업, 금융기관, 의료·교육·문화 등 주요 사회 인프라가 집중된 경제적 중심지이다. 특히 4차 산업혁명의 도래와 함께 AI, 빅데이터, 로봇공학, 바이오 등 기술집약적 첨단산업의 성장이 수도권에서 더욱 활발하게 진행되고 있다(〈그림 7-3〉 참조). 이러한 산업은 고도화된 연구개발 역량과 숙련된 인적 자본을 필요로 하며, 수도권은 교육기관과 연구소, 창업 생태계 등이 밀집되어 있어 이들 수요에 효과적으로 대응할 수 있는 환경을 갖추고 있다. 이로 인해 청년층은 더 나은 교육과 직업 기회를 찾아 수도권으로 이동하고 있으며, 이는 수도권 청년 유입의 핵심 동인으로 작용하고 있다.

반면 지방은 관련 산업 기반과 기술 인프라, 전문인력 양성체계가 상대적으로 취약해 산업 전환이 더디고, 일자리 감소와 지역경제 침체가 이어지고 있다. 이러한 구조적 격차는 청년층의 이탈을 가속화시키며, 지방에서의 삶은 생계 유지와 미래 기회 확보 측면에서 점차 매력적인 선택지가 되지 못하고 있다.

〈그림 7-3〉 한국 산업구조의 변화

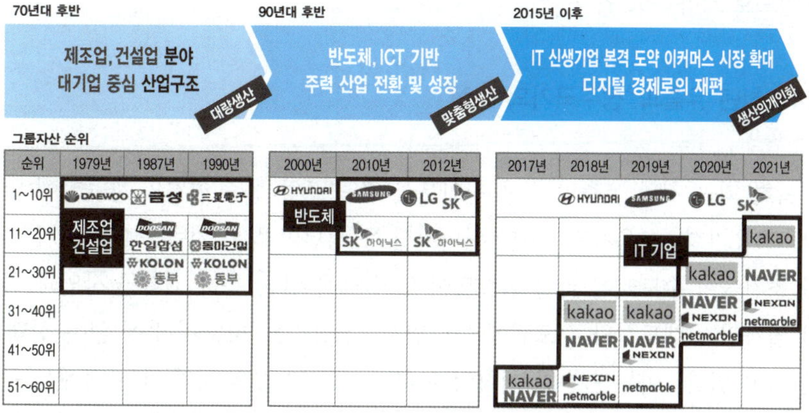

※ 자료: 김인희. 2022. "대한민국 메가시티리전의 현안과 과제." 대한민국 도시포럼 발표 논문 마강래(2023) 재인용

셋째, 4차 산업혁명이라는 거대한 구조 전환 속에서 지방 경제는 기술집약적 산업으로의 전환 속도가 더디고, 이에 따른 산업 생태계 구축 역시 지체되고 있다. 반면, 수도권은 이러한 신산업을 빠르게 흡수하고 확대 재생산할 수 있는 구조적 기반을 갖추고 있으며, 다양한 고부가가치 일자리와 경력 경로를 제공함으로써 청년층에게 강한 인력 유인력을 발휘하고 있다. 이로 인해 청년 인구는 수도권으로 집중되고, 지역 간 경제적 불균형과 일자리 기회의 격차는 더욱 심화되는 악순환이 지속되고 있다.

결국, 수도권은 고급 기술 인재와 혁신 기업이 선순환 구조를 이루며 성장하는 반면, 지방은 청년 이탈과 산업 정체로 인해 지속가능한 경제 생태계를 구성하는 데 어려움을 겪고 있다. 이러한 구조적 양극화는 단순한 인구 이동의 문제가 아니라 국가 전체의 균형 발전과 지속가능성에 심대한 영향을 미치는 중대한 과제로 부상하고 있다.

결론적으로, 4차 산업혁명과 함께 발전한 AI와 첨단 기술은 한국의 경제 구조를 변화시키며, 지방보다는 수도권에서 더 많은 기회와 자원이 제공되고 있다. 이는 지방 청년들이 지속적으로 수도권으로 이동하게 만드는 주요한 요인으로 작용하고 있다.

3) 청년 유출과 '정주국가의 해체'

특히 최근 청년 유출의 근본 원인은 산업 구조와 정주 여건의 불균형에 있다. 고용기회, 교육자원, 생활 편의시설 등 청년이 삶의 기반을 마련하기 위한 조건들이 수도권에 과잉 집중되어 있기 때문이다. 특히 고임금 산업과 첨단 일자리가 대도시와 수도권에 몰리면서, 청년층은 '떠날 수밖에 없는 선택'을 하고 있다. 이는 단순한 이향이 아니라 '유목적 삶의 강제'라는 점에서 구조적 위기다(이승종 2023). 이승종 교수(2023)는 이를 '정주국가 대 유목국가'라는 구도로 설명한다. 미국, 영국 등의 선진국은 고향에서 평생을 사는 정주적 생활양식이 자리 잡혀 있지만, 한국은 청년의 절반 이상이 고향을 떠나 외지에서 거주하며 학업·취업을 병행하는 유목형 생활을 강요받고 있다는 것이다. 이는 가족 해체, 생활비 급등, 사회적 신뢰 약화 등 사회 전반의 비용을 키운다(이승종 2023).

지역의 대응도 충분치 않다. 청년 유입을 위한 공공사업, 정착 지원, 창업 공간 확대 등이 추진되고 있지만, 근본적으로 청년이 원하는 '정주 인프라와 커뮤니티 기반'이 결여되어 있다. 공모사업에 의존하는 재정구조, 정규직 부족, 지역대학 위상 약화 등이 정주 가능성을 더욱 어렵게 만든다. 마강래 교수는 "산업이 바뀌면 공간도 바뀐다"고 강조하며, 지역이 주거만 제공하는 방식으로는 인재를 유치할 수 없다고 지적한다(마강래 2023).

따라서 지방소멸 문제의 핵심은 청년의 '지역 내 삶의 가능성'을 회복하는 것이다. 이는 단순한 인구 유입이 아니라 교육-고용-주거-문화가 선순환을 이루는 정주생태계 구축을 의미한다. 청년이 떠나는 것이 아니라 머물고 싶게 만드는 지역, 바로 그것이 균형발전의 출발점이다.

이처럼 청년층의 유출은 단순한 이동이 아니라 지방의 미래 가능성을 소거하는 인구구조의 붕괴로 직결된다. 청년이 머물 수 없는 지역은 곧 출산이 없는 지역이 되고, 그 지역의 복지·경제·공동체는 빠르게 쇠퇴하게 된다.

4) 지방의 고령화와 인구소멸

청년층의 지속적인 유출은 지방에 고령자만 남는 구조를 고착화시키고 있다. 지방의 인구는 줄고, 고령화는 빨라지며, 그에 따라 지방정부의 재정 부담과 복지 시스템의 지속 가능성에도 심각한 타격을 주고 있다. 이 절에서는 고령화와 인구소멸의 이중 위기 속에서 드러나는 지방 복지의 구조적 한계를 살펴보고자 한다.

2023년 기준으로 전남, 경북, 강원 등 다수의 시·군이 이미 초고령사회(65세 이상 인구 비율 20% 이상)에 진입했으며, 전국 평균보다 10년 이상 빠른 속도로 고령화가 진행 중이다. 그 결과 사회복지 지출은 늘고 있지만, 노동력 감소와 지방세수 축소로 인해 재정은 더욱 취약해지고 있다. 예산 대부분이 기초연금, 노인 돌봄, 긴급복지 등의 고정지출로 묶여 있으며, 미래를 위한 투자 여력은 사라지고 있다(마강래 2023).

2025년 현재 수도권과 세종, 울산, 제주를 제외한 전 광역자치단체의 고령자 비율이 20%가 넘는 것으로 나타났다(〈표 7-2〉 참조). 문제는 부양비이다. 생산가능인구 1백 명당 부양인구(유소년+고령인구)의 비율을 말하는 총부양비와, 특히 노인부양비는 가파르게 증가하고 있다.

〈표 7-2〉 시·도별 고령자 구성비(2022-2052년)

지역	65세 이상 인구 구성비(%)					2022년 대비 2052년 증감(%p)
	2022년	2025년	2035년	2045년	2052년	
전 국	17.4	20.3	29.9	37.3	40.8	23.4
서 울	17.1	19.9	28.0	34.1	37.2	20.1
부 산	20.9	24.5	34.1	40.7	43.6	22.7
대 구	18.0	21.2	31.9	39.5	42.5	24.5
인 천	15.1	18.2	28.1	35.5	39.2	24.0
광 주	15.1	17.9	27.4	35.4	38.8	23.7
대 전	15.5	18.3	27.6	34.7	37.8	22.3
울 산	14.2	17.8	30.8	39.9	43.7	29.5
세 종	9.9	11.6	17.8	25.0	29.3	19.4
경 기	14.2	17.0	26.3	33.8	37.5	23.3
강 원	21.9	25.7	36.3	43.9	47.1	25.1
충 북	18.8	21.9	32.0	39.7	43.2	24.4
충 남	19.3	21.8	31.3	39.6	43.7	24.4
전 북	22.3	25.4	35.6	43.8	46.9	24.6
전 남	24.4	27.4	37.7	46.0	49.6	25.2
경 북	22.7	26.1	37.5	45.9	49.4	26.7

지역	65세 이상 인구 구성비(%)					2022년 대비 2052년
	2022년	2025년	2035년	2045년	2052년	증감(%p)
경 남	18.7	22.2	34.2	43.7	47.8	29.1
제 주	16.4	19.0	28.4	36.8	40.9	24.4
수도권	15.4	18.2	27.1	34.1	37.6	22.2
중부권	18.5	21.4	30.9	38.6	42.1	23.6
호남권	20.4	23.3	33.3	41.5	44.9	24.5
영남권	19.5	23.0	34.2	42.3	45.8	26.2

※ 자료: 통계청, 『장애인구추계(시도편):2022-2052년』

특히 문제는 '돌봄 서비스의 임계인구'다. 인구가 일정 수준 이하로 감소하면 병원, 약국, 요양시설 등 필수 기반시설조차 유지가 어려워지며, 이는 다시 인구 유출을 가속시키는 순환구조를 만든다. 예컨대 기초생활서비스 유지를 위한 최소 인구(유지인구)로 병원 3,200명, 약국 2,600명, 중학교 5,800명, 요양원 4,400명이 제시된다(〈그림 7-4〉 참조). 하지만 이 수치를 채우지 못하는 읍·면·군이 이미 속출하고 있으며, 복지의 사각지대는 더욱 확대되고 있다. 지방의 고령화는 복지 수요의 폭증과 동시에 재정 악화를 초래하며, 지역 내 의료 접근성 부족과 돌봄 공백은 노인의 삶의 질을 심각하게 훼손시키고 있다.

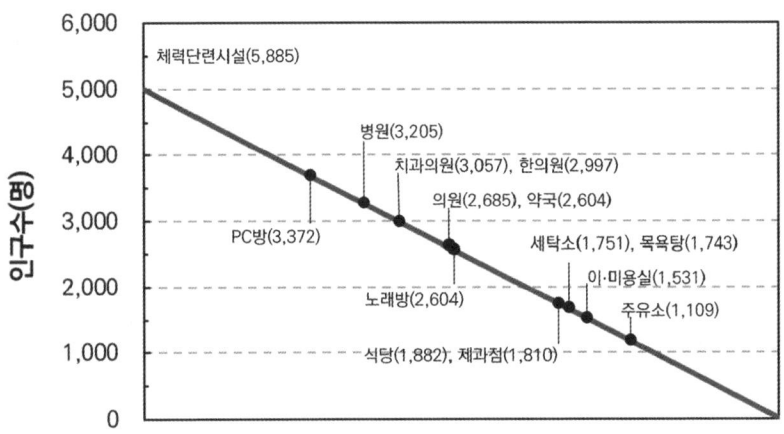

〈그림 7-4〉 인구감소에 따른 농촌 면 지역 생활서비스 임계인구

*주: 임계인구는 612개 인구감소 면 지역에서 2010~2020년 간 폐업한 기초생활시설들을 추출하고, 각 시설별로 폐업 시점 인구들의 중위값으로 산출함
※ 자료: 한이철. 2022. 「인구감소 농촌 지역의 기초생활서비스 확충 방안」.

지방의 복지는 더 이상 단순히 '행정서비스 제공'의 문제가 아니다. 그것은 지역 공동체 전체가 유지될 수 있는가에 대한 생존의 문제로 전환되고 있다. 특히 고령자 1인가구 비율이 빠르게 증가하면서 고독사, 치매 방치, 긴급 상황 대응의 한계가 심화되고 있다. 노인의료비와 장기요양 수요는 늘어가지만, 돌봄 인프라와 전문인력은 턱없이 부족하다.

게다가 많은 지방자치단체는 복지 서비스 운영을 공모사업에 의존하거나 한시적 예산 및 민간 위탁 방식에 맡기고 있어, 전반적인 안정성과 지속성이 부족한 실정이다. 중앙정부의 보편복지 정책이 하향식으로 적용될수록 지역 실정에 맞는 맞춤형 돌봄은 실현되기 어렵다. 즉, 고령화로 복지 수요는 커지지만, 이를 감당할 시스템은 갈수록 불안정해지고 있는 것이다.

고령화와 인구소멸은 단지 숫자의 변화가 아니라 돌봄과 삶의 질, 그리고 지방이라는 공간의 존립 가능성 전체를 흔드는 구조적 위기다. 이 문제를 방치한다면 지방의 고령자는 단지 '남겨진 인구'가 아니라 '돌봄에서 소외된 인구'가 될 것이며, 이는 지역 공동체의 종말로 이어질 수 있다.

결국 지방소멸은 단지 인구문제가 아니라 삶의 기반을 유지할 수 없는 공간의 위기이며, 청년 유출과 고령화, 복지 시스템 붕괴는 서로 맞물린 다층적 위기다. 이제는 지방을 '떠나지 않아도 되는 공간', 청년이 '머물고 싶어지는 지역'으로 만드는 정주 생태계 전환이 무엇보다 중요하다.

3. 지방의 위기: 고령화, 인구소멸, 복지의 한계

청년 유출과 수도권 집중이라는 인구 이동의 구조적 변화는 지방에 '남겨진 사람들'을 중심으로 한 또 다른 위기를 불러오고 있다. 바로 지방의 고령화, 인구소멸, 복지의 지속 불가능성이다. 이 세 가지 위기는 서로 맞물려 지역사회의 존립 자체를 위협하고 있으며, 단지 복지의 문제가 아닌 '삶의 기반 자체가 무너지는 문제'로 확장되고 있다.

2024년 현재, 전국 89개의 인구감소지역 중 87개가 비수도권에 몰려 있으며, 그중 상당수는 이미 초고령사회(65세 이상 인구 비율 20% 이상)를 넘어 고령자 비율이 30%에 이른다. 특히 전남, 경북, 강원 등 농촌 중심 지역은 생산가능인구가 사라지고 있으며, 남은 인구 대부분이 노인인 지역도 존재한다(통계청 2024; 행정안전부 2025).

이러한 구조는 곧 지방복지의 위기로 이어진다. 첫째, 지역 재정이 인건비조차 충당하지 못할 정도로 축소되고 있다. 2024년 기준으로 인건비 미충당 자치단체 수는 104개에 달하며, 이는 2009년 75개에서 크게 증가한 수치이다. 세입 기반이 약해진 지방정부는 중앙정부 보조금에 의존하게 되고, 이로 인해 자율적인 복지설계나 장기 전략 수립이 사실상 불가능해지고 있다(국토연구원 2023).

둘째, 기초생활서비스 유지가 불가능한 지역이 증가하고 있다. 한국농촌경제연구원에 따르면 병원은 3,200명, 약국은 2,600명, 목욕탕은 1,700명 이상의 인구가 있어야 유지가 가능하나, 다수의 군 단위 면 지역은 이 기준을 충족하지 못한다. 그 결과 의료기관·약국·상점·돌봄시설의 폐쇄가 잇따르며, 고령자는 단순히 '남겨진 존재'가 아니라 '고립된 존재'가 되고 있다(한이철 외 2022).

셋째, 노인 돌봄 수요는 증가하는 반면, 이를 담당할 인프라와 인력이 턱없이 부족하다. 고령 1인가구의 급증, 치매 유병률의 상승, 요양시설의 공급 부족 등은 복지의 양적 부담을 넘어서 질적 공백까지 확대하고 있다. 돌봄노동의 대부분이 여성 비정규직과 가족에게 전가되고 있으며, 이로 인해 고령자의 삶의 질은 물론, 가족 공동체의 부담도 심각해지고 있다.

이처럼 지방의 고령화와 인구소멸은 단지 '인구수의 문제'가 아니라 공동체 붕괴와 기본적 삶의 질 하락을 동반하는 중층적 위기다. 청년이 떠난 지역에서 남은 고령자는 복지의 수혜자가 아닌, '공공서비스가 유지되지 않는 환경'에 방치되고 있으며, 이는 고령자의 인권과 생존권 문제로까지 확장되고 있다.

결국 지방 복지의 위기는 다음과 같은 세 갈래에서 나타난다. 첫째, 복지수요의 폭발적 증가와 재정의 한계, 둘째, 사회서비스 인프라의 물리적 붕괴, 셋째, 돌봄 체계의 비공식화 및 사적 책임 전가. 이는 지방의 지속 가능성을 결정짓는 핵심 변수이며, 더 이상 복지정책의 '보완'이 아닌, 지방사회의 전면적 '재설계'를 요구한다.

이제 다음 절에서는 이러한 위기상황에 대응하기 위한 전략적 방향으로서, 다극적 균형전략, 인프라 재배치, 청년 정착형 생태계 구축 등 대안 모델을 모색하고자 한다.

4. 지역 인구위기 대응을 위한 정책 전환: 다극적 균형전략과 정주 생태계의 재설계

제러미 리프킨은 『공감의 시대』에서 로마제국 멸망의 원인의 하나로 농촌의 공동화를 지적하고 있다. 우리에게도 많은 시사점을 주는 대목이다. 한국 정부는 이러한 수도권 집중화와 지방의 인구 감소 문제를 해결하기 위해 다양한 정책적 대응을 시도하고 있다.

"로마멸망의 원인을 말할 때면 흔히들 지배층의 부패와 타락, 노예 노동력의 착취, 야만족의 우월한 전술 등을 지적한다. 이런 주장에 일리가 없는 것은 아니지만, 더 근본적인 원인은 토양의 비옥도가 나빠지면서 농업생산량이 줄어든 데서 찾아야 한다. 로마는 더 이상 자체의 농산물로 제국의 인프라와 시민들의 복지를 유지하는 데 필요한 에너지를 공급할 여력을 상실한 상태였다. ………

농촌이탈은 또 다른 여파를 몰고 왔다. 한 번 버려진 땅은 다시 사용되지 않았다. 침식은 더 심해지고 토양은 더욱 척박해졌다. 대량 농촌 이탈로 특히 피해를 많이 입은 곳은 저지대였다. 이른 봄에 물이 흘러들었다가 배수가 되지 않은 논은 결국 늪으로 변했다. 늘어가는 늪지는 모기의 온상이 되어 말라리아가 극성을 부리는 원인이 되었다. 질병은 가뜩이나 의욕을 잃고 굶주린 사람들을 좌절시켰고 가난한 사람들의 에너지는 고갈되었다(제르미 리프킨. 2010, 『공감의 시대』. 312-317쪽)"

앞선 절에서 살펴본 바와 같이, 한국의 지역사회는 인구구조의 급격한 불균형 속에서 청년 유출, 고령화, 복지 붕괴라는 다층적 위기에 직면해 있다. 이러한 흐름을 단순히 억제하거나 완화하는 방식으로는 대응이 불가능하며, 이제는 지역 정책의 패러다임 자체를 전면적으로 전환해야 할 시점이다. 본 절에서는 지방소멸과 수도권 과밀이라는 이중 위기를 타개하기 위한 주요 정책 전략들을 제안하고자 한다.

첫째, 수도권 일극체제를 다극형 균형발전 체제로 전환해야 한다. 기존의 혁신도시나 공공기관 이전은 일부 성과에도 불구하고, 수도권 중심 구조를 실질적으로 완화하지는 못했다. 지금까지 추진된 혁신도시 및 공공기관 지방 이전은 지역의 자생력보다는 의존성을 강화한 측면이 크다(이승종 2023). 앞으로는 단순한 기관 이전을 넘어 교육·산업·복지·문화가 융합된 정주 패키지를 제공하는 방식의 광역생활권 기반 다핵 전략이 필요하다. 각 권역별 중심 도시를 복수로 설정하고, 인근 중소도시와 기능적으로 연계된 생활권을 설계해야 한다. 지방 간 격차도 심화되고 있으므로(마강래 2023),

20~50만 인구의 중견도시에 대한 집중 투자와 기능 재배치 전략을 추진해 보자는 것이다.

둘째, 청년층의 지역 정착을 유도할 수 있는 즉, 교육→취업→주거→문화생활이 유기적으로 연결되는 '정주 생태계' 구축이 시급하다(한요셉 2022). 청년에게 단기적 지원금을 제공하는 방식을 넘어서, 지역대학과 지역산업을 유기적으로 연계하고, 일자리·주거·문화·커뮤니티를 통합적으로 설계해야 한다. 이를 위해 청년 리빙랩, 청년마을, 지역 창업 네트워크 등 참여형 실험공간을 제도화하고, 청년이 일하고, 살며, 관계 맺을 수 있는 장기적 정착 모델을 확산해야 한다.

셋째, 인구감소 지역을 위한 공공서비스 재설계가 요구된다. 특히 생활서비스 임계인구 미달로 기능 유지가 어려운 농어촌 지역(한이철 외 2022)에서는 병원, 약국, 돌봄시설, 문화공간 등을 복합거점화하고, 디지털 돌봄, 원격의료, 마을버스 기반 모빌리티 서비스 등 '서비스의 재형태화'를 추진해야 한다. 이와 함께 거점 간 연결성과 광역 이동체계를 확보함으로써 공간적 고립을 해소해야 한다.

넷째, 초고령사회에 대비한 지역 복지체계의 혁신이 필요하다. 지방 고령자의 단독 가구화, 치매 및 만성질환 증가, 돌봄 공백은 기존의 요양시설 중심 체계를 넘어선 지역기반 복지 모델 구축이 필요함을 시사한다(보건복지부 2021). 특히, 고령자 중심의 맞춤형 복지모델이 절실하다. 지역사회 통합돌봄을 중심으로 주거와 의료·돌봄·문화 기능이 결합된 고령자 친화 인프라를 구축해야 하며, 소규모 고령마을에는 마을주치의, 간호사 순회제, 방문 돌봄 등 커뮤니티 기반 공공보건 체계를 강화해야 한다. 또한 AI 돌봄기기, 응급 알람 시스템, 공동부엌과 같은 지역 기반 기술복지도 확대할 필요가 있다.

마지막으로, 이러한 전략을 뒷받침할 수 있도록 재정과 행정 구조를 개편해야 한다. 지방세입의 급속한 양극화로 인해 2024년 기준 인건비조차 감당하지 못하는 자치단체가 104개에 이르고 있으며, 이는 인구 감소와 행정 한계가 중첩되는 구조를 보여준다(행정안전부 2025). 현재 인구감소지역은 교부세 기준, 행정단위 기준 등에서 불이익을 받고 있어 정책 실효성이 떨어진다. 앞으로는 기능 중심의 행정단위 통합, 인구 규모 완화형 기준 적용, 그리고 소멸위험지역에 대한 중앙직접지원 방식을 도입할 필요가 있다. 또한 지방자치단체 간 기능 연합, 광역 연계 행정 등 행정체계 혁신도 동시에 추진되어야 한다.

결국 지역인구 위기의 대응 전략은 단순한 완충이 아닌, 체계적인 전환이어야 한다. 인구를 다시 불러오겠다는 환상이 아니라 줄어든 인구 속에서도 지속가능한 공동체를 어떻게 설계할 것인가에 대한 실질적 해법이 필요한 시점이다. 다음 장에서는 이러한 인구구조 변화가 지역을 넘어 정치 질서와 민주주의 구조에 어떤 영향을 미치는지 살펴본다.

5. 결론: 축소사회의 공간 정의, 새로운 정주의 설계로

한국 사회의 인구구조 변화는 단순한 '수도권 집중'이나 '지방소멸'이라는 통계적 현상 너머의 문제다. 그것은 '어디에서 태어나 살 것인가', '어디에 머물 수 있는가', '누구와 어떻게 살아갈 것인가'라는 정주의 근본 조건이 무너지는 문제다.

이는 지역 불균형이 아니라 삶의 불균형, 공존의 불균형, 기회의 불균형이다. 지방은 늙고, 수도권은 과밀하다. 한쪽은 '사람이 없는 것이 문제'이고, 다른 쪽은 '사람이 너무 많은 것이 문제'다. 이 인구의 불균형 지도는 주거, 교육, 노동, 복지, 의료, 정치적 대표성, 행정 효율성까지 모든 차원에서 '살기 어려운 사회'로의 전환 위험을 예고하고 있다.

이 장에서는 한국 사회의 인구 이동과 구조 변화가 지역사회에 어떤 파급효과를 주고 있는지를 살펴보았다.

① 수도권으로의 청년 유입,
② 지방의 고령화와 인프라 붕괴,
③ 복지와 행정의 지속 불가능성,
④ 정주 기반의 해체와 사회적 고립이라는 위기를 진단하고,
⑤ 이를 넘어설 수 있는 지역기반 정책 전략을 제안하였다.

궁극적으로 "어디에서 태어났든, 살아갈 수 있는 사회"를 만들기 위해서는 단순한 인구 수 증대나 행정 단위 개편을 넘어, '살아도 되는 지역', '살고 싶은 지역', '머물 수 있는 지역'을 재설계하는 공간 정의의 재구성이 필요하다. 지금이 바로 새로운 지역사회의 미래를 그릴 수 있는 전환적 상상력과 실천의 정치가 필요한 시점이다.

수도권 집중과 지방소멸이라는 한국 내부의 인구 불균형은 결코 고립된 현상이 아니다. 일본과 중국 역시 인구고령화와 지역 격차, 산업 구조 재편 등의 문제를 겪으며 서로 다른 경로로 인구 위기에 대응해왔다. 다음 장에서는 초고령사회로 접어든 일본과 급격한 인구절벽에 직면한 중국의 사례를 살펴봄으로써, 한국이 맞이할 미래의 거울이자 정책적 시사점으로 삼고자 한다.

제7장 요약

이 장에서는 수도권 집중과 지방소멸이라는 이중 위기 속에서 한국의 지역사회가 겪고 있는 인구구조 변화의 양상과 그로 인한 청년 유출, 고령화, 복지 시스템의 붕괴, 정주 기반 해체 등의 문제를 다층적으로 조명하였다. 특히 '살 수 없는 지역'으로 변해가는 지방의 현실은 단순한 인구문제를 넘어 공동체 존립의 위기이며, 이에 대응하기 위해서는 다극적 균형발전 전략, 청년 정주 생태계 구축, 생활서비스 재설계, 복지체계 혁신, 재정 및 행정구조의 개편이라는 총체적 대응이 요구된다.

핵심 주제	요점 정리
수도권 집중의 실태	인구의 50.8%, 대학생의 40.8%, GRDP의 52.8%가 수도권에 집중. 주거, 일자리, 교육, 의료, 문화 등 전방위 자원 쏠림 현상 지속.
청년 유출과 지방 해체	청년층 80% 이상이 수도권으로 이동. 지방은 정주 기반 상실, 고령화 심화, 지역대학과 일자리 생태계 붕괴.
고령화와 생활서비스 위기	65세 이상 인구 30% 이상 지역 다수. 병원, 약국, 교통, 문화 등 '생활서비스 임계인구' 미달로 기초 인프라 붕괴 중.
복지·재정의 이중위기	지방세입 부족으로 인건비도 감당 못하는 자치단체 증가(2024년 기준 104개). 돌봄, 의료, 교육 복지 모두 한계 봉착.
정책적 대응 전략	수도권 일극 → 다핵 균형전략 전환 / 청년 정주 생태계 구축 / 공공서비스 재설계 / 지역 복지혁신 / 재정·행정구조 개편 필요.

| 참고문헌 |

국토연구원. 2023. 『국토정책Brief 937호』.
대한민국정부. 2015. 『제2차 저출산·고령사회 기본계획』.
마강래. 2023. "산업·공간 패러다임 변화와 균형발전정책의 방향." 한국산업경제학회 정기학술 발표대회 초록집.
보건복지부. 2021. 『지역사회 통합돌봄 기본계획』.
스미스 저. 엄성수역. 2015. 『도시의 탄생』. 서울: 옥당.
이상호. 2016. "한국의 '지방소멸'에 관한 7가지 분석." 『지역 고용동향 심층분석』. 한국고용정보원.
이승종. 2023. "균형발전과 지방정책 과제". 국민통합위원회 세미나 「위기와 도전의 한국사회, 국민통합의 길을 찾다」 발표자료(2023/10/24).
이현출. 2018. "지역사회 인구구조 변화의 정치학." 『한국정당학회보』 17(1). 103-132.
이현출. 2019. "일본의 지역 인구구조 변화와 정치적 영향". 『한국동북아논총』. 24(3). 113-
정민수·김의정·이현서·홍성주·이동렬. 2023. "지역간 인구이동과 지역경제". 한국은행, BOK 이슈노트. 2023-29호.
통계청. 2024. 『2024 고령자통계』.
한요셉. 2022. 『청년층의 지역 선택을 고려한 지방소멸 대응방향』, KDI.
한이철·이순미·정학성·박대식·안규미. 2022. 「인구감소 농촌 지역의 기초생활서비스 확충 방안」. 한국농촌정책연구원 기본연구보고서.
행정자치부. 2015. 『2015년도 지방자치단체 통합재정 개요(상)』.
행정안전부. 2025. 『지방행정체제개편권고안』.
OECD. 2018. Productivity and Jobs in a Globalised World: (How) Can All Regions Benefit?, OECD Regional Development Studies, OECD Publishing, Paris, https://doi.org/10.1787/9789264293137-en.
佐々木信夫. 2015. 『人口減少時代の地方創生論』. 東京: PHP.
増田寛也·冨山和彦. 2015. 『地方消滅 創生戦略篇』. 東京: 中公新書.
時事通信社編. 2015. 『人口急減と自治体消滅』. 東京: 時事通信社.

제8장

일본과 중국의 인구구조 변화: 초고령화와 정책전환의 교차로에서[1]

1. 서론: 이웃의 인구위기, 우리의 미래

한국은 세계에서 가장 빠르게 고령사회에 진입하고 있으며, 초저출산과 인구절벽이라는 복합위기에 직면해 있다. 하지만 이 위기의 길을 먼저 걷고 있는 나라들이 있다. 일본과 중국은 모두 출산율 하락과 평균 수명의 증가로 인해 인구구조가 급격히 고령화되고 있다. 일본은 세계 최초로 '초고령사회'에 들어선 선진국이며, 중국은 세계 최대 규모의 인구를 가진 나라에서 '빠른 고령화'로 전환 중인 신흥강국이다. 이 두 나라는 각각 다른 방식으로 인구위기를 경험했고, 서로 다른 경로로 대응해왔다.

일본은 이미 1990년대부터 고령사회로 진입하여 지역 공동체의 해체, 경제성장의 정체, 복지 재정의 부담 등 다양한 구조적 문제를 겪었다. 마스다 히로야의 '소멸가능성 도시' 보고서(2014)는 이 문제의 심각성을 사회적으로 각인시키는 계기가 되었으며, 일본 정부는 이후 축소 도시계획, 지방 분산 정책, 고령자 복지 정책의 재구축 등을 시도해왔다. 그러나 고령화는 도시 외곽과 농촌부터 공동체를 침식시켰고, 대도시 중심의 '축소사회'는 여전히 진행형이다.

한편, 중국은 1980년대부터 시행한 '한 가정 한 자녀 정책(독생자 정책)'으로 인해 출산율이 빠르게 떨어졌고, 2020년대에 들어서는 고령화가 본격화되고 있다. 경제성장을 바탕으로 복지 제도를 확장하려는 시도는 있지만, 농

---

[1] 이 장은 이현출(2018; 2019)를 발췌, 보완한 원고임을 밝혀둠.

촌과 도시 간의 격차, 고령자 부양 문제, 청년층의 결혼·출산 회피 현상은 정책 효과를 약화시키고 있다. 특히 최근에는 출산을 장려하기 위한 대규모 재정 투입과 문화 캠페인이 이어지고 있으나, 사회적 신뢰와 제도적 신축성의 한계가 드러나고 있다.

한국은 이 두 나라의 길을 압축적으로 따라가고 있다. 일본처럼 너무 일찍 늙어가고, 중국처럼 제도적 반응이 늦다. 출산율은 세계 최저 수준으로 떨어졌고, 생산가능인구는 줄어들며, 고령화는 국가 재정과 지역 공동체를 동시에 압박하고 있다.

우리가 일본과 중국의 사례에 주목하여야 하는 이유는 다양하다. 먼저, 국가 경쟁력과 경제 지속 가능성 확보의 필요성이다. 일본과 중국의 인구구조 변화는 경제성장, 생산성, 노동시장에 큰 영향을 미치고 있다. 노동력 감소는 경제성장 둔화로 이어질 가능성이 높고, 고령화로 인한 사회보장 비용 증가는 두 나라 모두의 재정에 큰 부담을 줄 수 있다. 이에 따라 인구구조 변화를 예측하고 적절한 대응 정책을 마련하는 것이 국가의 경제적 지속가능성을 유지하는 데 필수적이라고 할 수 있다.

사회적 안정과 세대 간 형평성 확보 차원에서도 연구가 필요하다. 인구 고령화와 젊은 세대의 감소는 세대 간 부양 부담을 증가시키며, 젊은 세대의 경제적 부담을 가중시킨다. 이는 세대 간 갈등을 초래할 수 있으며, 사회적 불안정 요소로 작용할 수 있다. 따라서 인구구조 변화에 따른 부양 부담의 재분배와 사회적 안정 확보는 중요한 연구과제로 부상하고 있다.

정치적 대표성과 자원 분배의 공정성 확보도 중요한 관심사다. 인구구조 변화는 국가 내 정치적 대표성과 자원 배분에도 영향을 미친다. 일본에서는 고령층의 정치적 영향력이 증가하고 있으며, 지방소멸 가능성으로 인해 정치적 대표성 불균형이 심화될 위험에 처해있다. 중국 역시 젊은 세대가 감소함에 따라 고령층에 대한 부양부담의 급증은 전면적 두자녀 정책으로의 변화를 가져왔다. 이러한 변화를 분석하고 공정한 자원배분을 위한 정책적 대응에 관한 논의도 미래를 위한 중요한 논점이 되고 있다.

끝으로 인구정책의 국제적 시사점 제공의 맥락에서 두 국가의 사례를 고찰할 필요성이 제기된다. 일본과 중국은 인구구조 변화의 문제를 직면하고 있는 대표적인 국가로 이들의 정책적 대응은 다른 국가들에도 시사점을 줄 수 있을 것이다. 이 두 나라에 대한 사례연구는 두 나라의 인구정책 비교와 평가를 통해 다른 국가들이 유사한 문제에 어떻게 대비할 수 있을지에 대한 통찰을 제공할 것이다.

이 장에서는 일본과 중국이 겪고 있는 인구구조 변화의 현실과 대응 정책을 살펴보고, 이들이 한국 사회에 주는 시사점은 무엇인지 비교·분석하고자 한다. 이웃의 위기는 곧 우리의 미래일 수 있다. 지금 우리가 무엇을 선택하고, 어디에 투자하며, 어떤 사회를 설계할 것인가에 따라, 인구위기는 위기가 아닌 전환의 기회가 될 수도 있다.

2. 일본: 초고령사회의 선행모델

일본은 세계에서 가장 먼저 초고령사회에 진입한 국가다. 2007년 65세 이상 인구가 전체의 21%를 넘기며 '초고령사회' 기준을 충족했고, 2023년 기준 29.1%에 달하는 압도적인 고령화율을 기록하고 있다. 일본의 고령화는 단순한 인구구조의 변화에 그치지 않고, 경제 성장의 둔화·노동력 부족·공동체 해체·지역소멸 등 다양한 사회적 충격으로 이어졌다.

일본 인구의 정점은 2008년이었으며, 이후 인구는 감소세로 전환되었다. 현재 일본은 매년 약 50만 명 이상의 자연 감소를 겪고 있으며, 출생자 수는 80만 명 이하, 사망자 수는 150만 명 이상의 구조가 정착되었다. 이러한 인구감소는 지방 중소도시와 농촌부터 먼저 시작되었고, 도쿄 등 수도권조차 '내부 고령화' 문제를 겪고 있다.

일본의 장례추계인구 연령구조와 관련된 〈표 8-1〉을 보면, 2015년에는 0-14세의 유소년 비율은 12.5%를 기록했으나 지속적으로 감소하여 2021년부터는 12% 이하, 2035년부터는 11% 보다 낮아질 전망이다.

〈표 8-1〉 일본장례추계인구의 연령구조 관련 지표

연차	인구비율			평균 연령	중위수 연령	부양비			고령화 지수
	0-14	15-64	65세 이상			총	유소년	노인	
2015	12.5	60.8	26.6	46.4	46.7	64.5	20.6	43.8	212.4
2016	12.4	60.3	27.3	46.7	47.1	65.8	20.6	45.2	219.3
2017	12.3	59.9	27.8	47.0	47.5	67.0	20.6	46.4	225.6
2018	12.2	59.6	28.2	47.2	47.9	67.9	20.5	47.4	231.0
2019	12.1	59.3	28.6	47.5	48.3	68.5	20.4	48.1	235.7
2020	12.0	59.1	28.9	47.8	48.7	69.2	20.4	48.9	240.1
2021	11.9	58.9	29.1	48.0	49.1	69.7	20.3	49.5	244.2
2022	11.8	58.8	29.3	48.3	49.6	70.0	20.1	49.9	248.1
2023	11.7	58.7	29.6	48.5	50.0	70.3	19.9	50.3	252.6
2024	11.6	58.6	29.8	48.7	50.4	70.6	19.8	50.8	257.1
2025	11.5	58.5	30.0	49.0	50.8	70.9	19.6	51.3	261.3
2030	11.1	57.7	31.2	50.0	52.4	73.3	19.2	54.0	281.3
2035	10.8	56.4	32.8	50.7	53.4	77.4	19.2	58.2	303.6
2040	10.8	53.9	35.3	51.4	54.2	85.6	20.0	65.6	328.5
2045	10.7	52.5	36.8	51.9	54.4	90.6	20.4	70.2	344.3
2050	10.6	51.8	37.7	52.3	54.7	93.2	20.4	72.8	356.7
2055	10.4	51.6	38.0	52.8	55.2	93.8	20.1	73.7	365.9
2060	10.2	51.6	38.1	53.2	55.6	93.7	19.8	73.9	372.3
2065	10.2	51.4	38.4	53.4	55.7	94.5	19.8	74.6	376.7

※ 출처: http://www.ipss.go.jp/syoushika/tohkei/Popular/Popular2019.asp?chap=2&title1=%87U%81D%94N%97%EE%95%CA%90I%8C%FB(검색일: 2024년 11월 19일).

일본의 총인구는 2008년 약 1억 2,808만 명을 기록했으나 그 이후부터 감소하기 시작했고, 저출산, 고령화 상황으로 인해 2060년에는 8,674만 명 수준으로 인구가 감소할 것으로 전망된다. 일본 인구는 고도성장기(1960-70년대 중반) 매년 100만 명을 웃도는 높은 증가세를 보이다가 1990년대 이후 증가세가 크게 축소되었으며, 2008년 정점을 찍고 감소 추세로 돌아섰다. 일본 인구구조 변화의 단면을 나타내는 인구 피라미드를 UN 인구국 자료를 통하여 살펴보면 다음의 〈그림 8-1〉과 같이 나타난다.

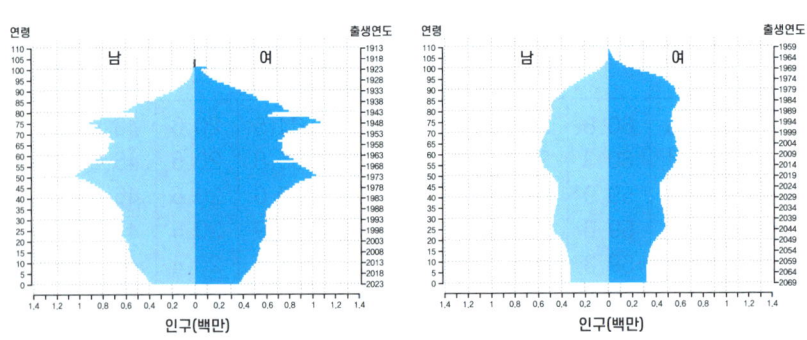

〈그림 8-1〉 일본의 인구 피라미드 변화(2024-2070)

※ 자료: 유엔 인구국 홈페이지(https://www.un.org/development/desa/pd/)

이러한 인구구조의 변화는 급격한 노동력 감소, 사회보장 부담의 증가, 세대간 형평성의 악화 등 다양한 영향을 미치고 있다. 즉, 저출산과 고령화로 인하여 경제활동 가능 연령대 인구의 감소로 노동시장에 심각한 문제를 야기하고, 경제적 생산성의 하락으로 이어질 전망이다. 고령인구의 급격한 증가로 연금과 의료비 등의 사회적 비용이 급격히 늘어나며, 이는 국가 재정에 큰 부담으로 작용할 것으로 우려되고 있다. 이와 함께 세대 간 부양부담이 증가하면서 젊은 세대의 경제적 어려움이 가중되고, 이에 대한 대책도 중요한 과제로 대두되고 있다.

1) 마스다 보고서와 '소멸 가능성 도시'의 경고

일본 인구변화의 주요한 특징 중 하나는 지방의 인구감소가 두드러지게 나타나는 동시에 도시, 특히 도쿄를 중심으로 집중화되는 "도쿄 일극화" 현상이다. 2014년 총무성 장관 출신 마스다 히로야가 이끄는 일본창성회의 보고서 「지방소멸」은 일본 사회에 큰 충격을 안겨주었다. 이 보고서는 출산율과 젊은 여성 인구의 감소를 바탕으로, 2040년까지 일본 전체 896개 기초자치단체 중 523곳이 '소멸 가능성 도시'로 전락할 수 있다고 경고했다.

폴 크루그먼은 제도나 구조가 과거에 행해진 선택 등에 강하게 구속되어 시간의 경과와 함께 방향 전환이 어려워진다는 "경로 의존"의 개념을 통해 산업 등의 일극 집중이 추진되는 메커니즘을 설명한다(Krugman 1991). 이 메커니즘에 따르면, 산업이 어느 지역에 집적되면 그곳에 기능인의 노동시장이 형성되거나 주변 산업이 발달하면서 산업의 집적이 나타난다. 이에 따라 산업집적지가 형성되어 경로의존을 거스르고 떨어진 장소에 인재나 관련 산업을 이전·창출하는 것이 어려워진다. 이러한 논리에 기반하면, 일본에서의 "도쿄 일극화" 현상 또한 도쿄로의 산업, 서비스, 인프라의 집적지가 형성되어 경로의존으로 인해 일극화 현상이 심화된다는 설명이 가능하다.

도쿄로의 인구 집중화는 반대로 농촌의 인구이탈, 즉 지방에서의 청년층 감소 및 고령화의 가속으로 인한 노동생산성 저하를 가져온다. 이는 곧 지역 경제성장 저하로 연결되고, 연쇄적으로 소득분배, 세입감소, 복지지출 확대에 따른 재정부담 증가 등을 초래할 가능성이 높아진다(이현출 2018; 한국은행 2024). 지방의 세수 감소와 고령화로 인한 사회보장 지출 증가는 지방 재정의 악화를 불러오는데, 이를 충당하기 위해 국가의 지방교부세나 차입금에 의존하여 해결하고 있는 실정이기에 지방 재정의 건전성 문제가 심각하게 대두된다.

〈그림 8-2〉 일본의 도시-농촌 인구와 비율 변화

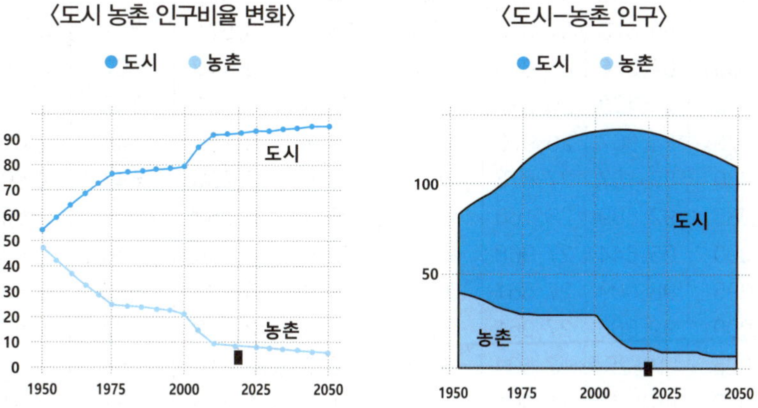

※ 자료: 유엔 인구국 홈페이지(https://www.un.org/development/desa/pd/)

〈그림 8-2〉의 왼쪽은 1950년부터 2050년까지의 도시와 농촌의 인구비율의 변화 추이를 나타낸다. 1950년부터 1970년까지 급격환 도시로의 이동

을 보여주다가 안정국면으로 전환하였고, 2000년부터 2015년 이전까지 도시인구 비율이 크게 상승함을 보여준다. 그에 따라 도시와 농촌의 총인구 변화도 그림의 오른쪽과 같이 나타난다. 1920년부터 약 100년간 도시와 농촌의 인구변화를 시부와 군부로 나누어 살펴보고, 시정촌 수의 변화를 다음의 〈표 8-2〉에서 확인할 수 있다.

〈표 8-2〉 도시와 농촌지역의 인구변화

연차	인구(1000인)		인구비율		시정촌 수		
	시부(市部)	군부(郡部)	시부	군부	총수(総数)	시	정촌(町村)
1920	10,097	45,866	18.0	82.0	12,244	83	12,161
1925	12,897	46,840	21.6	78.4	12,018	101	11,917
1930	15,444	49,006	24.0	76.0	11,864	109	11,755
1935	22,666	46,588	32.7	67.3	11,545	127	11,418
1940	27,578	45,537	37.7	62.3	11,190	168	11,022
1945	20,022	51,976	27.8	72.2	10,536	206	10,330
1947	25,858	52,244	33.1	66.9	10,505	214	10,291
1950	31,366	52,749	37.3	62.7	10,500	254	10,246
1955	50,532	39,544	56.1	43.9	4,877	496	4,381
1960	59,678	34,622	63.3	36.7	3,574	561	3,013
1965	67,356	31,853	67.9	32.1	3,435	567	2,868
1970	75,429	29,237	72.1	27.9	3,331	588	2,743
1975	84,967	26,972	75.9	24.1	3,257	644	2,613
1980	89,187	27,873	76.2	23.8	3,256	647	2,609
1985	92,889	28,160	76.7	23.3	3,254	652	2,602
1990	95,644	27,968	77.4	22.6	3,246	656	2,590
1995	98,009	27,561	78.1	21.9	3,233	665	2,568
2000	99,865	27,061	78.7	21.3	3,230	672	2,558
2005	110,264	17,504	86.3	13.7	2,217	751	1,466
2010	116,157	11,901	90.7	9.3	1,728	787	941
2015	116,137	10,958	91.4	8.6	1,719	791	928
2020	115,758	10,388	91.8	8.2	1,719	793	926

※ 자료: http://www.ipss.go.jp/syoushika/tohkei/Popular/Popular2019.asp?chap=0(검색일: 2024년 11월 19일).

시(市), 군(郡), 정(町), 촌(村)은 일본의 행정구역이다. 정이나 촌은 인구가 5만 명 이상, 인구 60% 이상이 도시 구역 내 거주 및 상공업에 종사할 때 시로 지정될 수 있으며, 시는 정·촌과 달리 군의 하위에 놓이지 않는다. 이러한 기준을 통해 시는 도시, 군에 속한 정·촌은 농촌 지역임을 알 수 있다. 〈표 8-2〉는 일본의 도시와 농촌의 인구변화를 보여주는 자료이다. 이에 따르면, 기본적으로 도시인구는 계속 증가하고 있는데 반하여 농촌인구는 지속적으로 감소하고 있음을 알 수 있다. 시부(市部)는 1920년 10,097천 명으로 전체 인구의 18%를 차지하였는데, 지속적으로 증가하여 2020년에는 115,758천 명으로 91.8%를 차지하고 있다. 아울러 시의 수는 1920년 83개에서 2020년 793개로 늘어난 반면 정촌(町村)의 수는 1920년 12,161개에 달했으나 2020년에는 926개로 줄어든 것으로 나타났다. 이러한 결과를 보면 우리는 그동안 일본의 도·농산 인구이동이 얼마나 비대칭적으로 이루어졌는지 쉽게 알 수 있다.

마스다 보고서의 분석은 "인구는 줄어드는데, 수도권만 비대해지는" 구조 속에서 지방은 인프라 유지를 위한 최소한의 인구마저 상실하고 있음을 의미했다. 보고서가 발표된 이후, 일본 정부는 '지방창생 전략'을 수립하고 고령사회 대응 정책을 다각도로 시도해 왔다. 핵심은 지방의 자립 기반 강화, 고령자 맞춤형 복지, 도시의 재편성이었다.

2) 일본 정부의 정책 대응과 그 한계

가. 컴팩트 시티(compact city) 전략

일본의 고령화는 특히 도시 외곽과 농촌의 공동화 현상을 가속화시켰다. 이에 따라 지방정부들은 '콤팩트 시티' 모델을 채택해 인구가 줄어든 지역의 공공서비스를 중심 시가지로 집중하고, 외곽 지역의 공공 투자를 축소하는 방식으로 공간 구조를 재편하고 있다. 도야마시, 아키타시, 가나자와시 등이 대표적이다.

나. 고령자 복지·돌봄 체계 개편

2000년 도입된 개호보험제도는 고령자 요양 부담을 가족에서 사회로 전환한 대표적인 제도이다. 하지만 수요에 비해 돌봄 인력이 부족하고, 지역 간 편차가 심해지는 등의 문제도 나타나고 있다. 특히 고령자가 거주하던 지역에서 "마지막까지 살아갈 수 있도록 지원하는 지역포괄케어시스템(地域包括ケア)"이 강조되었다.

다. 노동시장과 정년 연장 정책

일본은 노동력 부족을 보완하기 위해 고령자의 재고용 장려, 정년 연장(65→70세) 등의 정책을 확대해 왔다. 그러나 생산성 향상이나 청년 고용 창출에는 한계를 드러냈으며, 고령자 일자리의 질적 불균형 문제도 지적되었다.

라. 출산율 반등 시도와 한계

1990년대 후반부터 시작된 '저출산 쇼크' 이후, 일본은 출산 장려금, 육아휴직 확대, 여성 고용 촉진 등 다양한 대책을 시행해 왔다. 그러나 출산율은 여전히 1.3 전후로 정체되어 있으며, 결혼·출산을 사회 전체의 '선택이 아닌 부담'으로 인식하는 문화 구조의 전환에는 한계가 있었다.

3) 일본의 교훈: '먼저 늙은 나라'가 던지는 경고

일본의 사례는 인구구조 변화에 대한 '기민한 대응'이 없을 경우 그것이 사회 전체 시스템을 어떻게 마비시킬 수 있는지를 보여주는 선행 사례다. 고령화는 단지 복지의 문제가 아니라, 경제성장의 정체, 지역 공동체의 해체, 정치의 대표성 왜곡, 도시의 지속가능성 위기로 직결된다(이현출 2019b). 한국은 일본보다 빠른 속도로 초고령사회로 진입하고 있으며, 현재의 출산율은 일본보다도 낮다. 일본의 시행착오를 단순히 따라가기보다 더 빠르게 구조적 대응과 사회적 합의를 추진할 필요가 있다.

3. 중국: 인구절벽과 늦은 대응의 충격

중국은 세계에서 가장 많은 인구를 가진 나라였지만, 이제는 급격한 인구감소와 고령화의 이중 위기에 직면해 있다. 2023년 현재 중국의 총인구는 약 14억 명으로 여전히 세계 최대지만, 2022년을 기점으로 인구가 감소세로 전환되었으며, 이 추세는 앞으로 수십 년간 이어질 것으로 전망된다. 2023년에는 출생아 수가 사망자 수보다 적은 '자연감소' 현상이 60년 만에 다시 나타났다. 이로써 중국은 명실공히 인구절벽(demographic cliff) 국면에 진입했다.

중국은 1950년대부터 자체적인 인구변화 과정을 시작했는데, 인구구조 변화의 맥락이 현대화의 경로에 따라 결정된다는 시각하에 중국의 인구변천 과정을 설명해보자. 중국의 인구학자들은 중국 인구변화의 특성으로 다음과 같은 4가지를 꼽는다. 첫 번째는 국가 개입성으로 국가가 다양한 정책적 수단을 통하여 출생율의 변화를 유도하였다는 것이다. 두 번째는 신속성으로 중국 인구변화는 불과 수십년 사이에 서구에서 백여 년에 걸쳐 나타난 인구변화 과정이 완성되었다는 점을 말한다. 세 번째는 불균형으로 인구구조의 변화 속에서 도시와 농촌 간 비대칭이 크게 나타나고 있다. 넷째, 초월성이다. 출생률은 사회경제적 지표가 비교적 낮은 수준에 있을 때 하락하는데, 중국에서는 이러한 지표를 뛰어 넘는 초월성이 존재한다는 것이다.

한편, 과거 중국의 인구정책이었던 산아제한 정책의 전면적 실시는 1970년대부터 나타났고, 그 목적은 중국의 인구균형 성장뿐만 아니라 인구와 경제·사회 및 자원환경의 지속 가능한 발전 간의 조화와 균형을 유지한다는 차원에서 추진되었다. 중국의 제1차 인구조사는 1953년부터 이루어졌는데, 〈표 8-3〉을 보면 중국의 인구가 급증하고 있음을 알 수 있다. 1953년 6억 명이었던 중국의 인구는 1964년 7억 명, 1969년 8억 명을 넘었고, 약 20년 후인 1974년에 9억 명을 달성했다. 2024년 현재 중국의 인구는 14억 명을 넘어섰다. 이러한 변화는 새 중국 수립 이후 사회질서가 안정되고, 이에 따라 국민경제 수준이 빠르게 향상되었으며, 의료기술과 위생사업의 발전 등에 기인한 것으로 보인다. 따라서 중국정부 수립 이후의 변화를 인구변천의 시작이라고 볼 수 있다.

〈표 8-3〉 중국 총인구 변화

연도	총인구(억명)	1억 증가에 걸린 시간(년)	연평균 인구증가율(%)
1949	5.42		
1954	6.03		2.13
1964	7.05	10	1.57
1969	8.07	5	2.70
1974	9.09	5	2.38
1981	10.01	7	1.38
1988	11.10	7	1.48
1994	11.99	6	1.28
2004	13.00	10	0.81
2015	13.75		0.51
2016	14.04	12	2.11
2021	14.26		0.31
2024	14.19		-0.16

※ 자료: 国家统计局. 2015. 「中国统计年鉴2015」. 北京: 中国统计出版社 및 KOSIS의 자료를 취합, 대외경제정책연구원(2023) 참조

1) 1가구 1자녀 정책의 유산

중국의 인구구조 변화는 자연적인 현상만은 아니다. 그 기저에는 1979년부터 시행된 '계획생육정책(计划生育政策)', 즉 1가구 1자녀 정책이 자리하고 있다. 건국 초기 급격한 인구성장은 여러 사회적 문제를 가져왔다. 당시 합계출산율은 약 6명이며, 1963년에는 7.5명까지 달했는데, 이러한 급격한 증가는 인구 수의 통제불가로 사회 혼란이 가중되었다. 그 이유는 당시 중국의 경제 및 사회 시스템은 높은 인구 증가를 받아들일 수 없었기 때문이다. 경제침체가 장기간 지속되는 가운데 인구가 폭발적으로 증가하는 불균형 속에서 경제 발전과 인구 통제 중 어느 하나를 선택해야 하는 문제가 제기되었다. 많은 토론 끝에 급속한 인구성장은 국민 수입 중 축적과 소비의 비율이

평형을 잃고 사회확대 재생산, 나아가 국가발전에 부정적인 영향을 미친다는 주장이 설득력을 얻게 되었다. 이에 따라 정부는 인구증가를 통제하기로 계획하고 행정개입을 엄격히 실시함으로써 국민의 출산행위를 빠르게 변화시키고자 했다. 출산을 단기간 내 줄여 급속한 인구증가를 억제하기로 한 것이다. 이로써 1970년대 초반 산아제한정책이 전국적으로 시행되기 시작하였다.

이 정책은 인구억제를 통한 경제성장을 목표로 하였고, 실제로 1980~2000년대까지 출산율 하락과 경제성장이라는 측면에서는 일정한 성과를 보였다. 하지만 그 이면에는 성비 불균형, 고령화 가속, 세대 간 단절, 가족부양 구조의 취약화라는 뚜렷한 부작용이 누적되었다.

특히 '4-2-1 구조'(한 자녀가 두 부모와 네 조부모를 부양해야 하는 구조)는 고령화의 사회적 부담을 개인화시켰고, 출산율 반등을 가로막는 주요 원인으로 지적된다.

중국의 합계출산율은 1990년대 중반 이미 2.1 이하로 떨어졌고, 2020년대에는 1.1 이하로 하락해 한국에 이어 세계 최저 수준으로 진입하고 있다. 결과적으로 고령화와 저출생이 맞물려 인구구조, 즉 인구피라미드도 매우 기형적으로 전개될 전망이다(〈그림 8-3〉 참조).

〈그림 8-3〉 중국 인구피라미드의 변화

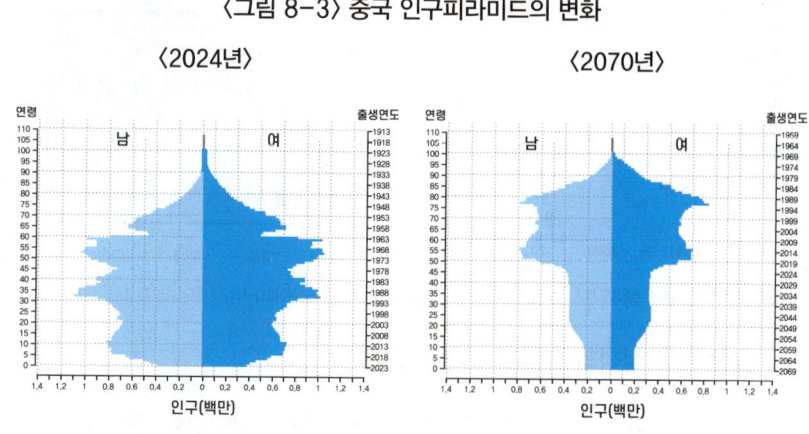

※ 자료: 유엔 인구국 홈페이지(https://www.un.org/development/desa/pd/)

중국의 인구구조 변화 중 하나는 도시집중 현상이다. 그래프에 따르면, 1980년대까지만 해도 전체 인구 중 농촌 거주 인구가 도시 인구보다 압도적으로 많았지만, 이후 빠른 도시화가 진행되면서 이 비중은 극적으로 역전되었다. 특히 2000년대 초반을 기점으로 도시 인구 비율이 가파르게 상승했고, 2011년을 전후하여 농촌 인구 비율을 넘어섰다(〈그림 8-4〉 참조). 이후 도시 인구는 계속해서 증가해 2020년대에는 전체 인구의 약 65% 이상이 도시에 거주하는 것으로 나타난다.

이러한 도시화는 중국의 급격한 산업화, 경제개방, 농민공(農民工) 유입 등과 밀접한 관련이 있다(얀신핑 2014). 도시지역은 제조업과 서비스업 중심의 경제 성장을 주도하면서, 농촌 인구가 더 나은 일자리와 생활 환경을 찾아 도시로 이주하게 된 것이다. 그러나 이와 동시에 도시 내 주택·교통·환경 문제, 농촌의 고령화와 공동화 현상 등 새로운 사회문제를 야기하고 있다. 이처럼 도시화는 중국 인구구조 변화의 핵심적 특징 중 하나로, 지역 간 격차와 사회통합을 둘러싼 정책적 대응이 중요한 과제로 부상하고 있다.

〈그림 8-4〉 중국의 도시-농촌 인구와 비율 변화

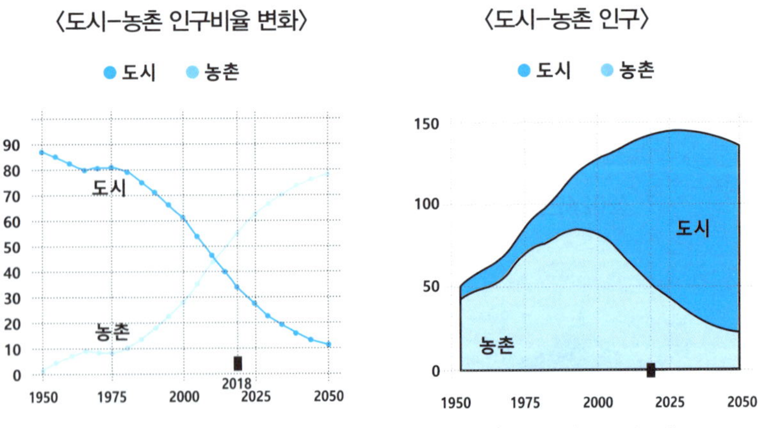

※ 자료: 유엔 인구국 홈페이지(https://www.un.org/development/desa/pd/)

2) 출산 장려 정책의 전환과 반응의 한계

중국 정부는 인구증가 억제 목표를 달성했기에 1980년대 중반부터 엄격한 산아제한정책인 1자녀 정책을 마무리하고 제한적 산아제한인 '단독 두 자녀 정책'을 시행하게 되었다. 1980년대를 거쳐 출산율은 지속적으로 감소하였고, 2022년에는 1.2를 기록하며 저출산 문제가 나타났다(〈그림8-5〉 참조). 중국의 산아제한정책은 시행초기부터 현재까지 연속적인 과정으로 그 결과 지금의 인구기반이 형성되었다. 이에 따라 단기간 내 저출산율 실현, 인구수의 빠른 감소, 인구팽창의 빠른 축소, 인구 고령화 속도 증가 등 향후 인구문제의 기본적인 특징도 결정되었다.

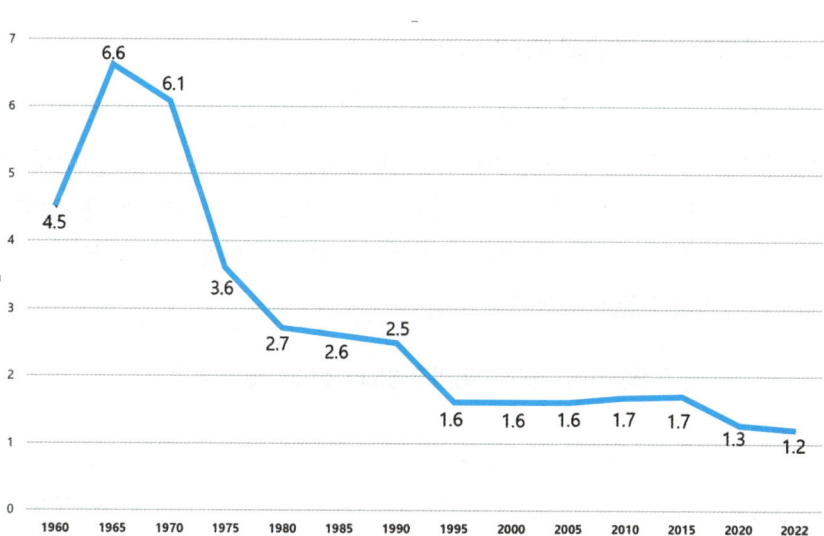

〈그림 8-5〉 중국 합계출산율 추이

※ 자료: World Bank: https://data.worldbank.org/indicator/SP.DYN.TFRT.IN?end=2022&locations=CN&start=1960&view=chart (검색일: 2024.11.21.).

결과, 중국은 2016년부터 '전면 두 자녀 정책(全面二孩政策)', 2021년부터는 '세 자녀 정책'을 도입하는 등 출산 장려 정책으로의 전환을 시도했다. 하지만 이러한 정책 전환은 너무 늦었고, 효과도 미미했다. 출산율 반등은 일어나지 않았으며, 젊은 세대는 여전히 결혼과 출산을 기피하고 있다.

그 이유는 다음과 같다. 첫째, 주거비와 양육비의 급등이다. 대도시를 중심으로 자녀 양육 비용이 급증하며 출산이 경제적 부담으로 전환된 것이 원인이다. 둘째, 직장 내 여성차별 및 일·가정 양립 어려움이다. 특히 맞벌이 구조에서 여성에게 출산과 육아 부담이 집중됨에 따라 출산을 기피하게 된다. 셋째, 도시·농촌 격차의 심화이다. 농촌지역은 교육·의료 인프라 부족, 도시는 고비용 구조로 인하여 결혼과 출산 기피에 이른다는 것이다. 넷째, 청년 세대의 가치 변화, 즉 출산보다 자기실현, 독립, 소확행(소소하지만 확실한 행복)을 중시하는 세대가 등장하였다는 것이다.

정부는 '양육비 세액공제', 보육 인프라 확충, 유아교육 비용 지원 등의 정책을 내놓고 있지만, 제도 신뢰 부족과 생애비용 부담으로 인해 사회적 효과는 제한적이다.

3) 고령화 가속과 돌봄 위기의 전면화

중국은 일본보다 20년 이상 늦게 고령화가 시작되었지만, 진입 속도는 훨씬 더 빠르다(〈그림 8-6〉 참조). 2035년까지 전체 인구의 30%가 60세 이상이 될 것으로 예상되며, 이는 고령사회로서의 인구적 압력을 더욱 강화할 것이다. 그러나 중국의 노인복지 시스템은 아직 초기 단계이며, 대부분의 고령자는 가족에 의존하고 있다.

〈그림 8-6〉 중국 고령인구(65+) 추이(1960-2023)

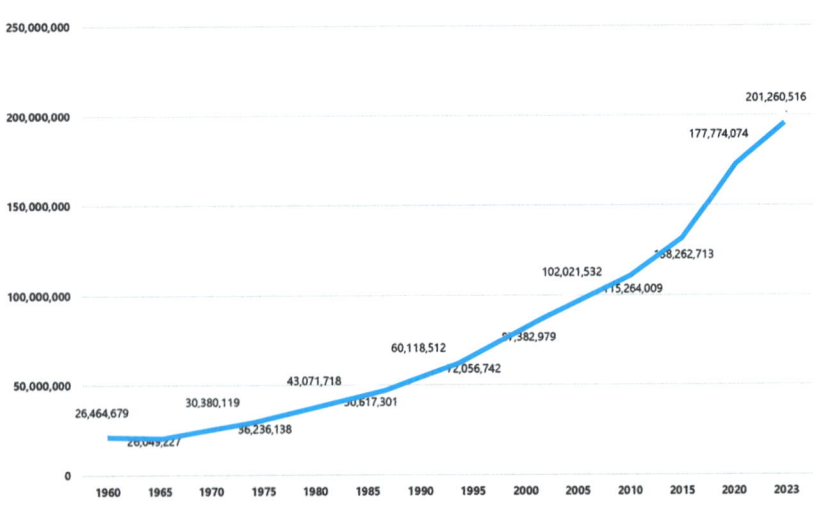

※ 출처: World Bank: https://data.worldbank.org/indicator/SP.DYN.TFRT.IN?locations=CN (검색일: 2024. 11. 21.).

현재 중국 연령구조 불균형의 첫 번째 문제는 인구 고령화의 심화와 생산가능인구의 급속한 감소를 들 수 있다. 〈그림 8-6〉은 1960년부터 2023년까지 유엔(UN)이 제시하는 고령자 기준인 65세 이상 인구를 보여준다. 자료에 따르면, 1960년대 노령 인구는 약 2,600만 명으로 전체 인구의 약 3%에 불과했으나, 2021년에는 14%를 초과하였다. 지속적인 수명의 증가와 함께 저출산으로 인한 유소년 인구의 감소 상황으로 인해 기존의 산아제한정책이 변하지 않으면 고령인구 규모가 급속히 확대되고 국가 전체의 고령화가 가속화될 것으로 보인다.

중국의 단독 두 자녀정책과 전면적 두 자녀정책을 이해하기 위한 인구구조 변화의 핵심은 고령화 문제라고 볼 수 있다. 중국의 인구정책 변화에는 빠른 고령화 속도와 고령화 대응을 위한 사회경제적 조건의 지체로 겪게 될 문제점에 대한 고민이 내재되어 있다(이현출 2019a). 그동안 중국은 장기적으로 가정을 중시하고, 가정에 의지하는 독특한 문화적 전통에 따라 사회보장 의식과 기초를 강화하지 못하였다. 이러한 상황에서 급속한 인구 고령화가 가져올 문제는 여타 국가들이 겪는 정도보다 더욱 심각하게 다가올지도 모른다. 특히 중국은 사회경제 발전과정에서 자연스럽게 인구 변화를 실현한 것이 아니라 국가의 주도적 정책개입과 인구통제를 통하여 경제발전을 촉진하는 형식을 취하였기 때문에 인구변화과정이 매우 신속하게 이루어졌다. 따라서 고령화도 그 속도와 규모가 매우 급속하고 그 대처에도 더 많은 어려움을 겪게 된다는 우려가 존재할 수밖에 없다.

〈그림 8-7〉 중국 부양비 추계

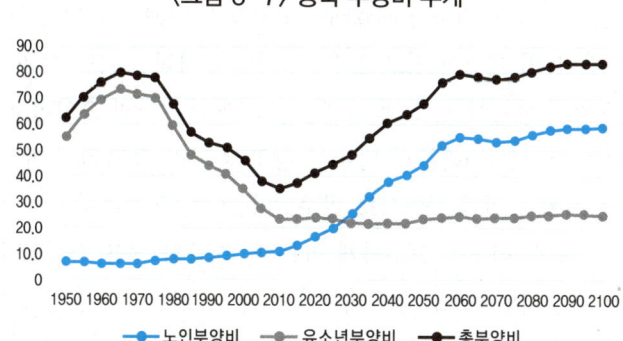

※ 자료: United Nations, Department of Economic and Social Affairs, Population Division (2017). https://population.un.org/wpp/Download/Standard/Population/ 참조 필자 작성.

〈그림 8-7〉은 중국의 인구 부양비와 관련된 UN 자료이다. 이에 따르면 생산가능인구 100명이 부양해야 할 노인부양비는 2015년 13.3, 2025년 20.5, 2030년 25.3, 2035년 32.2로 급격히 상승하는 것으로 나타났다. 특히, 저출산 및 인구고령화의 영향으로 아동부양비는 감소하는 반면 노인부양비는 지속적으로 증가하는 것을 알 수 있다. 인구고령화가 노령연금제도에 미치는 충격은 인구 부양비의 지속적 상승에서 비롯된다. 두 자녀 정책은 사회적 부양비를 낮추는 결과를 가져올 것으로 보이지만, 규모가 점점 커지고 있는 노인의 노후 문제를 단순히 정부의 노후 모델을 통해 해결하는 데에는 어려움이 많다.

특히 도시와 농촌 간 고령자 부양 격차, 노인 의료 접근성 불균형, 치매 등 만성질환자에 대한 사회적 돌봄 체계 미비 등은 인구 구조의 충격을 곧바로 사회위험으로 전환시키고 있다.

4) '인구대국'에서 '인구강국'으로? 이민 논의와 정책 유연성의 한계

최근 중국은 인구절벽에 대응하기 위한 전략의 일환으로 '인구대국(人口大国)'에서 '인구강국(人口强国)'으로의 전환을 정책 슬로건으로 채택하고 있다. 이는 단순한 인구 수의 유지가 아니라 질 높은 인구·지속 가능한 인구구조를 만들기 위한 방향 전환을 의미한다.

이 과정에서 일부 전문가 그룹은 이민정책의 확대 가능성도 제한적으로 언급하고 있다. 특히 과학기술 인재 확보, 노동력 부족 보완을 위한 외국인 고급인력의 유입은 논의 대상이 되고 있다. 그러나 본격적인 이민 수용 체제 전환은 매우 제한적인 상황이다. 그 배경에는 다음과 같은 제약 요인이 존재한다.

중국에서는 강력한 민족주의 담론이 강하게 자리 잡고 있으며, 외국인에 대한 수용은 정치적 민감 사안으로 간주된다. 이는 국경관리 및 시민권 부여 문제에서도 보수적 태도를 고수하게 만든다. 다문화 수용 자세도 문제가 될 수 있을 것이다. 다민족으로 구성되어 있으나 국제적 이주민 정착 프로그램, 다문화 교육, 종교·언어 다양성 존중 제도 등 사회통합 인프라가 강하다고 할 수 있다. 이로 인해 이민자 유입은 오히려 사회 불안 요소로 해석되는 경우가 많다. 이와 함께 국적 취득, 장기 거주권 부여, 가족 동반 이주 등에 있어 제도적 경직성이 크고, 지방정부 간 정책 편차도 매우 크다는 점도 지적할 수 있다.

결과적으로 중국은 저출산·고령화의 대안으로서 이민정책을 선택할 수 있는 전략적 여지가 매우 협소한 국가이다. 이 점에서 한국과 유사한 경로의 압박을 받고 있으며, 이민 수용이 아닌 내부 인력 활용과 기술투자, 출산율 반등 등에 정책 역량을 집중하고 있다.

4. 한·중·일 인구경로 비교와 시사점

일본과 중국의 인구구조 변화는 각각 '먼저 늙은 나라'와 '빠르게 늙어가는 나라'의 사례로서 한국에게 중요한 비교 기준이 된다(〈표 8-4〉 참조).

이 두 나라는 서로 다른 정치·경제적 맥락 속에서 인구위기를 경험하고 있으나, 인구감소와 고령화가 가져오는 시스템 충격의 범위는 놀라울 만큼 유사하다.

이제 한국은 이 두 경로의 교차점에 서 있다.

〈표 8-4〉 한·중·일 인구경로 비교와 시사점

구분	일본	중국	한국
고령사회 진입 시점	1994년	2021년	2017년
초고령사회 진입 시점	2007년	2035년 예상	2024년
출산율 전환 계기	1990년대 '쇼크' 이후 대책	1자녀 정책 해제 (2016), 세 자녀 정책(2021)	2005년 고령사회 기본계획 이후 지속 하락
복지·돌봄 체계	개호보험제도 구축 (2000) / 지역포괄 케어	제도적 미비 / 가족 부양 의존	재정 불균형 / 통합 돌봄 실험 단계
이민 정책	제한적 확대 / 문화 저항	논의만 진행 / 제도적 유연성 부족	제한적 확대 / 정책적 모호성 지속

※ 자료: UN Population Division, 각국 정부 인구통계, 정책 자료 재구성

위 표에서 제시한 바와 같이 한·중·일 3국은 인구경로에 공통점과 차이점을 보여주고 있다. 먼저 공통점을 살펴보자. 정책 타이밍 지연이다. 출산율 하락이나 고령화가 가시화된 이후에야 본격적인 대책 마련이 시작되었다는 점이다. 다음으로 정책의 사회문화적 조건이 간과되었다는 점이다. 예를 들면 경제적 지원만으로는 결혼과 출산율 회복이 불가능하다. 그리고 노동력·복지·지역공동체의 삼중 위기가 겹쳐서 나타난다는 점이다. 고령화는 경제·복지·공간구조에 연쇄적으로 충격을 유발한다는 것을 극명하게 보여준다. 끝으로 이민정책의 제도적 제약이다. 세 나라 모두 이민을 대안으로 삼기엔 사회적 수용성과 제도적 유연성이 낮다.

다음으로 차이점을 살펴보자. 일본은 일찍 고령사회에 진입한 만큼 정책 실험은 활발했으나, 구조적 반등에는 성공하지 못하였다. 한편, 중국은 제도전환의 속도가 느렸고, 사회적 신뢰 기반이 약해 정책효과가 제한적이라는 점이다. 한국은 고령화 속도는 일본보다 빠르고, 출산율은 중국보다 낮은 상황에서 정책 유연성과 사회적 합의의 타이밍이 마지막 관건이라고 하겠다.

결론적으로 양국의 인구위기가 한국에 주는 시사점은 많다. 무엇보다 정책의 타이밍이 결과를 좌우한다는 점이다. 출산 장려로 전환한 시점이 이미 인구구조가 굳어진 뒤였기 때문에, 구조 변화에 영향을 미치지 못하고 있다고 볼 수 있다. 다음으로 가족구조와 가치관의 변화가 핵심 변수다. 정책보다도 결혼·출산에 대한 사회문화적 조건 변화가 인구행동을 결정한다는 것이다. 아울러 제도 유연성과 신뢰가 효과를 좌우한다. 생애주기별 비용 부담, 돌봄 구조, 노동시장 안정성 등 실질적 여건 변화 없이는 '출산 장려'는 공허하다는 것이다.

한국은 지금 선택의 시점에 있다. 중국과 일본 모두 인구정책에서 시기를 놓쳤다면, 한국은 '마지막 유예 기간'에 있다. 실효성 있는 제도 설계와 사회적 합의가 가능한 지금이 결정적 시기다.

일본은 먼저 늙었고, 중국은 너무 빠르게 늙어가고 있다. 한국은 이 두 경로의 교차점에 있다. 이제 인구구조 변화는 단지 출산율과 고령비율의 문제가 아니라, 정치의 대표성, 경제의 생산성, 복지의 지속가능성, 안보와 공동체 회복력까지 흔드는 시스템 차원의 충격으로 다가오고 있다. 다음 장부터 우리는 이 거대한 구조 변동이 어떻게 '시스템을 흔드는가'에 대한 분야별 답변을 살펴보고자 한다.

제8장 요약

이 장에서는 일본과 중국이라는 두 인접국의 인구구조 변화 경로와 정책 대응을 살펴보았다. 일본은 세계 최초의 초고령사회로서 장기적 축소사회에 돌입한 사례이며, 중국은 계획생육정책 이후 급격한 인구절벽과 고령화에 직면한 신흥 사례다. 두 국가는 서로 다른 경로를 택했지만, 정책의 시기적응 실패, 제도 유연성 부족, 사회적 신뢰 결핍이라는 공통된 한계를 드러냈다.

이 사례들은 지금의 한국이 인구정책의 마지막 전환점을 맞이하고 있음을 강하게 시사한다. '언제, 어떻게 대응하느냐'가 미래사회의 지속 가능성을 결정짓는 열쇠라는 점에서, 이 장은 이후 장들에서 다루게 될 정치, 경제, 복지, 안보 시스템에 대한 구조적 진단으로의 길을 연다.

구분	일본	중국	시사점(한국)
고령화 속도	느리지만 선진형	빠르고 정책주도형	한국은 일본보다 빠르고, 중국보다 제도 여력 적음
정책 전환 시기	조기 대응(1990s)	늦은 대응(2016 이후)	전환은 아직 가능하나 여유는 없음
정책 효과	실험 다수, 효과 제한	정책 전환에도 출산율 반등 실패	정책보다 구조·문화·가치 전환이 핵심
제도 유연성	개호보험, 지역포괄케어	호구제도, 낮은 이민 수용성	사회통합과 제도 신뢰가 성패를 좌우
출산율(2023)	1.21명	1.00명	한국 0.72명 → 세계 최저 수준 지속

| 참고문헌 |

대외경제정책연구원. 2023. "중국의 저출산·고령화 현황과 대응 정책," KIEP 북경사무소 브리핑 25(2). 2023.5.30.
얀신핑 저. 백계문 역. 2014. 「중국의 도시화와 농민공: 1억 3000만 인구의 대이동」. 경기 파주: 한울, 2014.
이현출. 2019a. "중국의 인구구조 변화와 전면적 두자녀정책 도입," 『세계지역연구』. 37(1). 303-327.
이현출. 2019b. "일본의 지역 인구구조 변화와 정치적 영향," 『한국동북아논총』. 24(3). 113-134.
한국은행. 2024. "일본 인구의 도쿄권 집중 현황 및 평가," 동경사무소 동향분석. 2024.3.27.
Krugman, P. 1991. Geography and Trade. MIT Press.
増田寬也. 2014. 『地方消滅』. 日本創成会議

제9장

실버 민주주의와 세대 불균형: 인구구조 변화가 정치에 던지는 질문[1]

1. 서론: 인구구조 변화는 정치구조의 변화다

21세기 한국사회에서 정치의 가장 큰 도전 중 하나는 인구구조 변화라는 구조적 조건 아래 대의제 민주주의의 지속가능성을 어떻게 확보할 것인가라는 문제다. 특히 고령화 속도가 전례 없이 빠른 한국은 정치적 대표성과 세대 간 형평성의 균형이 무너질 수 있는 임계지점에 도달하고 있다.

한국은 2025년에 이미 초고령사회에 진입하였으며, 같은 시기 60세 이상 유권자는 전체 유권자의 40%를 초과할 것으로 전망된다. 이러한 고령화는 단순한 복지 재정의 문제가 아니라, '실버 민주주의(silver democracy)'로의 구조적 전환을 예고한다(八代尙宏 2016; 이현출 2018). 이 체제에서는 고령층의 투표율과 정치 영향력이 과도하게 확대되고, 상대적으로 정치적 대표성이 취약한 청년세대와 미래세대의 이해가 배제되는 정치구조가 굳어질 위험이 있다.

저출산과 고령화로 인해 대의민주주의 체제가 직면한 도전은 날로 커지고 있다. 고령층의 급격한 증가와 높은 투표율은 이들의 이익이 정치적 결정 과정에 더욱 많이 반영되는 결과를 초래하고 있다. 반면, 청년층은 낮은 투표율과 줄어드는 인구 비율로 인해 정치적 영향력이 약화되고 있다. 이러한 현상은 유럽의 연금수령자 정당과 같은 단일 이슈 정당의 등장으로 이어졌으며,

---

[1] 이 장은 이현출(2018), "인구구조 변화의 정치학". 『한국정치연구』. 37(2)의 내용을 수정 보완한 것임

이는 특정 세대의 이해관계가 대의민주주의를 통해 과도하게 반영될 가능성을 보여준다.

현대 민주주의는 일반적으로 '유권자'에게 정치적 통제권을 부여하며, 자본주의 체제에서는 생산계급, 즉 경제활동을 담당하는 청년층과 장년층이 경제적 의사결정을 주도한다. 과거에는 이 두 체제가 조화를 이루며 경제활동 인구와 정치참여 인구 간에 강한 중첩성을 보였다. 그러나 고령화로 인해 이러한 조화가 깨지기 시작했다. 이제 경제활동에 참여하지 않는 고령층이 유권자로서 정치적 영향력을 행사하는 비중이 커지며, 경제와 정치의 균형이 무너지고 있다(이현출 2018).

특히 고령화는 '경제인구와 정치인구의 분리'라는 문제를 초래한다. 과거에는 경제활동 인구와 정치참여 인구가 동일 집단으로 구성되어 있어 경제적 요구와 정치적 대책 간의 순환이 원활했으나, 현재는 고령층이 경제적으로는 생산에 참여하지 않으면서도 정치적 통제권을 강하게 행사하는 구조가 형성되고 있다(이현출 2018). 이는 비용 부담자와 서비스 수혜자의 불일치 문제를 심화시키고, 공공재정 운영의 비효율성을 초래할 가능성을 높인다.

고령세대는 투표권은 있으나 생산활동에 참여하지 않는 60세 이상의 세대이다. 이들은 은퇴 이후에도 정치적 통제력을 행사하며, 베이비 부머들이 고령세대로 진입하면서 급격히 증가하고 있다. 특히 고령세대의 확대는 정치적으로 더 많은 복지와 자원을 요구하며, 정당들이 이들을 중심으로 경쟁하게 만들어 선거민주주의가 복지 확대를 위한 "입찰" 과정으로 전락할 수도 있다(Cameron 1978).

현행 대의제는 기본적으로 '현재의 유권자'를 기준으로 구성되며, 따라서 '아직 태어나지 않았거나, 아직 투표권을 갖지 못한 세대'는 정치적 이해당사자로 존재하지 못한다. 이로 인해 복지지출, 재정정책, 교육·노동·기후 관련 입법에서 미래세대의 권익은 항상 후순위로 밀리게 된다. 이러한 문제는 단지 투표율의 차이 또는 세대 간 정책 선호의 차이로 환원될 수 없는 정치적 불균형을 만들어낸다. 대의제 민주주의의 대표성과 책임성이 인구구조와 충돌하면서 발생하는 새로운 유형의 제도적 위기라고도 할 수 있다.

이 장에서는 다음과 같은 문제의식에 답하고자 한다.

먼저, 고령화가 가져온 정치구조의 변동은 단지 '세대 간 갈등'을 넘어, 민주주의 자체의 정당성과 작동원리에 어떤 충격을 주고 있는가?

그리고 이 구조적 전환기에서 우리는 어떤 정치제도 개혁과 세대 간 사회계약의 재설계를 모색해야 하는가?

이후의 절에서는 먼저 실버민주주의와 세대 정치의 개념적 맥락을 짚고, 한국 사회의 세대 간 대표성 불균형 실태를 실증 자료로 살펴본다. 이어서 대의제와 복지국가의 제도적 충돌, 청년 및 미래세대의 정치적 대표성 강화를 위한 다양한 제도 개혁 논의를 검토하며, 인구구조 변화에 대응하는 '정치의 재설계' 가능성을 함께 모색해보고자 한다.

2. 실버민주주의의 개념과 세대정치의 등장

고령화는 단지 복지지출이나 노인 일자리 문제만을 의미하지 않는다. 그것은 대의제 민주주의의 작동방식 자체를 변형시키고 있다. 특히 유권자 구성이 급속도로 고령화되는 사회에서 '정치적 다수'가 고령층으로 전환되면서 정치는 본질적으로 세대 간 이해 대립을 조율하는 공간이자, 동시에 '고령자 중심 질서'로 재편되는 공간이 된다.

이러한 현상을 개념화한 것이 바로 '실버 민주주의(Silver Democracy)'다 (Seo 2017; 이현출 2018). 이는 정치학적으로 다음과 같은 특징을 가진 체제이다. 즉, ▲ 고령 유권자층의 압도적 수적 우세, ▲ 높은 투표율과 정치적 결집력, ▲ 정당의 정책·공약이 고령 유권자의 이익에 편향, ▲ 청년층의 정치적 무관심 또는 배제, ▲ '정치적 현재주의(political presentism)' 심화: 미래보다는 현재 세대의 이해가 우선된다는 점(Kavka & Warren 1983; Ekeli 2005; Dobson 1996) 등을 특징으로 한다.

한국은 고령화 속도가 세계에서 가장 빠른 나라 중 하나로, 실버 민주주의의 전형적 조건을 갖추고 있다. 한국의 고령화 속도는 전 세계적으로 유례를 찾기 어려울 정도로 빠르게 진행되고 있다. 예를 들어, 프랑스가 고령화 사회에서 고령사회로 진입하는 데 115년이 걸린 반면, 한국은 단 18년 만에 고령사회에 도달하였다. 초고령사회로의 전환도 세계에서 가장 빠른 것으로 나타났다. 이러한 급격한 변화는 제대로 준비가 되지 않은 상황에서 급격한 고령인구의 증가로 연금, 의료비용, 복지 재정의 지속가능성을 심각하게 위협하고 있다.

60세 이상 인구는 2024년 기준 전체 유권자의 약 37%, 2035년에는 45%를 초과할 것으로 전망된다(통계청 2023). 더구나 고령층의 투표율은 70~80%에 이르는데 반해, 20대는 50%를 밑도는 경우도 적지 않다. 이처럼 '정치적 가시성(visibility)'과 '정책적 민감성(sensitivity)'이 고령 유권자에게 과도하게 집중되고 있는 것이다.

이러한 조건은 세대정치(generation-based politics)라는 새로운 정치적 구도를 야기하고 있다. 과거의 정치 갈등이 계층·지역·이념에 기초했다면, 오늘날은 세대 간 가치·이해·정책 우선순위를 둘러싼 갈등이 핵심축으로 부상하고 있다. 특히 사회보장, 재정지출, 기후정책, 청년주거, 교육 등 주요 정책에서 "정책 수혜자 vs 정책 부담자" 구도가 세대 축을 따라 갈라지는 양상이 뚜렷하다. 하지만 한국 정치의 제도적 구조는 여전히 '현재의 유권자'를 기준으로 설계되어 있어, 청년세대뿐 아니라 아직 정치권에 진입하지 못한 '미래세대'의 이익은 제도적으로 보호받지 못한다. 이는 대의민주주의의 대표성과 책임성이 인구구조 변화와 충돌하고 있음을 보여준다.

따라서 인구고령화의 정치적 파급효과를 단지 '노년층의 편향된 정치행태'로 환원할 것이 아니라, 제도 자체의 구조적 불균형이 심화되는 과정으로 이해할 필요가 있다.

이제 우리는 '대표성의 민주주의'를 넘어 '세대정의의 민주주의'를 구성하는 문제로 전환해야 할 시점에 와 있다.

3. 고령화와 대표성 위기의 정치구조

현대 민주주의는 대표성(representativeness)과 책임성(accountability)을 핵심 원리로 한다. 그러나 인구구조의 고령화는 이 두 원리에 동시에 구조적 충격을 가하고 있다.

고령층 인구의 급속한 증가와 그들의 압도적 정치참여는 '표의 불균형'과

'세대 편향적 정책 결정 구조'를 낳고 있으며, 이는 궁극적으로 정치제도의 대표성과 정당성 자체를 위협하고 있다.

1) 고령 유권자의 정치 영향력: 수와 참여의 결합

2024년 기준, 한국 전체 유권자 중 60세 이상은 약 38%, 2035년에는 45%에 이를 것으로 전망된다(통계청 2024). 특히 60대 이상의 투표율은 평균 75~80% 수준으로, 청년층(20대 후반)의 평균 투표율(약 48%)과 비교해 현저히 높다.

고령인구의 증가는 투표율과 정책선호에서의 뚜렷한 차이를 보여 민주주의 정치과정에 많은 영향을 준다. 2024년 제22대 국회의원선거의 연령대별 선거인 비율을 살펴보면, 가장 많은 비율을 차지한 연령대는 50대(19.9%)와 60대(17.8%)였다. 그다음으로는 40대(17.4%), 30대(14.4%), 20대(13.5%), 70대(9.3%), 80세 이상(5.7%) 순이었다. 이는 연령대별로 선거인 구성비가 세대 간의 인구 구조를 반영하고 있음을 보여준다. 또한 연령대별 선거인수 대비 투표자수 비율을 보면 40대 이하에서는 선거인수 대비 투표자 비중이 낮은 반면, 50대-70대는 선거인수 대비 투표자 비중이 더 높은 것으로 나타났다(〈그림 9-1〉 참조).

〈그림 9-1〉 제22대 국선 연령대별 선거인, 투표자수 비율 비교

(단위: %)

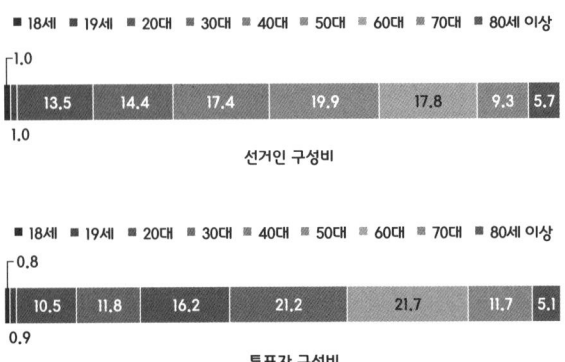

※ 자료: 중앙선거관리위원회. 2024. 『제22대 국회의원선거 투표율 분석』.

연령대별 투표율은 선거인 구성비와 다른 양상을 보인다. 70대가 84.7%로 가장 높고, 60대 82.0%, 50대 71.6%, 40대 62.6%, 30대 55.1% 순이며, 20대가 52.4%로 가장 낮았다. 30대 이하 연령층에서 투표율이 50%대로 낮은 반면 40대 이후 연령대가 높아질수록 투표율도 높아지는 경향을 보이고 있어 장·노년층이 선거참여에 더 적극적임을 보여준다(〈표 9-1〉 참조).

〈표 9-1〉 제20대-제22대 국선 연령대별 투표율 비교

(단위 : %)

구분	18세	19세	20대	30대	40대	50대	60대	70대	80세 이상
'24 제22대 국선	56.8	57.7	52.4	55.1	62.6	71.6	82.0	84.7	60.5
'20 제21대 국선	67.4	68.0	58.7	57.1	63.5	71.2	80.0	78.5	51.0
'16 제20대 국선	–	53.6	52.7	50.5	54.3	60.8	71.7	73.3	48.3

※ 자료: 중앙선거관리위원회. 2024. 『제22대 국회의원선거 투표율 분석』.

각 세대는 자신들이 직면한 문제와 환경에 따라 우선적으로 해결하고자 하는 아젠다의 차이를 보인다. 청년세대(20~30대)는 주로 실업, 일자리 창출, 교육비 문제에 높은 관심을 보인다. 이는 청년세대가 공교육 정상화와 청년실업 해소를 위한 정책을 최우선으로 요구하고 있음을 나타낸다. 장년세대(40~50대)는 고용안정, 세금, 주거비용 문제에 중점을 두며, 가족 형성과 유지, 자녀 양육과 관련된 아젠다를 강조한다. 고령세대(60대 이상)는 연금 수급, 의료 지원, 노인 일자리 창출과 같은 노후 복지에 높은 비중을 두고 있다.

지난 19대 대통령선거 사후조사에 따르면, 청년층은 실업과 일자리 문제를 가장 중요한 이슈로 꼽은 반면, 고령층은 복지와 물가 문제를 더 강조한 것으로 나타났다. 이는 각 세대가 사회적 자원의 배분과 정책 방향에 대해 상이한 입장을 보이며, 세대 간 갈등의 잠재적 요인으로 작용할 수 있음을 시사한다(이현출 2018 참조).

국가통계포탈의 연령 별 장래인구 추계를 보면, 2050년 한국의 60세 이상 인구는 전체인구 4,500만 명 가운데 2,100만 이상으로 전체 인구의 절반에 육박할 것으로 전망되고 있다(〈표 9-2〉참조). 이를 선거권을 갖는 20세 이상 연령으로 환산했을 경우, 전체 유권자 가운데 60세 이상 고령 유권자 수가 차지하는 비율은 2020년 28%, 2030년 39%, 2040년 47%, 2050년에는 50%를 돌파할 것으로 예측된다.

〈표 9-2〉 전체 유권자수 대비 고령 유권자수 비율 (2020 - 2060)

	2020	2030	2040	2050	2060
20~60세 유권자수	30,311,648	26,502,734	22,560,172	19,257,059	15,341,220
60세 이상 유권자수	11,881,430	16,846,269	20,284,178	21,200,951	20,847,371
전체 유권자수	42,193,078	43,349,003	42,844,350	40,458,010	36,188,591
고령 유권자 구성비	28%	39%	47%	52%	58%

주: 소수점 이하는 반올림
※ 자료: 통계청, 『2024 고령자통계』(2024.9.26)

이처럼 고령층의 정치적 참여가 활발해짐에 따라 선거 결과와 정책 결정에서 고령층의 목소리가 크게 반영되고 있다. 이는 장·노년층이 선호하는 복지 중심 정책이 강화되는 동시에 젊은 세대를 위한 정책이 상대적으로 소외될 가능성을 높인다. 이에 따라 정치권은 정책의 우선순위, 공약 구성, 예산 배분에 있어 고령 유권자층의 이해를 반영하는 데 더 민감하게 반응하는 경향을 보인다. 이러한 현상은 고령층이 일방적으로 '정치를 장악'한다는 의미가 아니다. 더 정확하게는 기존 제도의 설계가 '현재 투표 가능한 세대의 이해'에 더욱 민감하게 응답하도록 구성되어 있기 때문에 발생하는 제도적 귀결이다 (Seo 2017; 이현출 2018).

2) '대표성의 위기'와 세대 간 대표 불균형

고령 유권자층의 정치적 가시성과 정책 민감성은 제도적으로 보장되어 있지만, 청년세대와 미래세대의 이해는 대의체계 안에서 구조적으로 배제 또는 강하게 표출되지 못하는 구조가 되고 있다. 청년은 수적으로도 적고, 정치적으로도 미가시화되어 있다는, 미성년자는 정치적으로 완전히 무권리 상태라는 점, 미래세대는 '존재하나 대표되지 않는 자들'(Dobson 1996)이라는 점 등이 동시에 작용한 것이다.

오늘날 민주주의는 단순히 투표를 통한 대표 선출에 머무르지 않고, 사회 내 다양한 집단의 대표성이 정치 구조 내에 공정하게 반영되는지를 핵심 기준으로 삼고 있다. 특히 연령 집단 간의 대표성 격차는 점점 심각한 구조적 문제로 대두되고 있으며, 이 가운데 청년층의 대표성 부족은 민주주의의 지속가능성과 세대 간 신뢰 구축에 있어 중요한 장애 요인이 되고 있다.

2023년 국제의회연맹(IPU)이 발표한 청년 정치참여 보고서에 따르면, 만 30세 미만 청년이 전 세계 인구에서 차지하는 비율은 약 16.4%에 달하지만, 이들이 차지하는 국회의원 비율은 1.9%에 불과하다. 만 40세 미만까지 확대하더라도, 전체 인구의 약 40%에 달하는 집단이 국회에서 17.9%의 비중만을 점하고 있을 뿐이다(IPU 2023, 18). 이처럼 정치제도 내에서 청년의 대표성은 극히 제한적이며, '대표성의 위기'가 구조화되고 있다.

한국의 상황은 이보다 더욱 심각하다. 2020년 제21대 국회의원 선거 결과를 기준으로 보면, 만 39세 이하의 국회의원은 300명 중 단 13명(4.3%)에 불과했고, 이 중 만 30세 이하 청년은 단 1명(0.3%)에 그쳤다(IPU 2023, 32). 2024년 실시된 제22대 국회의원선거 결과 총선 당선인의 연령별로 보면 50대가 150명(50%)으로 가장 많았고 당선인 평균연령은 56.3세인 것으로 나타났다. 이어 60대 100명(33.3%), 40대 30명(10.0%), 30대 14명(4.7%), 70대 5명(1.7%), 80대 1명(0.3%) 순이었으며 20대 당선인은 없었다. 이는 OECD 평균은 물론, 세계 평균보다도 낮은 수치로, 젊은 세대의 정치 진입 장벽이 매우 높은 현실을 보여준다. 반면, 60세 이상 의원은 21대와 22대 국회에서 전체의 약 32%, 35%를 차지하며 고령 세대의 과도한 대표성이 뚜렷하다.

2023년 대한민국의 연령별 인구 분포에 따르면, 20대는 약 13.2%, 30대는 약 13.4%로, 두 세대를 합치면 약 26.6%의 비중을 차지한다. 그러나 이들이 국회에서 차지하는 비율은 5%를 밑돈다. 반대로, 60대 이상은 전체 인구의 약 24.2%를 차지하지만, 국회에서는 30% 이상을 대표하고 있다. 이로 인해 세대 간 인구 비율과 정치 대표성 사이에 현저한 괴리가 발생하고 있으며, 이는 청년층의 정치적 의사 반영을 저해하는 구조적 원인으로 작용하고 있다.

이러한 불균형은 단지 숫자의 문제가 아니라, 정치 의제의 편향이라는 실질적 문제로 이어진다. 청년층의 주요 관심사인 주거 안정, 일자리 불안정, 교육 기회, 기후위기 대응 등은 정치적 우선순위에서 밀려나기 쉽고, 이로 인해 청년층은 '정치적 무력감'을 체감하며 정치로부터 더욱 멀어지는 악순환에 놓이게 된다. 나아가 이러한 대표성의 결핍은 미래 세대의 이해가 현재의 정책결정에 반영되기 어렵다는 점에서 민주주의의 정당성과 지속 가능성을 약화시킨다.

대표성 위기를 가장 잘 보여주는 영역은 재정정책과 복지정책이다. 고령층 복지 확대는 정치적으로 정당화되지만, 그에 따르는 미래세대의 재정 부담은 체계적으로 고려되지 않는다. 이러한 편향은 '세대 간 정의'를 훼손하며, 민주주의가 모든 시민을 평등하게 대표해야 한다는 원칙에 정면으로 충돌하게 된다. 이것이 바로 정치적 현재주의(political presentism)의 문제다(Ekeli 2005; Kavka & Warren 1983). 정치는 현재의 유권자를 중심으로 작동하며, 그 결과 '정치의 타임라인'은 현재에 고정되고, 미래는 예산과 책임만 떠안게 되는 구조가 된다.

3) 대표성 위기를 넘어서기 위한 제도적 논의

대표성의 위기는 단순한 세대 갈등이나 정치적 무관심으로 해결될 수 없다. 이는 '미래세대를 대변할 수 있는 정치 구조의 설계'라는 근본적 개혁 과제로 이어져야 한다. 물론, 이러한 문제를 해결하기 위해 현재의 정치 시스템

안에서 세대 간 격차 시정을 위한 다양한 논의가 진행되고 있다. 그러나 이해당사자들 간의 이기주의로 인해 문제 해결을 위한 정치적 합의는 매우 어려운 상황이다. 따라서 근본적 개혁은 좀처럼 진전되지 못하고 있으며, 재정적자에 의해 발생하는 부담을 미래 세대에게 미루는 상황이 계속되고 있다. 이러한 배경에는 압도적인 수적 우위로 정치적 영향력을 늘려가고 있는 고령 세대가 자리 잡고 있다.

대표성의 세대적 불균형을 해소하기 위한 방안으로는 청년 후보자 공천 비율 할당제, 피선거권 연령의 하향 조정, 정당 내 청년 정치 인큐베이팅 시스템 구축 등 다양한 논의가 제시되고 있다. 또한 국회 차원에서는 청년정책특별위원회와 같은 기구를 통해 청년 의제를 안정적으로 제도화하고, 청년 시민사회의 의견을 반영할 수 있는 구조를 마련하는 것도 필요하다. 요컨대, '수명 연장에서 삶의 확장으로' 고령사회의 지향이 전환되는 것처럼 정치 또한 단순 대표를 넘어 모든 세대가 주체가 되는 '고른 참여 민주주의로'의 구조 전환이 절실히 요구되는 시점이다.

독일과 스웨덴 등 일부 국가는 입법영향평가 시 '세대 간 형평성 기준'을 도입하고 있으며, 일본·영국 등에서는 의회 내 미래세대 전담 기구, 청년의회, 의사결정 훈련 프로그램 등 정치적 훈련 장치를 실험하고 있다.

한국의 경우 2023년 기준 '미래세대위원회' 구성이나 '청년·세대정책특위' 운영이 시도되었으나 아직 법제화된 대표성 강화 장치는 미흡하다.

제도적 대표성 외에도 사회적 논의의 장을 확대하고, 의회 구성 및 선거제도에 세대균형 원칙을 반영하는 방향으로 구조적 논의가 필요하다.

4. 세대 정의와 정치제도의 재설계

앞서 살펴본 바와 같이, 고령화로 인해 발생하는 대표성의 위기와 정치의 세대 편향은 민주주의의 정당성과 지속 가능성을 위협하고 있다. 이 문제를 단순한 정치참여의 양적 확대나 청년 동원의 문제로 환원해서는 안 된다. 지금 필요한 것은 '세대 간 정의'를 실현할 수 있는 정치제도의 구조적 재설계이다.

1) 세대 간 정의의 개념적 확대

'세대 정의(intergenerational justice)'(Weiss 1992)는 통상 복지·연금·환경정책 등에서 세대 간 부담과 수혜의 형평성을 논의할 때 사용된다. 이 개념은 정의의 시간적 범위를 확장하자는 것으로 현 세대와 미래세대 간의 공평한 자원배분을 추구하는 문제를 본격적으로 논의하는 계기를 마련하고 있다.

그러나 그것은 단지 재정적 형평성을 넘어서 각 세대가 사회정책과 공공결정에 실질적으로 참여하고, 영향을 미칠 수 있는 정치적 권리의 문제이기도 하다. 정치적 세대 정의란, 미래세대와 현재의 소수세대가 공적 의사결정에 구조적으로 발언권을 갖도록 제도 설계하는 것이다.

이는 단순히 '청년을 더 뽑자'는 의미가 아니라 세대 균형의 원리를 대표성과 의사결정 구조에 제도화하는 과제이다.

2) 제도적 재설계를 위한 주요 방향

(가) 국회에서의 심의 강화

미래세대를 위한 정책의 결정을 현 세대의 선의에만 맡길 수 있을지에 대해서는 회의적 견해가 많다. 물론 구딘(Goodin 2000)의 논의처럼 정책결정과정의 숙의(deliberation)를 통하여 미래세대의 이익까지 함께 고민하며 문제를 풀어갈 수 있다면 다행이다. 따라서 1차적으로 의회 내의 심의과정에 숙의과정을 강화하는 방안을 고민할 필요가 있다고 본다.

먼저, 미래세대 권익보호와 대표성을 담보할 조직차원의 대안을 마련하는 것이다. 대표적인 방안으로는 핀란드와 이스라엘의 사례에서 볼 수 있듯 입법부 내 '미래세대 상임위원회'를 설치하는 것이다. 국회가 분업의 원리에 따라 상임위원회 제도를 취하기 때문에 미래세대에 대한 종합적이고 체계적인 심의를 하기 어려운 한계를 가지고 있다. 따라서 각각의 상임위 이기주의와 부처이기주의에 얽혀 미래세대에 미칠 영향을 제대로 살필 수 없는 한계를 극복하기 위하여 미래세대위원회를 두어 주요한 국책사업이나 일정규모 이상의 예산사업 또는 중장기 정책에 대해 미래세대에 미칠 영향을 평가할 기구를 제도화하자는 것이다.

다음으로 세대 간 정의를 확보하기 위한 심의과정의 개선이 필요하다. 입법영향평가제도는 법률을 제정함으로써 "미래에 사회경제적으로 발생될 영향을 평가하는 제도"이다. 입법과정에는 환경영향평가, 부패영향평가, 성별영향평가 등 다양한 형태의 영향평가가 이루어진다. 기존의 법안발의 절차에서 일정금액 이상의 예산이 소요되는 대형국책사업이나 중장기 정책에 대해서는 미래세대 영향평가를 첨부하여 제출하도록 제도화하는 방안을 검토해 볼 필요가 있다.

아울러 국회의 예산심의 단계에서 국회가 정부에게 장기적인 예산건전성의 확보계획을 요구하도록 제도화하는 방안을 생각해 볼 수 있다(서용석 2014). 특히 복지수요의 급격한 증가에 따라 국가부채도 급격히 증가할 것으로 예상됨에 따라 재정에 관한 구체적 영향을 밝히는 제도적 방안의 마련이 필요하다.

(나) 세대 간 공존을 위한 선거제도 모색

정치를 '희소자원의 권위적 배분'(Easton 1954)의 문제라고 정의한다면 희소자원을 둘러싼 현 세대와 미래세대 간의 갈등을 어떻게 이해하고, 이러한 갈등을 해결하기 위한 정치적 제도화 방안은 무엇인가? 그것은 정의의 프레임을 확대하여(Fraser 2009) 현재 대표성이 취약한 20-30대의 청년세대와 선거권이 없는 미래세대에게 대표성을 부여하는 문제로부터 찾을 수 있다. 특히 투표 참여율이 현저히 낮은 청년 세대에게 있어 자신의 미래뿐만 아니라 다음 세대의 미래를 위해 자원의 배분 과정에 참여할 수 있는 정치적 대표성의 확보는 핵심적인 과제로 제기되고 있다.

입법과 정책이 결정되는 국회에 가장 대표되지 않거나 과소대표되는 세대가 미래세대와 청년세대라고 할 수 있다. 따라서 이들의 대표성을 어떻게 높일 것이냐가 세대 간 정의 확보를 위한 중요한 과제가 된다고 할 것이다.

단순히 미래세대로 일컬어지는 '현재 존재하지 않는 미래의 개인들'이나 선거권 연령 이하의 개인들에게까지 선거권을 확장한다는 것은 현 민주주의 체제 안에서는 불가능한 일이다(Dobson 1996). 그러나 미래 세대가 현재 세대의 결정과 행동에 중대한 영향을 받는다면, 상황은 달라진다. 문제는 미래세대가 그들 스스로를 대표하지 못하는 상황에서 어떻게 미래세대의 권리를 현재의 민주주의적 절차 안에서 대표할 수 있는가이다.

미래세대에게 직접적으로 선거권을 줄 수 없는 관계로 간접적으로 미래세대의 권리를 보호하고 이들을 대표할 수 있는 대리인에게 선거권을 부여하는 방식이 고려될 수 있다. 이러한 맥락에서 카브카와 워렌(Kavka & Warren 1983)의 제한적 선거권 모델, 미래세대 중 투표 연령 미만의 아이를 위해 부모가 1표를 행사하도록 하자는 '데미니투표(Demeny Voting)' 방안, 젊은 세대의 이익이 정책결정에 반영될 수 있도록 '세대별 선거구'를 설정하자는 제안(井堀利宏 2013)이 등장하기도 하였다. 세대별 선거구제는 현재 선거제도의 문제를 보완할 수 있는 제도적 방안이라고 할 수 있다. 이 제안은 선거구를 지금과 같은 지리적 구획에서 탈피하여 청년구, 장년구, 노년구로 나누어 세대별 대표성이 잘 반영되도록 제안한 것이다. 일본도 고령화·저출산의 진행 속도가 빠르고, 정부 재정 운용에 있어 세대 별 이해관계가 크며, 연령에 따른 후보 선호도에 대한 차이도 큰 것으로 나타나고 있다(井堀利宏 2015). 이렇게 되면 청년세대의 선호가 제대로 정치의 장에 반영될 수 있을 것이라는 가정이다.

대리대표제(proxy representatives)와 청년세대의 대표성 제고를 위한 선거구제 개편은 현실적인 한계가 있다. 현직 국회의원들이 그들의 이익을 버리고 흔쾌히 합의하기 어려운 것이다. 이러한 측면에서 현실적인 대안으로 정당명부식 비례대표제의 기능을 변경하여 미래세대를 대표하는 역할을 수행하도록 하자는 제안을 내놓기도 하였다(서용석 2014; 이현출 2018). 이는 현세대의 이익만을 대표하는 국회라는 제도적 한계를 시정하기 위하여 미래세대의 권익도 함께 대표하자는 제안이다. 현실적으로 비례대표에 세대대표 개념을 결합하는 안을 생각할 수 있다. 현재 일본과 한국에서는 1인 2표에 의한 정당명부식 비례대표제를 통하여 일정 의석을 비례대표에 할당하고 있다. 한국은 300석 중 46석(약 15%), 일본은 중의원 465석 중 176석(37.8%), 참의원 242석 중 96석(39.6%)을 비례대표에 할당하고 있다. 이러한 비례

대표 의석 중 일부를 미래세대를 대표하는 제도로 전환하는 것이다. 즉, 현재의 비례대표 의석 중 50%는 지퍼식으로 여성에게 공천하도록 되어 있으므로 나머지 50%는 청년들에게 할당하여 청년층의 대표성을 강화하자는 안이다.

3) 숙의민주주의(deliberative democracy) 장치의 제도화

특정 정책에 대해 세대별 숙의 시민의회를 구성해 각 세대의 이해관계를 반영한 사전 조정과정을 유도할 필요가 있다. 프랑스의 기후 시민의회, 대만의 youth deliberation 프로그램 등은 이와 같은 세대숙의 모델의 사례로 볼 수 있다.

다양한 제도 설계시 그 기준은 대표성과 지속 가능성의 균형을 유지하는 것이다. 정치제도의 재설계는 단순히 '세대별 의석 확보'나 '청년 공약 확대'로 해결되지 않는다. 핵심은 다음의 기준을 동시에 만족시키는 것이다:

제도설계 기준	설명
대표성의 확대	미래세대 · 청년 · 소외세대의 실질적 정치 가시성 확보
정당성의 강화	의사결정의 결과가 세대 간 형평을 고려함으로써 정치시스템에 대한 신뢰 회복
책무성의 확보	현 세대의 정책이 미래세대에 미치는 영향을 사전 점검하고 사후적으로 책임 구조 내재화

5. 결론: 정치의 재설계는 인구구조 변화에 대한 민주적 응답이다

한국 사회는 고령화의 급진적 진전을 겪고 있는 동시에 대표제 민주주의의 지속 가능성을 시험받고 있다. 정치는 본래 갈등을 조정하는 제도이지만, 고령화와 세대 불균형은 이제 그 갈등 자체의 구조를 바꾸고 있다.

고령 유권자의 압도적 수, 높은 투표율, 정책 민감도가 결합되면서 정치의 리듬은 '실버 편향'으로 기울고 있으며, 청년 · 미래세대는 제도 안에서 실질적인 정치적 목소리를 확보하지 못하고 있다. 이러한 현실은 단순히 한 세대의 영향력이 커졌다는 문제가 아니다.

그것은 민주주의의 본질, 즉 모든 시민이 평등하게 대표되어야 한다는 원칙이 인구구조 변화와 충돌하고 있다는 점에서 제도적 위기를 내포한다. 정치적 대표성과 세대 간 정의는 더 이상 따로 논의될 수 없다. "정치적 현재주의(political presentism)"라는 개념은 이러한 구조적 문제를 날카롭게 포착한다. 현재의 유권자만을 중심으로 작동하는 대의제는 미래세대와 정치적 약자의 이익을 구조적으로 배제할 수밖에 없다(Ekeli 2005).

이러한 '현재 중심 정치'는 결국 공공정책의 시야를 좁히고, 재정과 복지의 지속 가능성을 갉아먹는다. 정치의 재설계는 이러한 문제에 대한 민주적 응답이어야 한다. 청년 비례대표, 미래세대 영향평가, 세대 균형 구조의 제도화 등은 단지 청년을 정치에 진입시키기 위한 방편이 아니라, 대의제 민주주의를 21세기의 인구구조에 맞게 재정렬하기 위한 핵심 장치다.

더 나아가 우리는 민주주의의 정의 개념 자체를 확장해야 한다. 민주주의가 정의의 실현을 그 목표로 삼는 체제라면, 그 정의는 공간적 정의(계층 간, 지역 간)만이 아니라 시간적 정의(현 세대와 미래세대간) 또한 포함해야 한다. 즉, 지금 이곳의 유권자만이 아니라 아직 태어나지 않은 미래세대에게도 책임 있는 정치적 선택이 이루어질 때, 우리는 비로소 지속가능한 민주주의(sustainable democracy)를 말할 수 있다.

이 장에서 살펴본 인구구조 변화와 정치의 교차는 단지 정치의 문제로 끝나지 않는다. 이제 정치는 고령화, 축소사회, 장기 재정, 세대 갈등, 이민과 같은 모든 시스템 충격을 조정하는 중심축이 되어야 하며, 그 출발점은 제도적 대표성과 세대 정의의 복원이다.

다음 장에서는 이와 같은 구조 충격이 경제 영역에서 어떻게 나타나고 있으며, 노동력·소비·생산성·부의 분배라는 전통적 문제들이 인구구조 변화라는 거대한 변수 앞에서 어떻게 재조정되어야 하는지 살펴볼 것이다. 정치가 사회 설계의 공간이라면, 경제는 그 설계가 작동하는 엔진이기 때문이다.

제9장 요약

이 장은 초고령사회로의 진입이 대의제 민주주의에 미치는 구조적 충격을 분석하고, '실버 민주주의'와 '세대 불균형'이라는 새로운 정치 지형의 위험을 진단했다. 고령층 유권자의 수적 우위와 정치적 가시성은 청년과 미래세대의 대표성 결핍을 초래하고 있으며, 이는 민주주의의 정당성과 복지국가의 지속 가능성을 동시에 위협하고 있다. 이러한 상황에서 '정치적 현재주의'의 문제를 넘어서기 위한 제도 개혁—청년 비례대표, 미래세대 영향평가, 숙의민주주의 장치 등—는 단지 기술적 조정이 아니라, 민주주의 정의의 시간적 확장을 위한 근본적인 요청이다. 인구구조 변화에 대한 응답은 곧 정치 시스템의 재설계이며, 미래세대와의 새로운 사회계약을 시작하는 출발점이다.

핵심 주제	요점 정리
인구구조 변화와 정치	고령화는 투표 구조 · 대표성 · 정당 정책에 직접적 영향을 미침
실버 민주주의란	고령층 유권자의 수적 · 행위적 우세가 정책 방향을 주도하는 체제
대표성 위기	청년 · 미래세대의 정책 반영 부족, 대의제의 '정치적 현재주의' 심화
세대 정의의 요청	민주주의는 공간적 정의뿐 아니라 시간적 정의(temporal justice)를 담보해야 함
정치제도 개혁 방향	청년 · 미래세대 할당제, 미래세대 영향평가, 숙의민주주의 제도화
시사점	인구구조 변화는 정치의 본질—대표성과 정당성—을 재설계할 것을 요구함

| 참고문헌 |

서용석. 2014. 『'세대 간 정의' 실현을 위한 미래세대의 정치적 대표성 제도화 방안』. 한국행정연구원 KIPA연구보고서 2014-09.

이현출. 2018. "인구의 정치학: 실버민주주의의 도래와 세대간 정의". 『한국정치연구』. 27(2). 85-114.

중앙선거관리위원회. 2024. 『제22대 국회의원선거 투표율 분석』.

통계청. 2014. 『2013 고령자통계』.

통계청. 2024.9.23. 『2022년 기준 장래인구추계를 반영한 세계와 한국의 인구현황 및 전망』. https://www.kostat.go.kr/board.es?mid=a10301010000&bid=207&act=view&list_no=432825

통계청. 2024.9.26. 『2024 고령자통계』. https://www.kostat.go.kr/board.es?mid=a10301010000&bid=10820&act=view&list_no=432917

Cameron, David. 1978. "The Expansion of the Public Economy: A Comparative Analysis," American Political Science Review. 72. 1243-1261.

Dobson, A. 1996. "Representative Democracy and the Environment," in W. Lafferty & J. Meadowcroft (eds.), Democracy and Environment. Cheltenham: Edward Elgar.

Easton, David. 1953. The Political System: An Inquiry into the State of Political Science. New York: Alfred A. Knopf.

Ekeli, K. S. 2005. "Giving a voice to posterity: Deliberative Democracy and Representation of Future People," Journal of Agricultural and Environmental Ethics. 18. 429-450.

Fraser, Nancy. 2008. Scales of Justice: Reimagining Political Space in Globalizaing World. New York: Columbia University Press.

Goodin, R. 2000. "Democratic Deliberation within," Philosophy and Public Affairs. 29(1), 81-109.

Inter-Parliamentary Union (IPU). (2023). Youth Participation in National Parliaments: 2023 Report. Geneva: IPU.

Kavka, G., & Warren, V. 1983. "Political representation for future generations," In R. Elliot, & A. Gare (Eds.), Environmental philosophy. University Park: Pennsylvania State University Press.

OECD. 2017. Pension at a Glance: OECD and G20 Indicators 2017. http://www.oecd.org/publications/oecd-pensions-at-a-glance-19991363.htm

OECD. 각년도. 「Social Protection and Well-being」. https://stats.oecd.org

Income Distribution and Poverty 2023. 12. https://www.index.go.kr/unity/potal/indicator/PotalIdxSearch.do?idxCd=5057&sttsCd=505702

United Nations. 2017. World Population Ageing 2017: Highlights. http://www.un.org/en/development/desa/population/publications/pdf/ageing/WPA2017_Highlights.pdf

Seo, Yongseok. 2017. "Democracy in the ageing society: Quest for political equilibrium between generations," Futures, Vol. 85. pp. 42-57.

Weiss, Edith Brown. 1992. "In Fairness To Future Generations and Sustainable Development,"American University International Law Review. Vol. 8, no. 1. 19-26.

國立社會保障. 人口問題研究所. 2012. 『人口統計資料集 2012』.

井堀利宏. 2015. 「斎藤史朗が聞く傍論？正論？：井堀利宏氏「年齢階層別選挙区制の導入を」. 日本経済研究センターのホームページ(2015年3月23日).
(http://www.jcer.or.jp/column/s-saito/ 검색일: 2017. 06.30; 유료사이트)

井堀利宏. 2013. 「未来世代の代表制と選挙制度の改革」. 日本経済学会, 45(3): 56-67.

八代尚宏. 2016. 『シルバー民主主義: 高齢者優遇をどう克服するか』. 東京: 中公新書.

제10장
인구구조 변화와 경제

1. 인구변화와 경제

　모타니 고스케는 경기(景氣)의 파도를 집어삼킬 '인구의 파도'가 일본경제를 십어삼킬 수 있다는 지적으로 일본 사회에 인구구조 변화가 경제에 미치는 영향에 대해 경종을 울린 바 있다(모타니 고스케 2016). 인구의 증가와 감소로 인한 인구 규모 및 인구구조의 변화는 경제·사회적 환경에 다양한 영향을 미칠 것으로 예상된다. 급격한 인구변화의 원인으로 저출산과 고령화를 가장 먼저 손꼽을 수 있을 것이다.

　먼저 인구규모 감소가 가져오는 총소비의 제약을 생각해볼 수 있을 것이다. 우리는 제3장에서 한국과 세계의 인구추이를 살펴보았다. 주지하다시피 총인구의 감소는 소비인구가 크게 감소하여 디플레이션을 발생시키는 등 많은 경제적 문제를 유발한다. 특히 고령층의 증가는 수요의 변화를 수반한다. 그들은 딱히 사고 싶은 물건이나 반드시 사야 할 물건이 없다. 고령층의 소비성향 둔화는 기대수명 증가, 미래소득 불확실성 등에 따라 예비저축(precautionary saving)이 크게 늘어나는데 주로 기인하는 것으로 판단된다(이재호 외 2024). 몇 살까지 살 수 있을지 모르기 때문에 금융자산을 보전해 두어야 한다는 욕구가 강하다. 따라서 이들의 저축은 장래 의료복지비 선매, 즉 콜옵션의 구입이라고 할 수 있다. 따라서 일반적 저금과 달리 유동성이 없고 더 이상 다른 소비로도 이어지지 않는다.

　둘째, 인구구조의 변화가 야기하는 경제성장률 제약의 문제도 만만치 않다. 또 하나 중요한 문제는 생산가능인구가 급격히 축소되어가고 있다는 점이다. 인구변화는 필연적으로 노동공급의 변화를 초래한다. 경제활동참가율의 변화는 경제성장률에 직접적인 영향을 미칠 것이며, 경제활동인구 중 취업자 비중(취업률)의 변화와 취업자의 연령구조 변화에 따른 노동생산성 변화는 GDP의 구성요소로서 경제성장에 직접적인 영향을 미칠 것이다. 뿐만 아니라 노동력 감소를 어떻게 보완할 것인가를 두고 경제주체들 간의 논란이 지속될 것으로 보인다. 이러한 여파로 경제성장률에도 제약요인으로 작용할 전망이다. 최근 연구를 보면 인구변화의 영향으로 2030년부터 노동투입이 감소하여 한국의 잠재성장률에 음(-)의 영향을 미칠 것이라는 전망도 나오고 있다(김상미·안수지 2023; 김지연·정규철·허진욱 2022). 아울러 베이비부머들을 재취업하도록하여 이들의 인적자본을 어떻게 활용할 것이냐의 문제도 중요한 정책과제가 되고 있다.

셋째, 고령자 1000만 시대의 도래는 기존과는 차원이 다른 사회보장의 새로운 패러다임이 필요하다. 한국은 2024년 초고령사회에 진입하였다. 65세 이상의 고령인구가 20%를 넘어 고령인구 1,000만 시대가 열린 것이다. 지금까지의 많은 사회보장 시스템이 고령자부양비가 50, 즉 생산가능인구 2명이 고령자 한 명을 부양하던 시대에 설계된 것이다. 그러나 지금은 전라남도 등 일부 광역자치단체에는 100, 즉 생산가능인구 한 명이 노인 한명을 부양해야 하는 시대가 도래한 것이다. 사회보장제도를 비롯한 우리 사회의 재원 배분구조가 새롭게 바뀌어야 한다는 결론이 나온다.

따라서 저출산과 고령화로 인한 급격한 인구변화로 인해 총인구가 감소하고 고령인구 비중이 빠르게 증가할 것이라는 부정할 수 없는 현실에서 급격한 인구변화가 사회 전반에 미치는 효과를 분석하는 것이 중요하다. 또한 인구와 관련된 모든 문제, 인구구조 변화가 야기하는 문제는 결국 인류의 먹고사는 문제와 직결되어 있다는 점에서 총인구 및 인구구조의 변화를 경제적 영역에서 분석하는 것이 중요하다. 기존에 저출산과 고령화가 경제성장률을 떨어뜨리고, 노동공급의 감소를 야기하는 등 부정적인 영향을 미친다는 것이 다수의 의견(Bloom et al. 2011; Gagnon et al. 2016; 김경수 외 2021; 강현주 2022)이라는 점에서 인구구조 변화 속 지속가능성 탐색을 위하여 숙고가 필요한 시점이다.

2. 인구변화가 경제에 미치는 영향: 4대 영역 분석

1) 총소비 감소와 내수 침체

(1) 고령층의 소비성향 감소

인구 고령화는 국민경제의 소비구조에 중대한 변화를 초래한다. 일반적으로 고령층은 생애주기상 소득이 정점에 달했던 시기를 지나 은퇴 후 고정소득 또는 이전소득에 의존하게 되며, 이에 따라 소비지출의 양과 질이 모두 변화한다. 특히 고령층의 소비는 의료, 보건, 일상필수품 중심으로 수요가 수렴되며, 의류, 교육, 문화, 외식 등 비필수재 및 사치재에 대한 수요는 상대적으로 감소한다. 이는 소비 다양성의 축소와 함께 경제 전반의 수요 기반을 약화시키는 결과를 초래한다.

더불어, 생애 후기에 접어든 고령층은 노후의 불확실성과 건강위험에 대비하여 소비를 억제하고 예비저축을 선호하는 경향을 보인다. 이 같은 소비성향의 변화는 한계소비성향(marginal propensity to consume)의 하락으로 이어져, 동일한 소득 수준에서도 소비가 줄어들고 자산의 축적이 지출보다 우선시되는 구조로 전환된다. 특히 기대수명의 연장과 연금수급의 불확실성은 고령층의 소비 억제 경향을 더욱 심화시키는 요인으로 작용한다. 이러한 경향은 가계소비지출 감소와 내수침체로 이어지며, 장기적으로는 저성장과 디플레이션 압력을 유발하는 구조적 요인으로 지적된다.

실제로 일본의 경우 1990년대 이후 고령화가 급속히 진행되면서 민간소비가 정체되고 물가상승률이 장기간 마이너스 수준을 유지하는 '잃어버린 20년'을 경험했다. 일본 내각부에 따르면 65세 이상 고령가구의 평균소비지출은 50대 이하 가구에 비해 약 30% 이상 낮으며, 의료비를 제외한 전 부문에서 소비가 현저히 감소하고 있다(藻谷浩介(2010). 또한 미국 연방준비제도(FED) 산하 연구에서는 "고령화가 전체 소비지출 증가율을 10년간 연평균 0.3~0.5%p 하락시키는 요인"으로 작용한다는 실증분석 결과를 제시한 바 있다 (Ando & Modigliani 1963; Gagnon et al. 2016).

국내에서도 유사한 경향이 감지되고 있다. 한국은행(2024)은 「베이비붐 세대 은퇴와 총수요 변화」 보고서에서 2차 베이비붐 세대(1968~1974년생)의 고령화 진입이 소비 감소를 가속화하고 있으며, 2040년까지 민간소비 성장률이 잠재성장률 대비 약 0.6%p 하락할 것으로 전망하였다(한국은행 2024). 이처럼 인구 고령화에 따른 소비패턴의 변화는 단순한 시장구조의 이동을 넘어, 거시경제의 안정성과 성장잠재력에 중대한 영향을 미치는 변수로 인식되어야 한다.

(2) 디플레이션과 예비저축의 증가

인구 고령화는 거시경제의 수요 구조에 장기적인 수축 압력을 가하며, 특히 예비저축의 증가와 디플레이션의 고착화라는 형태로 나타난다. 기대수명의 연장에도 불구하고 법정 퇴직연령이 정체되어 있는 현실에서 많은 고령층은 은퇴 후 장기간의 생애 기간을 스스로 감당해야 한다는 인식 하에 소비를 줄이고 저축을 선호하게 된다. 이러한 예비적 동기(precautionary motive)는 고령화 사회 전반에서 소비를 위축시키는 요인으로 작용한다.

이러한 현상은 일본의 장기 디플레이션 경험을 통해 구체적으로 확인된다. 일본은 1990년대 초 버블 붕괴 이후 장기 경기침체에 돌입하였으며, 이후 고령화의 급속한 진행과 함께 디플레이션이 구조화되었다. 이와 관련하여 모타니 고스케는 『일본 디플레이션의 진실』(2010)에서 "디플레이션은 통화 정책의 실패가 아닌 인구구조 변화에 기인한 수요의 만성적 위축에 따른 필연적인 현상"이라고 진단하였다(〈그림 10-1〉 참조). 그는 일본 사회의 고령화가 가져온 '장기 소비절약'과 '투자 포기'의 경향이 저물가와 저성장을 고착화시켰다고 분석하며, 이를 "디플레이션의 인구 원인설"로 이론화하였다.

〈그림 10-1〉 생산가능연령인구 감소가 초래하는 디플레이션 악순환

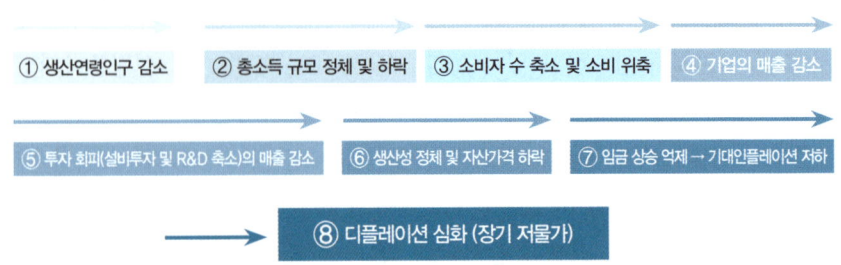

※ 자료: 藻谷浩介(2010) 참조 필자 작성.

실제로 일본 총무성 통계에 따르면 65세 이상 고령가구의 순저축률은 50대 이하보다 두 배 이상 높으며, 이는 민간소비 비중이 명확히 감소하는 흐름과 일치한다. 또한 IMF와 일본은행의 보고서들은 이 같은 수요위축이 명목 GDP 성장률의 하락과 물가 하방압력의 지속적 원인임을 지적한 바 있다.

한국 역시 유사한 경로에 진입하고 있다. 한국은행과 국회예산정책처의 분석에 따르면, 2040년경부터 본격화되는 베이비붐 세대의 은퇴와 생산가능인구 감소는 소비지출의 장기 침체를 초래할 가능성이 크며, 이로 인한 디플레이션 압력 또한 구조화될 수 있다. 특히 고령가구의 예비저축 성향이 현저히 높고, 소비보다 자산 유지 및 상속을 중시하는 태도 역시 한국에서도 뚜렷하게 나타나고 있다.

이처럼 고령화가 심화되는 사회에서 디플레이션은 단순히 통화나 가격의 문제가 아니라 경제주체의 기대·행동·생애전략 변화와 직결된 구조적 현상이라는 점에서, 인구구조 변화의 거시경제적 함의를 재인식할 필요가 있다.

2) 생산가능인구 감소와 경제성장률 저하

(1) 노동공급 감소와 잠재성장률 하락

생산가능인구(특히 15~64세 생산연령인구)의 감소는 경제의 노동공급 축소를 직접적으로 초래하며, 이는 중장기적인 잠재성장률 하락으로 이어진다. 국회예산정책처의 OECD 국가 분석에 따르면, 생산연령인구 비중이 1%포인트 하락할 경우 연평균 경제성장률은 약 0.38%포인트 하락하는 것으로 추정된다(국회예산정책처 2023). 이는 고령화로 인한 인구구조 변화가 단순한 양적 축소에 그치지 않고, 경제성장에 구조적 제약으로 작용함을 의미한다.

한국은 2020년을 정점으로 생산연령인구가 본격적으로 감소세로 전환되었다. 통계청 중위추계에 따르면 2070년에는 전체 인구 중 생산연령인구 비중이 2020년 72.1%에서 46.1%까지 하락할 것으로 전망되며, 이는 인구구조 측면에서 과거 어느 시기보다 노동투입 기반이 협소해지는 시대가 도래했음을 의미한다.

게다가 노동공급 감소는 노동생산성과의 시너지 효과가 약화되면서 총요소생산성(TFP) 개선에도 부정적인 영향을 미치게 된다. 인적 자본의 집적, 숙련의 전수, 생산 네트워크의 유지가 어려워지기 때문이다. OECD 국가들에서도 유사한 경향이 확인되며, 특히 고령화가 급격히 진행된 일본, 이탈리아, 한국의 경우 이러한 구조적 제약이 더욱 뚜렷하게 관찰된다(이재호 외 2024).

(2) 베이비붐 세대의 고령화와 노동시장 영향

한국의 베이비붐 세대(1955~1974년생)는 전체 인구의 약 34.2%, 전체 고용자의 35.4%를 차지하는 역대 최대 규모의 단일 출생집단으로 이들의 대규모 은퇴는 경제 전반에 중대한 구조적 충격을 초래할 것으로 예상된다(김경수 외 2021; 허가형 외 2023). 특히 이들 중 2차 베이비붐 세대(1964-1974년생)는 최근 2020년대를 거치며 60세 전후의 은퇴 연령대에 본격 진입하고 있으며, 노동시장에서의 이탈이 가속화되고 있다.

이러한 은퇴는 단순한 수치상의 인력 감소를 넘어 고숙련·중간관리직·전문기술직 등의 대량 이탈이라는 질적 문제를 동반한다. 특히 제조업, 건설업, 운수업 등에서 숙련노동자의 은퇴가 집중될 경우 산업별 기술공백 및 세대 간 단절로 이어질 수 있으며, 이는 생산성 하락과 산업생태계의 불균형을 유발할 수 있다.

한국은행(2024)은 베이비붐 세대의 퇴장이 2040년까지 민간 소비와 고용률에 부정적 영향을 줄 뿐만 아니라 세대 간 자산 및 소득 격차를 심화시킬 수 있다고 경고한다. 특히 이 세대가 자산을 처분하거나 상속하는 시점에서는 자산시장 변동성과 세수 기반 불안정성 등 경제 전반에 파급되는 영향도 예상되고 있다.

또한 베이비부머의 은퇴로 인한 '노년기 생계불안'은 사회보장제도의 부담을 증폭시킬 수 있으며, 특히 국민연금 수급자 수의 급증, 장기요양 수요의 폭증 등과 연계되어 재정의 지속가능성에도 도전이 될 수 있다(국회예산정책처 2023; 한국은행 2024).

3) 사회보장재정의 부담 증가

(1) 부양비 상승과 연금 및 의료비 지출 확대

인구 고령화는 사회 전체의 부양구조를 심각하게 변화시킨다. 통계청과 국회예산정책처의 장기 전망에 따르면, 총부양비(유소년+노년 인구 ÷ 생산연령인구)는 2022년 40.8명에서 2070년 116.8명으로 2.9배 증가할 것으로 예측된다. 특히 노년부양비는 같은 기간 24.6명에서 100.6명으로 약 4.1배 증가할 것으로 나타났다(국회예산정책처 2023). 이는 생산연령 100명이 2070년에는 100명 이상의 고령자를 부양해야 함을 의미하는 수치로, 현재의 사회보장제도가 더 이상 지속가능하지 않음을 암시한다.

이러한 부양구조의 급격한 변화는 연금, 건강보험, 장기요양보험 등 공적 사회보험 재정에 복합적 부담을 초래한다. 특히 연금지출은 고령수급자의 급증으로 빠르게 확대되고 있으며, 건강보험에서도 65세 이상 인구의 진료비 점유율이 이미 40%를 상회하고 있다. 장기요양보험 지출 역시 고령인구 증가에 따라 연평균 10% 이상 급증하고 있으며, 2070년에는 전체 재정지출 중 고령 관련 부문이 차지하는 비중이 과반을 넘을 것으로 예상된다(국회예산정책처 2023).

한국은 OECD 국가 중에서도 고령화 속도가 가장 빠른 국가로 사회보장 지출 구조의 변화가 향후 재정 정책 전반에 구조적 제약 요인으로 작용할 것으로 전망된다. 이에 따라 사회보장체계 전반의 설계와 재정조달 방식에 대한 근본적인 재구성이 요구된다.

(2) 사회보험 기금의 지속가능성 위기

사회보장재정의 가장 중대한 과제 중 하나는 사회보험 기금의 고갈과 지속가능성 저하 문제이다. 국민연금은 제5차 재정계산(2023년 기준)에서 기금 소진 시점을 2055년으로 전망하고 있다. 이보다 이른 시점부터 수입 대비 지출이 초과되며, 기금 적립금은 점진적으로 감소해 이후 세대의 급여지급 재원이 불안정해질 것으로 보인다.

건강보험과 장기요양보험 역시 구조적 적자를 심화시키고 있다. 건강보험 적립금은 이미 2023년부터 급격히 감소하고 있으며, 고령층 진료비 지출 증가와 비급여 항목 확대 등이 맞물리면서 2030년대 초중반에는 구조적 재정

위기가 우려된다. 장기요양보험도 65세 이상 수급자가 빠르게 늘어나는 가운데, 지속적 보험료 인상 또는 국고지원 확대 없이는 재정 불균형 심화가 불가피하다는 분석이 제기되고 있다(국회예산정책처 2023).

이러한 재정 불균형은 단순히 제도적 유지의 문제가 아니라 세대 간 형평성과 사회적 갈등의 잠재요인으로 작용할 수 있다. 청년세대는 고령세대보다 훨씬 더 많은 사회보험료를 납부하면서도 실제 수급 가능성은 낮은 '불공정성 인식'을 갖게 되며, 이는 조세저항, 제도불신, 복지국가의 정치적 정당성 약화로 이어질 가능성이 있다. 특히 고령인구의 정치적 영향력이 커지는 가운데, 사회보험 재정의 개혁은 정치적 타협이 어려운 분야가 될 수 있다.

결국 한국 사회는 고령화로 인한 사회보장재정의 압박을 장기적으로 완화하기 위해 재정지출의 우선순위 재조정, 보험료율 및 국고지원 방식의 재설계, 수급 연령과 급여 수준의 조정 등 종합적이고 정치적으로 실행 가능한 개혁 전략을 모색해야 할 시점에 놓여 있다.

4) 산업구조 및 지역경제의 변화

(1) 소비시장 재편: 실버경제의 부상과 청년시장 위축

인구 고령화는 산업구조와 소비 트렌드의 방향을 근본적으로 변화시키고 있다. 고령층의 인구 비중 증가와 평균수명의 연장은 의료, 요양, 간병, 헬스케어, 스마트홈, 노인용 주거 등 고령친화 산업을 중심으로 하는 '실버경제(Silver Economy)'의 부상을 촉진하고 있다. 실제로 한국의 65세 이상 고령 인구는 2023년 기준 950만 명을 돌파했으며, 2040년에는 전체 인구의 34%에 이를 것으로 전망된다. 이에 따라 고령층의 소비력과 수요를 중심으로 산업의 재편성과 신성장동력의 이동이 가속화될 것으로 보인다.

반면, 출산율 하락과 청년 인구 감소는 주택, 유아·아동 용품, 교육서비스, 청년문화 콘텐츠 등 기존의 성장산업군을 위축시키고 있다. 예를 들어, 학령인구(6~17세)는 2020년 540만 명에서 2040년에는 270만 명으로 절반 이하로 감소할 전망이며, 이로 인해 사교육, 입시산업, 교육콘텐츠 등 전통적인 민간교육 시장이 구조적 축소 국면에 접어들고 있다. 청년층의 결혼·출산 기피와 소득불안은 주택 수요의 둔화 및 전세·자가 시장의 축소로 이어지며, 부동산 산업에도 하방 압력을 가한다.

이 같은 소비재편은 산업의 투자 방향과 기술개발 패러다임에도 영향을 미친다. 기업들은 고령친화 제품, 인공지능 돌봄 로봇, 고령자 맞춤형 금융상품, 원격진료 서비스 등 새로운 수요지향적 기술혁신에 주력하고 있으며, 이는 노동 중심 산업에서 데이터·돌봄 중심 산업으로의 구조 이동을 의미한다. 나아가 이러한 변화는 노동시장 구조와 직업구성에도 영향을 미치며, 청년 일자리와 고령 일자리 간의 균형 문제를 새로운 정책 의제로 부각시키고 있다.

(2) 수도권 인구 고령화와 지역소멸 현상

고령화는 수도권에 국한되지 않고, 오히려 지방 중소도시와 농어촌 지역에서 더 빠르게 진행되고 있다. 특히 2020년을 기점으로 수도권에서도 고령인구 비율이 14%를 초과하면서 고령사회에 진입하였고, 일부 경기도 시군에서는 초고령사회(65세 이상 비율 20% 이상) 기준을 이미 충족하고 있다. 그러나 비수도권의 인구유출 속도는 더 빠르며 이로 인해 지방소멸과 산업기반 붕괴 현상이 병행되고 있다.

지역청년의 수도권 유입과 저출산의 이중 효과는 지방의 인구 피라미드를 심각하게 왜곡시킨다. 행정안전부가 발표한 '지방소멸위험지수'에 따르면, 2023년 현재 전국 228개 기초지자체 중 118개 지역이 소멸 위험 지역으로 분류되었으며, 이 가운데 다수는 청년여성 인구 비율이 0.5 이하로 급감하고 있다. 이는 지역 내 소비 기반 축소, 중소상권 붕괴, 부동산 거래 정체, 학교 및 병원 폐쇄 등 연쇄적인 사회·경제적 파급 효과를 유발하고 있다.

더욱이 지역의 경제활동축이 노년층으로 대체되면서, 자영업 중심의 생계형 소득활동이 증가하고 있으나, 이는 장기적인 경제성장이나 생산성 제고와는 거리가 멀다. 일자리 창출이 어려워지고, 지역청년의 이탈이 지속되며, 결과적으로 지역경제는 악순환의 구조에 빠지게 된다.

이러한 현상은 산업 측면에서도 농수산업, 지역 제조업, 생활서비스업 등 지역경제의 기반 산업군의 축소로 이어지며, 지방의 산업생태계가 붕괴하는 위험을 동반한다. 지방소멸은 단순한 인구 문제가 아닌 산업정책과 균형발전 전략의 실패로부터 비롯된 구조적 위기로서, 정부는 단기 인센티브 중심의 대응을 넘어서 지속가능한 정주환경, 지역대학-산업 연계, 디지털 기반의 스마트로컬 전략 등 중장기 대응체계를 수립할 필요가 있다.

3. 주요 인구집단의 구조적 분석

1) 베이비붐 세대의 은퇴와 경제

(1) 정의, 범위, 특징

베이비붐 세대는 국가마다 그 기준과 범위가 다르다. 미국, 캐나다, 호주, 뉴질랜드 등의 베이비붐 세대 추이는 제2차 세계대전 이후 약 20여 년간으로 유사한 분포를 보이고 있으나 '베이비부머'라는 용어는 미국에서 먼저 사용되기 시작하였다(Macunovich 2000). 반면, 일본의 경우 1947~1951년까지 3.0 이상의 합계출산율을 유지하고 있음에도 베이비붐 세대를 제2차 세계대전 이후 1947~1949년에 태어난 세대로 규정하고 있다. 이들은 단카이(團塊) 세대라고 불리며, 동 기간의 출생자 수가 806만 명으로 총인구의 5%를 차지한다. 일본 단카이 세대는 3년이라는 짧은 기간이며, 이 기간 동안 합계출산률은 4.0 이상으로 메이지 유신 이래 가장 높은 출생률을 보였다(정후식 2007). 한국의 베이비붐 세대는 일반적으로 1955년부터 1974년 사이에 출생한 인구 집단으로 정의되며, 이를 다시 1차 베이비붐(1955-1963년)과 2차 베이비붐(1964-1974년)으로 구분할 수 있다(김용하·임성은 2011). 이들은 산업화와 도시화, 민주화 등 한국의 근현대적 변동 속에서 사회적·경제적 중심 역할을 수행해 왔다.

이 인구집단은 현재 전체 인구의 약 34.2%, 고용자의 35.4%를 차지하고 있으며, 특히 2차 베이비부머들은 중간관리자·전문직·기술직 등 노동시장 핵심부문에 집중되어 있다(이재호 외 2024). 이들은 교육수준이 높고, 자산 축적 정도도 타 세대에 비해 높은 편이며, 부동산, 금융자산, 연금 등 다양한 자산을 보유한 세대로서 국내 가계 자산 분포의 구조적 불균형과도 연결되어 있다.

한국은행 이슈노트(2024)에 따르면, 베이비붐 세대가 보유한 가계 총자산은 전체의 40% 이상에 달하며, 이들의 소비 성향과 자산 처분 행태는 향후 부동산시장, 소비시장, 상속세제 등에 중대한 영향을 미칠 것으로 예측된다.

(2) 2030년대 이후의 노동시장 충격 전망

베이비붐 세대는 2020년대 중후반부터 2030년대 중반에 걸쳐 집단적 은퇴 시기를 맞이하게 된다. 특히 2차 베이비붐 세대(1968~1974년생)가

2028~2035년 사이에 60세에 도달하게 되며, 생산가능인구에서의 대규모 이탈이 현실화될 전망이다(〈그림 10-2〉 참조). 이는 단순한 노동력 감소를 넘어, 숙련기술·조직경험의 대량 유실이라는 형태로 노동시장에 구조적 충격을 가할 것으로 예상된다.

〈그림 10-2〉 베이비 부머의 연도별 연령 변화

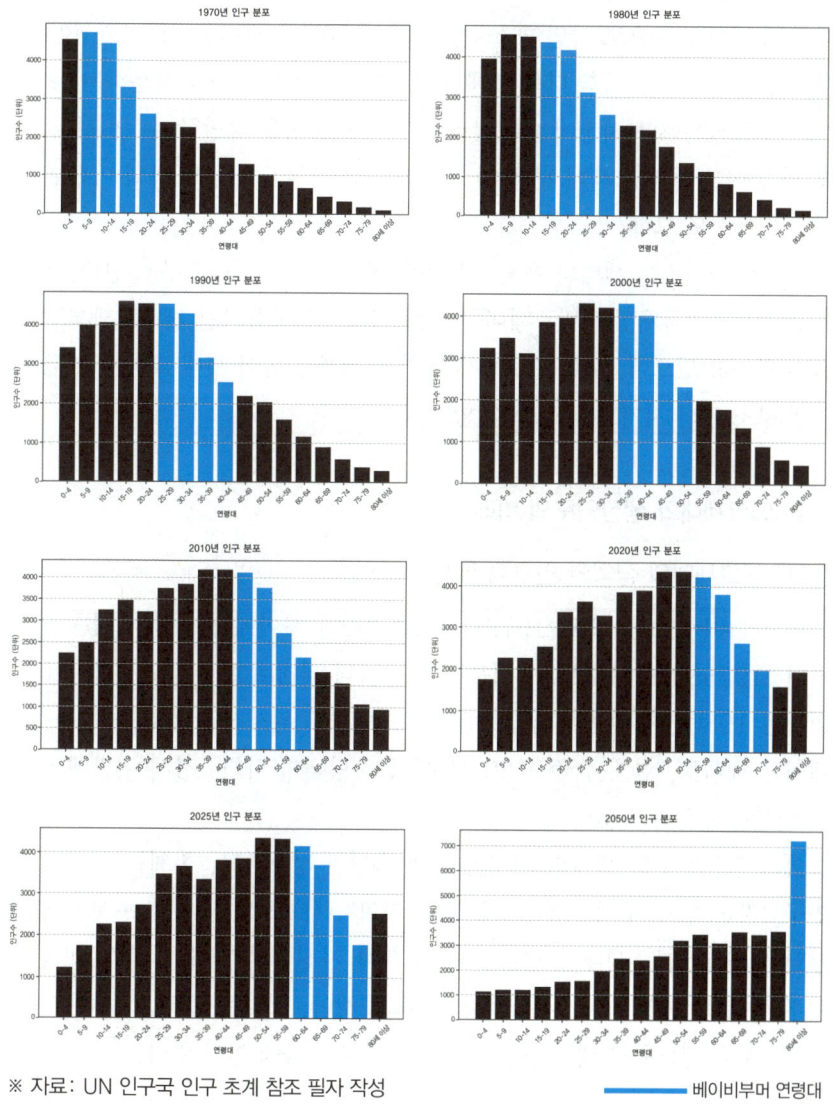

※ 자료: UN 인구국 인구 초계 참조 필자 작성

한국은행 분석에 따르면, 해당 시기 노동시장에서 이탈하는 인구는 연간 약 50~60만 명 수준이며, 이 가운데 상당수는 숙련노동자, 공공기관 및 중소기업 관리자, 교육·보건·건설 등 특정 산업군의 핵심 인력이다. 특히 '기술 계승'과 '직무 훈련'이 중요시되는 제조업과 기능직, 건설업 부문에서는 세대 간 단절로 인한 생산성 하락 위험이 제기되고 있다(이재호 외 2024).

또한 이들의 집단 은퇴는 사회보장제도 전반에 대한 수급 압력을 증대시킨다. 2022년 기준으로 국민연금 수급자의 약 70%가 1955~1964년생이며, 이 비중은 2030년 이후 더욱 확대될 것이다. 동시에 이들이 처분하는 자산, 특히 부동산은 자산시장에 매도압력과 가격 변동성을 유발할 수 있으며, 상속 및 증여를 둘러싼 세대 간 부의 이동과 불균형 문제가 주요 사회 이슈로 부각될 가능성도 크다.

따라서 베이비붐 세대의 은퇴는 노동력 공급의 축소, 소비 구조 변화, 자산시장 재편, 연금재정 압박, 세대 간 갈등 심화 등 복합적인 거시경제 리스크를 동반하고 있으며, 이는 단순히 고령화의 문제를 넘어 세대 교체기 한국 경제의 구조 전환 시기로 규정할 수 있다.

2) 에코세대와 생산인구의 미래

(1) 에코세대의 정의와 인구적 특징

에코세대는 일반적으로 1979년부터 1992년 사이에 출생한 세대를 의미하며, 1955~1974년생 베이비붐 세대의 자녀 세대로 형성된 인구집단이다. 이들은 1980년대 후반부터 1990년대 초반까지 일시적인 출산율 반등기에 태어난 세대로, 현재는 주로 30~40대에 해당되며 사회·경제 전반에서 핵심 역할을 수행하고 있다.

에코세대는 부모 세대의 기대와 경쟁 속에서 성장했고, 현재는 핵심 노동인구, 자녀 양육 주체, 소비주체, 복지기여자(사회보험 납부층)로서 다중적 부담을 안고 있는 세대로 평가된다. 그러나 자신들의 자녀 세대(2000년대 이후 출생)는 출생 규모 자체가 절대적으로 작아, 부양은 많고, 지원은 적은 인구구조적 샌드위치 세대라는 이중 부담의 구조 속에 놓여 있다.

이 세대는 특히 부동산, 교육비, 노후준비 등에서 구조적 스트레스에 노출되어 있으며, 청년기부터 고용불안, 결혼·출산 기피, 사적 이전 부담의 확대 등을 경험하고 있다. 그 결과 소비 여력이 제한되고, 자산 형성 속도는 이전 세대에 비해 둔화되고 있는 것이 특징이다(국회예산정책처 2023).

에코세대는 현재 한국 사회의 핵심 생산가능인구이자, 복지 재정의 주된 기여 세대이기도 하다. 하지만 이들이 부양해야 할 고령층의 규모는 과거 그 어떤 세대보다 압도적으로 크며, 동시에 출산율 저하로 인해 후속 세대로부터의 지원 기반은 약화되고 있다. 이 같은 '인구 구조적 샌드위치'는 단순한 세대 간 부담의 문제가 아니라, 국가 노동력 구조의 지속 가능성 자체를 위협하는 구조적 문제로 확장된다.

특히 에코세대의 고령화가 본격화되는 2040년대 이후, 내국인 노동력만으로는 산업 유지와 사회복지 재원을 모두 감당할 수 없다는 현실적인 한계에 직면할 가능성이 크다. 이때 "그 공백을 누가 채울 것인가?"라는 질문은 단순히 이민정책의 여부를 넘어 생산체계와 복지체계의 근본 재설계를 요구하는 시대적 과제로 떠오를 수밖에 없다. 이는 향후 이민과 글로벌 인재 유입이 한국 경제의 유지 조건이 될 수밖에 없는 배경을 제공한다.

(2) 출생아수 장기 감소와 미래 노동시장 압박

한국은 이미 출산율 0.72이라는 사상 최저 수준에 진입해 있으며, 연간 출생아 수는 1970년 100만 명에서 2023년 약 23만 명 수준으로 감소하였다. 이처럼 급격한 출생아 수 감소는 미래의 생산가능인구 규모를 구조적으로 축소시키며, 경제의 노동공급 기반을 약화시킬 수밖에 없다.

특히 2002년생 이후 세대는 초저출산기(합계출산율 1.3 미만)에서 태어난 첫 세대로 이들이 청년기 이후 본격적으로 노동시장에 진입하는 2020년대 중반 이후부터는 청년층의 규모 자체가 급감하게 된다. 이는 기업의 인력 확보, 산업현장의 기술계승, 병역 자원 확보 등 다양한 영역에서 문제를 일으킬 수 있으며, 노동시장 전반에 걸쳐 압박 요인으로 작용할 것이다.

통계청의 중위추계에 따르면, 15~64세 생산연령인구는 2020년 3,738만 명(전체 인구의 72.1%)으로 정점을 찍은 후 감소세로 전환되었으며,

2070년에는 2,073만 명(전체 인구의 46.1%)까지 하락할 것으로 전망된다 (통계청 2021). 이는 50년 만에 절대 규모가 44.5% 감소하는 것으로, 한국 경제가 경험한 적 없는 노동력 위축 상태에 진입함을 의미한다.

이와 같은 장기적 노동공급의 축소는 단순한 인구 감소의 문제가 아닌 생산성과 기술혁신 동력의 약화, 사회보험 재정 기반의 붕괴, 그리고 경제 성장잠재력 하락으로 이어질 수 있다. 특히 에코세대 이후 출산이 극단적으로 감소한 상황에서 미래 세대는 에코세대조차 인구적으로 대체하지 못하는 구조에 직면하고 있다.

결국 한국의 미래 노동시장은 에코세대 은퇴 이후 '인구공백기'에 본격 돌입하게 되며, 이는 고용 구조·기술 계승·복지 재정·산업 성장력 등 전반적인 국가 시스템의 재설계를 요구하는 과제로 확산될 것이다.

4. 고령화 사회의 구조적 도전과 지속가능한 대응 전략

1) 노동시장 위기와 구조적 재설계

(1) 생산가능인구 급감과 경제의 노동력 공백

한국은 2020년을 정점으로 생산가능인구(15-64세)가 감소세로 전환되었으며, 통계청 중위추계에 따르면 2070년에는 전체 인구의 46.1%까지 하락할 것으로 전망된다(통계청 2021). 2020년대 중반 이후 매년 약 30~40만 명의 생산가능인구가 순감소할 것으로 예상되며, 이는 경제성장의 핵심 요소인 노동투입(Labor Input)의 절대적 축소를 의미한다.

이와 같은 노동력의 양적 축소는 단순한 인력 부족을 넘어 산업현장에서의 기술이전 공백, 숙련인력의 퇴장, 세대 간 직무단절이라는 질적 위기를 동반한다. 특히 제조업·건설업·운수업 등 고숙련 기술직종에서 인력 공백이 가시화되고 있으며, 이는 생산성 정체와 산업 지속가능성 저하로 이어질 가능성이 크다.

(2) 고령자 활용과 '생애 3단계'에서 '다단계 경력사회'로

고령화 사회에서는 정년 이후에도 일할 능력과 의지가 있는 인구를 재활용하는 것이 필수적인 정책 과제가 된다. 일본은 이미 2013년부터「고령자 고용안정법」개정을 통해 65세까지의 고용 의무화와 70세까지의 취업 기회 확보 정책을 시행 중이며, 독일과 프랑스도 '은퇴 후 재고용' 제도를 법제화하였다.

한국의 경우 60세 정년 이후에도 경제활동 참여를 희망하는 고령층 비율이 70%를 넘지만, 이들 다수가 단순노무직 또는 비공식 부문에 몰리고 있다. 이에 따라 ▲정년 연장과 임금체계 합리화, ▲고령친화형 직무 설계, ▲중장년 맞춤형 재취업 교육, ▲시간제·순환형 파트타임 확대 등으로 '다단계 경력사회(multistage career)' 체제로의 전환이 요구된다.

고령 인구의 경제활동 참여율을 높이는 것은 사회보장 지출을 줄이고 조세 기여를 늘리는 효과 외에도, 세대 간 기술 전수와 조직 안정성 제고라는 측면에서 유의미한 정책적 함의를 가진다.

(3) 여성노동력의 잠재력 활용

한국은 여성의 고등교육 이수율이 OECD 평균을 상회하며, 여성 인적 자본의 질적 수준은 매우 높다. 그러나 여성 고용률은 여전히 낮고, 30~40대 구간에서 경제활동률이 급락하는 'M자형 곡선'이 지속되고 있다. 이는 출산·육아 부담과 일·가정 양립 인프라 부족, 조직 내 승진 차별 등 복합적인 구조적 제약에서 기인한다.

여성의 고용률 제고는 출산율 반등과도 밀접하게 연결된다. 실제로 OECD 국가들 중 고용률이 높고 출산율도 일정 수준 이상을 유지하는 나라들은 대부분 ▲보육 서비스의 국가 책임 확대, ▲유연근무제 확산, ▲직장 내 성평등 제도화 등을 병행하고 있다.

한국 역시 ▲국공립 보육시설 접근성 확대, ▲육아휴직의 실질적 사용 촉진, ▲근로시간 유연성 강화, ▲여성 리더십 프로그램 등 다층적 개입을 통해 여성 인력의 '비활용 구간'을 해소해야 한다. 이는 단기적 노동공급 확대뿐 아니라, 장기적으로 인구절벽의 악순환을 끊을 수 있는 구조적 돌파구가 될 수 있다.

(4) 이민과 글로벌 인재 유입 전략

생산가능인구의 절대적 축소는 이제 단기적 이슈가 아니라 국가의 지속가능성을 위협하는 구조적 문제로 자리잡았다. 이에 따라 숙련인력 및 청년층의 전략적 유입을 포함한 이민정책의 재설계가 필요하다.

현재 한국의 외국인 체류자 수는 약 200만 명 수준이며, 그중 절반 이상이 단순기능직이나 취약산업군에 종사하고 있다. 그러나 향후에는 단순노동력 유입뿐 아니라 ▲STEM 전공 외국인 유학생의 체류 연장, ▲첨단기술 분야 숙련인력 유치, ▲디지털노마드 비자제도 도입, ▲동남아·중앙아시아 지역과의 이중국적·가속귀화 제도 검토 등 장기정주형 이민정책이 요구된다.

또한 외국인 인구 유입은 사회통합 역량 강화와 차별 방지, 언어교육, 주거·의료접근권 확대 등 이민자의 삶의 질을 제도적으로 보장해야만 안정적으로 작동할 수 있다. 이민을 통해 국가경쟁력을 높이는 '정치로서의 이민', 즉 이민을 단순한 노동력 대체나 사회문화 문제로 보지 않고, 국가의 전략적 선택이자 정치적 정체성의 재구성 과정으로 접근할 필요가 있다. 이러한 맥락에서 Hollifield(2022)는 이민을 자유주의 패러독스(liberal paradox)로 표현한다. 즉 경제는 이민을 원하지만, 정치는 통제를 요구한다는 역설의 표현이다.

2) 소비활력 제고와 내수 기반 복원

(1) 생애소비 촉진과 생전유산제도의 활성화

한국은 고령층의 자산 집중도가 매우 높은 편이다. 2022년 기준으로 60세 이상 가구의 순자산은 전체의 약 47%를 차지하며, 주택과 예금 등 안전자산 중심의 보유 형태를 보이고 있다. 반면, 소비는 은퇴 이후 소득 정체와 장수 리스크 인식으로 인해 위축되는 경향이 강하다.

이러한 구조에서 고령층 자산을 생애주기 중 적극적으로 활용하도록 유도하는 정책, 즉 생전유산제도(early inheritance)의 제도화는 소비활력 제고의 중요한 전략이 될 수 있다. 일본은 이미 '생전증여 특별공제제도'를 통해 손자녀 교육·주거자금에 대한 증여세 감면을 실시하고 있으며, 프랑스는 일정 조건 하에 신탁(trust)을 활용한 가족 간 자산이전이 장려되고 있다.

한국에서도 다음과 같은 제도 개선이 필요하다. 즉, 조건부 비과세 한도 확대, 즉 혼인·주택구입·교육 등 목적 기반 생전증여에 대한 면세한도를 확대하는 방안이다. 역모기지 및 연금형 자산관리 신탁 확대 방안도 생각해 볼 수 있다. 이를 통하여 노후소득을 확보하면서도 자산 이전이 가능한 제도적 수단을 마련하자는 것이다. 아울러 고령층 자산 처분에 대한 세제 중립성을 확보하여 사망 후 상속보다 생전 활용에 대한 세제 인센티브를 확대하는 방안이다. 이는 단순히 고령층 소비 촉진뿐 아니라, 청년세대의 자산·소득 기반을 강화하여 내수시장 전반에 활력을 주입하는 구조적 연결고리로 작동할 수 있다.

(2) 청년층 소비력 회복

청년층은 노동시장 진입 지연, 주거비 부담, 학자금 대출 등으로 인해 구조적으로 소비 여력이 제한되어 있다. 한국노동연구원에 따르면 20대 중후반~30대 초반의 순저축률은 전체 세대 중 최저 수준이며, 그 격차는 계속 확대되고 있다. 이는 소비자산업뿐 아니라 결혼·출산·자녀교육 등 생애주기 전반에 걸쳐 연쇄적인 위축을 유발한다.

이에 따라 청년 소비력 회복을 위한 정책은 일시적 지원을 넘어 구조적 접근이 필요하다. 구체적으로 청년 공공임대 확대, 보증금 대출 이자 지원, 역세권 청년주택 공급 확대 등을 통한 청년 주거비를 절감하는 방안이 제기되었고, 다양한 정책으로 반영되어 왔다. 반값등록금, 소득기준 학자금 대출 상환 유예 확대 등 교육비 부담완화 방안도 고려되는 대안들이다. 여기에 더하여 청년기본소득, 생애초기 투자계좌(ISA), 맞춤형 고용보조금 등 청년기 기반자산 형성 지원을 위한 직접이전정책도 논의되고 있다. 이 외에도 중소기업 재직자에 대한 세액공제, 장기근속 인센티브 제공 등 중소기업 취업 장려를 위한 사후지원제도 등이 논의되고 있다. 이러한 정책적 대안 모두 청년의 소득과 소비가 회복되어야만 장기적으로 내수 기반이 유지되고, 생산가능인구 중심의 재정기반 또한 안정화될 수 있다는 입장에서 나온 것이다.

(3) 디지털 전환과 실버경제 확장

고령화 사회에서 소비 트렌드는 빠르게 디지털 전환과 고령친화형 맞춤 서비스로 이동하고 있다. 이는 단순한 산업구조 재편을 넘어, 새로운 소비시장 창출의 계기로 활용할 수 있는 여지를 제공한다.

특히 다음과 같은 영역이 유망하게 부상하고 있으며, 이에 대해 주목할 필요가 있다. 스마트 헬스케어를 위한 웨어러블 기기, 건강 모니터링 앱, AI 진단 서비스 등이 점점 각광받고 있다. 실버금융 상품으로 고령자 대상 맞춤형 자산관리 상품, 연금 연계형 보험 등이 속속 등장하고 있다. 1000만 노인시대에 디지털돌봄을 위한 IoT 기반 독거노인 안전관리, 로봇 간병, AI 반려기기 등이 주목받고 있다. 이와 함께 고령자 맞춤 콘텐츠·관광을 위한 은퇴자 여행상품, 문화강좌·라이브커머스 콘텐츠 등이 다양하게 제시되고 있다.

이러한 실버경제(silver economy)는 고령층의 소비를 새로운 방식으로 유도하면서도, 청년층의 새로운 고용 기회 창출이라는 점에서 세대 간 연계효과 또한 기대할 수 있다. 정책적으로는 ▲디지털 격차 해소를 위한 교육 및 접근성 개선, ▲고령자 디지털권익 보호, ▲고령친화산업 인증제 등의 제도화가 필요하다.

3) 지속가능한 재정과 복지 개혁

(1) 재정 압박의 구조화

인구구조 변화는 한국의 재정구조 전반에 장기적이고 누적적인 부담을 가중시키고 있다. 총부양비(유소년+노년 인구 ÷ 생산연령인구)는 2022년 40.8명에서 2070년에는 116.8명으로 2.9배 증가할 것으로 전망되며, 특히 노년부양비는 24.6명에서 100.6명으로 4.1배 증가한다(국회예산정책처 2023). 이는 현재의 연금, 건강보험, 장기요양제도가 기여자 대비 수급자 구조에서 극단적인 불균형에 직면하고 있음을 시사한다.

국민연금은 2023년 제5차 재정계산 결과 2055년경 기금 소진이 예상되며, 이는 보험료율 인상과 수급연령 조정이 없이 지속될 경우 발생하는 시나리오다. 건강보험 또한 고령화에 따른 노인 진료비 비중 증가(현재 약 42%)와 만성질환 관리 비용 확대, 비급여 항목 확대 등으로 인해 적립금이 빠르게 소진되고 있으며, 장기요양보험은 수급자 수 급증으로 인한 지출 압박이 더욱 가속화되고 있다.

게다가 전체 공공지출에서 노령복지 비중은 2010년 29.1%에서 2023년 42.7%까지 상승하였고, 향후 10년 내 50%를 넘어설 것으로 예측된다. 이는 보육, 교육, 산업정책 등 미래세대 투자재정의 여지를 잠식하고 있다는 점에서 세대 간 재정의 형평성과 지속가능성 모두에 위협이 된다.

(2) 연금 및 건강보험 제도의 구조개편

이 같은 구조적 압박에 대응하기 위해 연금·건강보험 등 핵심 사회보험제도의 3대 조정축, 즉 보험료율, 급여 수준(소득대체율), 수급 연령에 대한 통합적 개편 논의가 필요하다.

국민연금의 경우 2025년 3월 국회합의를 통하여 보험료율은 9%에서 13%로 인상하고, 오는 2026년부터 매년 0.5%P씩 8년간 인상하기로 했다. '받는 돈'을 정하는 소득대체율은 2026년부터 43%로 올린다. 연금 가입기간의 평균 소득 대비 받게 될 연금액의 비율을 뜻하는 소득대체율은 국민연금 도입 당시 70%였다. 이후 1998년 1차 개혁에서 60%, 2007년 2차 개혁에서 50%로 조정된 후 2028년까지 40%로 단계적으로 낮아질 계획이었다. 2025년 기준 41.5%다. 2025년 개혁은 2007년 이후 18년만에 이루어진 연금개혁으로 1988년 국민연금 도입 후 세 번째 연금 개혁이 된다. 그동안 보험료율은 9%로 OECD 평균(18~20%) 대비 현저히 낮은 수준이며, 기금고갈 시 현 세대와 청년세대 간 형평성 문제가 심화된다는 비판이 지속적으로 제기되어 왔다.

기초·퇴직·개인연금 등 국민연금과 연계된 다층적 소득보장체계 개편 및 재정 안정 문제 등 국민연금의 구조개혁 문제는 앞으로도 논의할 것이 많다. 국회 연금개혁특별위원회를 설치해 논의한 뒤 여야 합의로 처리하기로 했다. 건강보험의 경우에도 현행 '저부담-고보장' 구조의 지속 가능성은 낮다. 보장성 강화의 속도를 관리하면서, 고소득층의 부담률 조정과 비급여 항목 정비가 병행되어야 한다. 특히 노인 중심의 급증하는 지출 구조를 고려하여, 소득기준 중심의 보험료 체계 정비 및 고령자 진료에 대한 지역사회 중심 통합적 돌봄 시스템 구축이 필요하다. 이러한 개편은 재정적 필요에만 국한되지 않으며, 세대 간 신뢰 회복, 제도 지속가능성 확보, 사회적 수용성 확보라는 측면에서도 중요한 의미를 갖는다.

4) 고령사회에 대응하는 경제·사회 통합 전략

현대 사회에서 고령화는 단순히 인구 구성의 변화뿐만 아니라 경제·사회 전반에 걸친 구조적 재편의 필요성을 제기한다. 이러한 변화 속에서 단기적인 복지 확대에만 의존하는 정책은 한계가 있으며, 보다 근본적인 세대 간 조정 메커니즘 및 지속가능한 사회투자 전략이 요구된다. 여기에서 우리는 다음과 같은 3가지 기본적인 전략의 방향을 생각해볼 수 있다.

(1) 세대 간 사회계약 재설계

지금까지 우리는 인구 구조가 급변하기 이전 생산가능인구가 부담하는 노인부양비가 비교적 낮았던 시대에 설계된 사회계약 속에서 살아왔다. 그러나 오늘날 급속한 고령화로 인해 부양비가 급격히 증가하면서, 기존의 사회계약으로는 이를 지속하기 어렵다는 현실이 도처에서 나타나고 있다. 기존 "부담은 청년, 수혜는 고령"이라는 단면적 인식은 세대 간 갈등을 심화시키는 구조적 한계로 작용한다.

이제 이러한 지난 시대의 시스템에 대한 성찰과 새로운 딜(deal)이 필요하다. 이에 따라 공동책임 원칙(Cohesive Responsibility Principle)에 기반하여 각 세대가 서로의 부담과 수혜를 공유하는 새로운 사회계약을 구축하는 것이 필수적이다. 예를 들어, 청년세대는 장기적 관점에서 현재의 보장 수혜를 위한 보험료 납부 부담을 일부 수용하는 동시에 고령세대는 더 이상 과도한 복지수혜에 의존하지 않고, 자기 부담 및 자립 역량 강화를 통한 역할 재정립을 모색해야 한다.

이러한 재설계는 국민연금, 건강보험, 장기요양보험 등 주요 사회보장제도 개편과 긴밀히 연계되어 세대 간 형평성과 재정 지속가능성을 동시에 도모할 수 있다. 국제적으로도 북유럽 국가들이 청년과 고령층 간 부담과 수혜를 조정하는 체계를 도입하여 높은 사회통합성과 재정 건전성을 유지한 바 있다.

(2) 지역균형 발전과 고령친화 도시

고령화는 수도권뿐만 아니라 비수도권 지역에서도 심화되고 있으며, 청년 유출과 지방소멸 위험까지 동반하고 있다. 이에 대응하기 위해서는 지방소멸 대응형 지역사회기반 통합돌봄 시스템(Community Care System)을 구축하여, 고령자들을 위한 맞춤형 의료·돌봄 서비스를 강화하는 동시에 지역 주민 간의 상호지원에 기초한 사회적 돌봄 네트워크를 형성해야 한다.

지방 및 중소도시의 고령친화 도시 정책은 기존의 인구감소 위기를 단순한 문제점으로 보지 않고, 오히려 고령자와 청년·지역 기업이 상호 보완하는 생태계 구축을 목표로 한다. 예를 들어, 일본 일부 지방자치단체에서는 고령자 맞춤 일자리 창출과 청년 창업 지원 정책을 동시에 추진하여 지역 경제 활성화에 기여하고 있다. 또한, 지역 맞춤형 일자리 창출과 인프라 개선은 단순한 복지 확대가 아니라, 지역 경제와 문화의 자생력을 강화해 인구감소가 초래하는 부정적 파급효과를 완화하는 데 기여할 수 있다.

(3) 미래세대를 위한 사회투자국가(Esping-Andersen et al. 2002) 전환

단기적인 복지 확대는 일시적 효과에 그칠 수 있으므로 장기적으로는 미래세대의 역량 강화를 위한 사회투자가 필요하다. 교육, 보육, 디지털 역량 강화 등 미래 생산성을 높일 수 있는 인적 자본 투자와 동시에 연구개발(R&D), 첨단기술 인프라 투자를 통해 경제 전반의 혁신 동력을 확보해야 한다.

이러한 장기 투자는 특히 저출산과 고령화로 인한 인구구조 전환의 부정적 영향을 완화하는 데 필수적이다. OECD 국가들이 이미 미래세대 투자 확대를 통한 생산성 개선 전략을 추진하고 있으며, 이들은 단기 복지 지출보다 생산적 투자 지출이 경제 성장에 미치는 효과가 크다는 연구 결과를 보여주고 있다. OECD와 EU의 사회투자전략보고서에 따르면, 교육·보육·청년 고용 등에 대한 장기 투자가 단기 복지 지출보다 GDP 성장률, 고용률, 재정 건전성 측면에서 더 높은 효과를 나타낸다(European Commission 2013; Morel et al. 2012). 또한, 사회투자 확대는 세대 간 연대와 형평성 재조정이라는 사회적 가치를 내포하며, 향후 국가 경쟁력 강화와 지속가능한 성장 모델 구축의 핵심 동력이 될 것이다.

종합적으로 고령사회에 대응하는 경제·사회 통합 전략은 세대 간 불균형 문제를 단기적 복지 확대에서 벗어나, 1) 세대 간 공동책임 원칙에 기초한 사회계약 재설계, 2) 지역의 고령 친화적 인프라와 일자리 창출을 통한 균형 발전, 3) 미래세대를 위한 지속적이고 생산적인 사회투자 확대라는 3대 전략

축으로 종합적으로 접근하여야 할 것이다.

이러한 전략은 단순히 고령화로 인한 위기를 극복하는 데 그치지 않고, 인구구조 전환을 새로운 성장의 기회로 전환시키며, 지속가능하고 형평성 있는 사회경제 체계를 구축하는 데 필수적이다.

이러한 구조적 전환기에 직면한 한국 사회는 단기적인 복지 조정이나 재정기술만으로는 위기를 극복할 수 없다. 이제 필요한 것은 인구구조 변화 자체를 국가의 사회계약을 재구성하는 계기로 삼고, 복지와 재정을 '소득보장'이 아닌 '역량투자'의 관점에서 접근하는 패러다임 전환이다.

이러한 맥락에서 제시되는 것이 바로 '사회투자국가(social investment state)'라는 비전이다. 사회투자국가는 복지를 비용이 아니라 미래에 대한 투자로 간주하며, 교육 · 보육 · 노동전환 · 디지털 역량 강화 등 생산성 중심의 장기 투자를 통해 고령화 사회에서도 지속 가능한 성장을 도모하고자 한다. 이는 다음 장에서 논의할 '이민의 정치화'와도 직접 연결된다. 즉, 내국인 인구만으로는 감당할 수 없는 복지국가를 유지하기 위해, 이민을 단순한 인력 보충이 아닌, 사회통합과 재구조화를 위한 전략적 자원으로 활용하는 전환적 발상이 요구된다.

5. 결론: 인구구조 전환과 새로운 경제 패러다임

한국 사회는 지난 수십 년간 '인구 보너스(demographic bonus) 시대'의 혜택을 통해 고속 성장을 이룩해왔다. 생산가능인구의 확대, 도시화, 교육 수준 향상, 노동집약적 산업 구조는 모두 인구증가가 뒷받침한 성장기반이었다. 그러나 지금 우리는 그 전제 조건이 사라진 '인구 오너스(demographic onus) 시대'에 진입하고 있다. 출산율 0.72, 세계 최고 수준의 고령화 속도, 지역의 소멸 가능성 등은 단지 인구 감소라는 현상에 머무르지 않고, 국가의 경제 · 사회 시스템 전체에 구조적 전환을 요구하고 있다.

그렇기에 인구구조 변화는 단순한 위기의 서사로 접근해서는 안 되며, 이제는 패러다임의 전환이라는 관점에서 재구성되어야 한다. 더 이상 성장의 자동 엔진으로 기능하지 않는 인구는 자신을 대신하여 생산성 향상, 사회적 포용, 기술혁신, 지속가능한 복지구조 설계 등을 통해 새로운 성장의 조건을 마련하도록 우리를 압박하고 있다.

한국은 인구 보너스 시대의 종언과 함께, 과거와는 전혀 다른 조건에서 경제와 복지, 공동체를 운영해야 하는 구조적 전환의 시기에 놓여 있다. 저출산·고령화·지방소멸·재정압박이라는 네 가지 위기는 서로 고립된 문제가 아니라, 인구구조 변화라는 공통 기저 위에서 파생된 총체적 과제다.

이제 우리는 인구구조의 전환을 '위기'로만 인식하는 시각을 넘어 이를 새로운 사회계약과 성장전략을 설계할 기회로 삼아야 한다. 사회투자국가는 복지를 소득보장의 수단으로만 보지 않고, 아동·청년·노동력·기술·지역 등 사회의 역량을 키우기 위한 장기적 투자로 전환하자는 개념이다. 이는 고령사회가 직면한 노동력 부족, 생산성 저하, 소비 위축, 복지 불균형 등의 문제를 보다 선제적이고 지속가능한 방식으로 해결할 수 있는 전략적 틀을 제공한다.

이러한 전환은 단순한 정책 조정이 아니라, 국가의 존재 이유와 역할, 시민 간의 연대를 새롭게 재정의하는 사회적 상상력을 요구한다. 이제 우리는 축소 속에서도 지속가능한 성장과 존엄한 삶을 보장하는 사회설계를 시작해야 하며, 그것이 바로 한국이 맞이한 인구전환기의 '다음 50년'을 여는 가장 실천적인 질문이 될 것이다.

인구구조 변화에 따른 경제적 영향은 더 이상 단순한 수치의 문제가 아닌 국가의 존립 기반을 재설계해야 하는 구조적 도전이다. 특히 노동력 부족, 재정 압박, 산업의 불균형이라는 현실 앞에서 우리는 내부 자원만으로는 지속가능한 성장과 포용을 담보할 수 없다. 이러한 한계를 극복하기 위한 전략적 수단 중 하나가 바로 '이민'이다. 이제 우리는 이민을 단순한 노동력 보완의 수단이 아닌, 정치적 선택이자 사회설계의 축으로 받아들여야 한다. 다음 장에서는 '이민은 정치다'라는 관점에서 이민정책의 정치성과 전략성을 조망한다.

제10장　요약

이 장은 인구구조 변화가 한국 경제에 미치는 영향을 총소비, 노동공급, 사회보장재정, 산업구조의 4대 영역으로 분석하고, 베이비붐·에코세대의 특성과 고령화가 야기할 미래 경제의 위기를 정리하였다. 인구구조 변화는 단순한 위기가 아니라, 사회투자국가로의 이행과 새로운 사회계약 재설계라는 구조적 전환을 요구한다. 이를 통해 고령사회에서도 지속가능하고 형평성 있는 성장전략을 모색할 수 있음을 제안하였다.

영역	주요 내용	정책적 시사점
소비감소	고령층 소비 위축, 예비저축 증가, 디플레이션 압력	생전유산제도, 실버경제 육성 필요
성장률 저하	생산가능인구 감소, 베이비붐 은퇴 → 노동력 공백	고령자 재고용, 여성 인력 활용, 정년 연장
재정 부담	연금·건강보험 고갈 위기, 부양비 급증	연금개혁(보험료·급여율·수급연령), 조세 형평성 확보
산업 및 지역 변화	실버산업 부상, 청년시장 축소, 지역소멸 심화	고령친화도시, 지역 일자리 창출, 스마트 로컬 전략
핵심 전략	사회계약 재설계, 사회투자 확대, 이민정책 혁신	사회통합 기반의 구조 개편 및 국가 경쟁력 강화

| 참고문헌 |

강현주. 2022. 「인구구조 변화가 장기 거시경제 추세에 미치는 영향」. Issue Report. 자본시장연구원. p.22-26.
국민연금공단 2023. 「제5차 국민연금 재정계산 결과 보고서」
건강보험심사평가원 2023. 「노인 진료비 통계연보」
건강보험공단 2023. 「2022년도 건강보험통계연보」.
국회예산정책처 2023. 「인구위기 대응전략(2): 인구변화가 경제·재정에 미치는 영향」.
김경수·허가형·유근식·김상미. 2021. 「인구구조 변화가 경제성장에 미치는 영향 분석」. 국회예산정책처.
김상미·안수지. 2023. "II. 인구감소의 경제적 영향 및 저출산 대응 사업 분석," 「초저출산 장기 지속 시대의 인구위기 대응 방향」, 국회연구조정협의회 공동연구, 대한민국 국회.
김용하·임성은. 2011. "베이비붐 세대의 규모, 노동시장 충격, 세대간 이전에 대한 고찰," 「보건사회연구」 31(2). 36-59.
김지연·정규철·허진욱. 2022. 「장기경제성장률 전망과 시사점」, 한국개발연구원.
모타니 고스케(藻谷浩介), 2010. 『デフレの正体: 経済は「人口の波」で動く』. 東京: 角川新書. 김영주 역. 2016. 『일본 디플레이션의 진실』. 서울: 동아시아.

이재호·강영관·조윤해. 2024. "2차 베이비부머의 은퇴연령 진입에 다른 경제적 영향 평가," 「BOK 이슈노트」 2024-17호.
정후식, 2007. 「일본의 고령화 진전과 정책대응」. 한은조사연구 2007-40.
통계청 2021. 「장래인구추계: 2020~2070년」.
통계청. 2023년 장래인구추계(2022~2072년).
　　https://www.kostat.go.kr/unifSearch/search.es (검색일 2024.8.22.)
한국은행. 2024. 「2차 베이비붐 세대 은퇴와 총수요 변화」. 이슈노트 제2024-17호.
허가형·유근식·김민혁·윤주철·박정환. 2023. 「인구변화가 경제·재정에 미치는 영향」. 국회예산정책처.

Ando, A., & Modigliani, F. 1963. "The 'Life Cycle' Hypothesis of Saving: Aggregate Implications and Tests". American Economic Review, 53(1), 55-84
Bloom, D. E., D. Canning., and G. Fink. 2011. "Implications of Population Aging for Economic Growth." PGDA Working Paper No.64. Harvard School of Public Health.
European Commission. 2013. "Social investment package: Key facts and figures." Brussels: European Commission.
　　https://ec.europa.eu/social/main.jsp?catId=1044&langId=en]
Gagnon, E., B. K. Johannsen, and D. Lopez-Salido. 2016. "Understanding the New Normal: The Role of Demographics." Finance and Economics Discussion Series 2016-080. Board of Governors of the Federal Reserve System.
Hollifield, J. F. 2022. "Migration and the liberal paradox in Europe." In J. F. Hollifield & N. Foley (Eds.), Understanding Global Migration. Stanford University Press.
IMF. 2014. Japan: Selected Issues, Country Report No. 14/137.
Macunovich, D. J. 2000. The Baby Boomers. Macmillan Encyclopedia of Aging. 1-13.
Esping-Andersen, G., Gallie, D., Hemerijck, A., Myles, J. 2002. Why We Need a New Welfare State. Oxford University Press.
Morel, N., Palier, B., & Palme, J. (Eds.). 2012. Towards a social investment welfare state? Ideas, policies and challenges. Bristol: Policy Press.

国立社会保障・人口問題研究所 2019. 「高齢社会白書」.

제11장

이민은 정치다: 저출산 시대, 경계를 넘는 인구정치의 탄생

1. 저출산 시대, 이민은 불가피한 선택인가

오늘날 아프리카 대륙을 제외하고는 저출산 현상이 전 세계적으로 확산되는 추세를 보여주고 있다. 출산율이 2.1명 이하로 떨어지면서 인구를 유지하는 데 필요한 자연 증가가 이루어지지 않고 있으며, 이는 유럽·아시아·북미 등 다양한 지역에서 공통적으로 나타나는 현상이다. 한국은 세계에서 가장 빠르게 인구가 줄어들고 있는 나라이다. 출산율은 2023년 기준 0.72명으로 세계 최저이며, 생산가능인구는 2020년을 기점으로 감소세에 들어섰다. 한 세대 안에 '절반의 사회'로 진입할 수 있다는 전망이 제기되는 가운데 한국 사회는 전례 없는 인구감소에 직면하고 있다.

이러한 위기에 대한 정책적 해법 중 가장 급진적이면서도 논쟁적인 것이 '이민'이다. 한때는 인구·노동력 보완을 위한 제한적 수단으로 간주되었던 이민은 이제, 한국 사회가 '지속 가능한 축소사회'를 어떻게 설계할 것인가에 대한 결정적인 변수로 부상하고 있다. 하지만 이민은 단순히 부족한 인구를 메우는 숫자의 문제가 아니다.

그것은 누가 우리의 이웃이 될 수 있는가, 그리고 어떤 조건에서 함께 살아갈 것인가를 결정하는 사회적 선택이자, 정치적 결정이다. 이민은 인구정책인 동시에 복지국가의 재구조화, 노동시장 재편, 지역공동체 회복, 다문화 사회로의 전환까지 연결되는 사회 시스템 설계의 문제이다.

한국은 이미 일정 수준의 외국인 인구를 수용해왔으며, 다문화 가정과 외국인 노동자는 지방과 농촌에서 지역사회의 지속성을 떠받치고 있다. 이민은 이미 진행되고 있는 현상이지만, 제도와 인식의 변화가 뒤따르지 못하고 있다(조영태 2021). 즉, 제도는 여전히 불안정하고, 사회적 수용역량은 낮으며, 정치적 논의는 이민을 국가 위기의 '최후 수단'으로 취급하는 경향이 강하다. 한국의 이민정책은 지방과 농촌의 인구 유지 및 저출산 대응이라는 현실적 필요 속에서 점진적으로 확대되어 왔지만, 정치적 대표성·제도적 안정성·시민권 보장에서는 여전히 구조적 저항과 배제가 병존한다는 지적이 많다(김현미 2018; 경기연구원 2022; UNESCO Korea, 2019) 이처럼 '점진적 수용과 구조적 저항'이 공존하는 이중 구조는 한국 이민정책의 가장 큰 특징이다.

이 장에서는 한국이 마주한 저출산·고령화의 구조적 위기 속에서, 이민을 단기 노동력 보완의 해법을 넘어 미래사회의 공동체 구성을 위한 새로운 사회계약으로 바라보는 시각을 제안하고자 한다. 이를 위해 먼저 이민이 인구·경제·사회에 갖는 기능을 정리하고, 한국의 정책 현황과 사회적 수용역량을 검토하며, 주요국의 이민정책 사례를 통해 한국 이민정책의 방향성과 가능성을 모색해보고자 한다.

이민은 기술적 정책이 아니라, 정치다. 인구구조 변화가 불가피하다면 이제 우리는 '누구와 함께 늙어갈 것인가'를 선택해야 할 때다.

2. 왜 이민인가?: 인구·노동·사회구조의 복합 대응

한국에서 이민은 더 이상 '선택 가능한 옵션'이 아니라 현실이자 구조적 과제다. 합계출산율이 0.72명(2023년), 출생아 수는 23만 명대로 감소했고, 총인구 감소는 2020년부터 이미 시작되었다.

이제 인구문제는 한 세대 안에 '사회 수축(social shrinkage)'을 현실로 만들고 있다. 그 가운데 이민은 다음과 같은 다층적 구조 대응의 수단으로 주목받고 있다.

1) 인구구조 재조정: 고령화 속의 인구 보완

이민은 노동력 확보를 통하여 경제 활동 인구감소 문제를 해결하기 위해서 중요하다. 저출산과 고령화로 인한 인구감소는 경제 활동 인구의 급격한 감소로 이어지게 된다. 15~64세 생산가능인구는 2020년 3,735만 명에서 2070년 2,172만 명으로 42% 감소할 것으로 예측된다(통계청 2023). 경제활동인구의 감소는 생산성 저하와 산업 전반의 활력 저하로 연결될 수 있으며, 이는 국가 경제의 성장 잠재력을 저하시킨다. 이러한 상황에서 외국인 유입 없이는 노동력 기반이 무너지고, 사회 전체의 부양부담 구조(고령자 부양비, 총부양비)는 급격히 악화된다. 이민자들은 특히 부족한 분야의 노동력을 보충함으로써 산업의 지속성을 유지하고, 경제의 활력을 높이는 데 기여할 수 있다(Zimmermann 2005). 한국에서도 제조업, 건설업, 농축산업, 돌봄 분야는 내국인 기피와 고령화로 인해 구조적 인력난을 겪고 있으며, 젊고 숙련된 이민자의 유입은 국가 경쟁력 유지의 중요한 요소로 평가된다(국회예산정책처 2023; 한국고용정보원 2021).

2) 경제 회복력 유지: 저성장 시대의 인력 유입

경제 활성화, 즉 이민자가 가져오는 경제적 기여와 소비 확대이다. 이민자들은 노동력 확보 외에도 경제 활성화에 중요한 역할을 한다. 이민자들은 새로운 경제적 기회를 창출하고, 소비를 확대함으로써 내수 시장을 활성화할 수 있다. 이민자들의 경제적 활동은 소득세와 소비세 증가로 이어지며, 이는 국가재정에 긍정적인 영향을 미친다(Bloom, Canning & Sevilla 2003). 또한, 이민자들은 종종 자영업을 통해 새로운 비즈니스를 시작하거나 기존 산업에 혁신을 도입하는 등 경제 활동을 다양화하는 데에도 기여한다(Zimmermann 2005). 이와 같은 경제적 기여는 국가 경제의 전반적인 성장에 중요한 역할을 하게 된다. 한국에서도 이민자는 단순한 노동력 보완 이상의 효과를 가지고 있으며, 내수시장 활성화와 성장률 방어에 기여한다는 연구가 많다(한국고용정보원 2021; 이진우 외 2018; 국회예산정책처 2023)

이민자는 '경쟁자'가 아니라, '유지자(maintainer)'이다. 이미 한국의 핵심 저임금 노동시장과 지역경제는 이주노동자 없이는 작동하지 않는 구조가 되어가고 있다.

3) 지역소멸 대응: 공동체 유지와 지방 재구성

2023년 기준, 전국 89개 시·군·구가 인구감소지역으로 지정되었으며(행정안전부, 2023), 이들 지역에서는 다문화 가정과 외국인 노동자들이 학교, 복지센터, 일터 등 지역의 생존 기반을 떠받치는 보이지 않는 중추 역할을 수행하고 있다(한국농촌경제연구원 2021). 실제로 고용허가제(E-9 비자)를 통해 입국한 외국인 근로자는 2022년 기준 약 28만 명으로, 대부분 농촌 및 중소도시 산업의 필수 인력이다(고용노동부 2023).

일부 기초자치단체는 결혼이민자 또는 외국인 기술인력의 정주를 전제로 한 '이민 친화형 지역재생 모델'을 실험적으로 도입하고 있다. 예컨대 김제시는 다문화 가정을 중심으로 한 공동체 사업을, 영양군은 외국인 농업기술 인력 유치를 위한 정주 인프라 지원 사업을 시행 중이며, 괴산군은 외국인 귀농귀촌 정착마을 조성에 나서고 있다(김제시청 2022; 농림축산식품부 2021; 괴산군청 2022). 젊은 이민자들은 고령화된 인구구조에서 부족한 청년층을 보충하여, 장기적으로 인구 피라미드를 안정화시키는 데 기여하게 된다. 이는 경제적 활력과 더불어 사회적 안정성에도 긍정적인 영향을 미치며, 지속가능한 인구구조를 유지하는 데 중요한 역할을 하게 된다(McDonald 2006).

4) 복지국가 지속성과 간병·돌봄 수요 대응

장기요양보험 수급자는 2012년 31만 명에서 2022년 100만 명으로 3배 이상 증가했으며(국민건강보험공단 2023), 고령화와 함께 치매·중증노인에 대한 돌봄 수요는 더욱 폭증할 것으로 보인다. 간병인력은 현재도 공급이 부족한 상황이며, 한국인 중심 간병 구조의 한계가 점차 드러나면서, 외국인 간병·요양 인력의 제도화는 정책적으로 불가피한 수순이 될 수 있다(보건사회연구원 2022; 국회입법조사처 2023).

  일본과 대만은 이미 해당 영역에서 '특정기능인력제도'(care work visa)를 도입해 외국 인력을 제도적·교육적으로 정착시키고 있다. 일본과 대만 모두 노인돌봄을 목적으로 하는 이주노동자를 허용하는 정책을 운영하고 있으나, 유입 규모나 활용 방식에서 차이를 보인다. 일본의 제도는 개호보험제도 내에서 시설을 중심으로 내국인과 동등한 근로조건으로 이주노동자를 고용하고 숙련을 쌓도록 하는 방식이다. 대만의 경우 돌봄 욕구가 있는 가구의 외국인 고용을 국가가 허가하는 방식으로, 일본 대비 돌봄 영역 이주노동자 규모가 크다(김유휘 2020). 대만의 이주노동자들은 장기요양제도가 아닌 가정 내에서 주로 서비스를 제공하기 때문에 서비스 질을 담보하기 어렵고, 가정 내 돌봄을 제공하는 이주노동자들에 대한 차등적 처우의 문제가 있다.

5) 다문화 사회의 이행: 새로운 시민정치의 출발점

  현재 한국 거주 외국인은 약 220만 명, 이 중 약 150만 명은 상시 체류 기반을 갖춘 장기 이주자다(법무부 2023). '다문화 사회'는 이미 실존하며, 문제는 그 사회를 어떤 방향으로 설계할 것인가이다. 교육·노동·복지·정치 참여 등에서 이민자에 대한 제도적 접근성과 시민권적 수용성 간의 괴리를 해소하지 않으면, 이민은 오히려 사회 갈등을 증폭시킬 수 있다. 이제 이민은 한국 사회가 어떻게 작동할 것인가를 결정짓는 변수가 되었다.

  다음 절에서는 한국의 이민정책 구조와 그 한계, 그리고 사회적 수용역량의 현주소를 비판적으로 검토한다.

3. 한국의 이민정책과 수용역량의 이중구조

  한국 사회는 공식적으로는 이민국이 아니다. 그러나 현실적으로는 이미 이민 사회를 향해 이동하고 있다. 연도별 인구대비 체류외국인 현황('18~'24년)을 보면 전체 인구 대비 체류외국인 비율은 코로나19의 영향으로 2019년 4.87%에서 2021년 3.79%까지 감소하였다가 2023년 4.89%, 2024년 5.2%로 증가하였다. 일부 지역에서는 이 비율이 15%를 상회한다(법무부 2025).

우선, 한국의 외국인 주민은 지난 수십 년간 꾸준히 증가해 왔다. 〈표 11-1〉에서 알 수 있듯, 2006년 약 50만 명이었던 외국인 주민은 2023년 에는 약 249만 명으로 늘어났다. 전체 인구에서 차지하는 비중 또한 2006년 1.1%에서 2023년 4.8%로 높아지며 점차 커지고 있다. 이와 함께 외국인 주민의 유형별 현황을 살펴보면, 외국인 근로자의 수는 2021년 395,175 명, 2022년 403,139명, 2023년 470,250명으로 점차 증가하고 있음을 알 수 있다.

또한, 한국의 외국인 근로자(E-9 비자) 확대 정책을 살펴보면 2021년에 코로나19의 여파로 입국과 출국이 어려운 외국인 근로자와 외국인 근로자를 구하지 못해 인력난을 겪는 중소기업 및 농·어촌의 애로사항을 고려하여 외국인 근로자의 체류 및 취업활동 기간을 1년 연장했다(고용노동부 2021). 2022년에는 23년 외국인 근로자(E-9 비자) 도입 규모를 11만 명으로 확대 하였는데, 이는 2004년 고용허가제 도입 이후 가장 큰 규모였다(고용노동부 2022). 더욱이 2023년에는 내국인 구인에 어려움을 겪고 있는 업종들을 고려하여 24년 외국인 근로자(E-9 비자) 도입 규모를 이전보다 더 많은 16만 5000명으로 확대하였다(고용노동부 2023).

이를 고려하면, 외국인 근로자(E-9 비자) 도입 규모의 확대에는 한국 정부가 저출산 문제 해결과 경제 성장 유지를 위해 이민정책을 점차 개방적으로 변화시키고 있음을 보여주며, 이는 외국인의 유입은 단순히 숫자의 증가뿐 아니라, 한국 사회와 경제에 점점 더 깊숙이 통합되고 있는 것을 의미한다.

〈표 11-1〉 외국인주민 증가 추이

(단위 : 명)

구분	2020	2021	2022	2023	2024
전체 인구	51,829,023	51,638,809	51,439,038	51,325,329	51,217,221
체류외국인	2,036,075	1,956,781	2,245,912	2,507,584	2,650,783

※ 자료: 법무부, 2025. https://www.moj.go.kr/moj/2412/subview.do

농촌과 제조업, 돌봄 서비스, 다문화 가정 등에서 이주민은 이미 핵심 사회 기반의 구성원이다. 그러나 한국의 이민정책은 여전히 '이민자 유입'과 '국민 정체성 수호' 사이에서 오락가락하는 모순 구조를 갖고 있다.

이를 요약하면 다음과 같은 이중 구조(dual structure)로 설명할 수 있다.

① 수용은 늘어나지만, 제도는 유보된다: 정책의 구조적 모순

외국인 유입은 정부의 의도와 무관하게 확대되고 있다. 고용허가제(E-9), 방문취업제(H-2), 결혼이민(F-6), 유학생(D-2) 등 다양한 경로로 정책적 유입구조는 세분화되면서도 양적으로 확대되고 있다(법무부 출입국 통계연보 2023). 그러나 이들을 사회구성원으로 정착시키기 위한 제도는 미흡하거나 불안정하다. 예컨대 장기체류자의 귀화율은 여전히 낮고, 공공주택 접근성, 보육·교육 정책 내 포용 수준도 지역별 편차가 크다(한국이민학회·법무부 2022; 한국보건사회연구원 2022).

이민정책은 '노동력 확보'에는 적극적이지만, '시민권 확장'에는 소극적인 모순을 내포한다는 점에서 "한국은 이민을 받으면서도 이민자 없는 사회처럼 보이고자 하는 나라"라는 평가를 받고 있다(김현미 2018). 이 구조는 결국 '수용은 현실인데, 권리는 유예된 사회'를 만들어낸다.

② 국민의 인식은 점진적으로 변화하나, 여전히 구조적 저항 존재

한국 사회는 과거에 비해 다문화와 이주민에 대한 인식이 개선되고 있으나, 여전히 '일상적 공존은 가능하지만 제도적 동등성은 불편한' 태도가 강하게 존재한다. 예컨대 '외국인 친구는 괜찮지만 가족이 되는 것은 어렵다'는 인식은 대표적 사회문화적 장벽이다(UNESCO Korea 2019).

특히 정체성(국가·언어·문화) 영역에서는 동화주의적 정체성 정치가 뿌리 깊다. 예를 들면 귀화 요건에서 한국어능력시험(KLPT), 생계능력, 문화적응력 등의 요건이 여전히 중심에 있다(법무부 2021 귀화요건 안내자료).

③ 이민정책의 정치화 가능성과 제도 설계의 지연

현재까지 한국에서는 이민이 정당정치의 본격적인 선거 아젠다로 부상한

적은 없다. 그러나 고령화, 저출산, 지역소멸, 복지 지속가능성 등의 위기가 가시화되면서, 이민정책이 향후 '정체성 갈등'의 매개가 되거나 '선거 아젠다화'될 가능성이 높아지고 있다(경기연구원 2022; 국회입법조사처 2023).

프랑스, 영국, 독일, 미국 등의 사례에서 보듯, 사회통합 전략 없이 이민정책을 운용할 경우 정치적 극단주의와 결합되기 쉽다는 것이 국제적으로 입증된 바 있다(Castles & Miller 2009). 지금의 한국은 '이민자 유입은 현실이지만, 수용사회로서의 자기인식은 부족한 상태'라고 할 수 있다. 이 간극이야말로 이민정책의 제도설계가 지연되는 핵심 요인이라고 할 수 있다.

4. 주요국 이민정책의 유형과 시사점

1) 국가별 인구정책 개관

이민정책은 단순히 국경을 넘는 사람들의 유입을 관리하는 기술적 행정이 아니라, 해당 사회가 어떤 정체성과 공동체 기준을 갖고 있는지를 드러내는 제도적 선택이다. 따라서 각국의 이민정책은 고유의 역사적 배경, 인구 구조, 정치 체계, 사회적 수용도 등에 따라 상이한 경로를 형성하고 있다(Castles & Miller 2009).

전통적으로 이민정책은 수용 범위에 따라 이민수용형, 보충노동형, 부분개방형 등으로 구분할 수 있다(Hollifield et al. 2014). '이민수용형'은 캐나다나 호주처럼 인구 보완과 경제성장을 동시에 추구하며 이민자에 대한 정주 설계를 포괄적으로 마련한 모델이다. 이들 국가는 고학력·고숙련 이민자를 중심으로 선발하며, 조기정착 인프라와 다문화 수용 정책을 제도화해 사회적 갈등을 최소화하고 있다(OECD 2020).

반면 독일과 스웨덴은 '보충노동형' 국가로 분류된다. 이들은 자국의 고령화 및 특정 산업의 인력 부족에 대응해 이민을 적극 도입하되, 이민자의 사회통합 교육과 의무적 책무를 제도화하여 통합을 유도하고 있다(Scholten & van Nispen 2015). 특히 기술이민과 난민 수용이 병행되면서 사회통합 정책의 복합성과 정교화가 중요 과제로 부각되고 있다.

마지막으로 일본과 한국은 '부분개방형' 모델로, 산업별 기능인력 유입은 확대하되, 정착과 시민권 부여에는 소극적인 경향을 보인다(한국이민학회 & 법무부 2022). 이 경우 이민자는 노동력으로 기능할 수 있으나, 공동체의 구성원으로 수용되기까지는 상당한 제도적 장벽과 사회문화적 저항에 직면하게 된다.

이와 같이 국가별 이민정책은 단순한 수치나 제도의 나열이 아니라, 해당 사회의 사회계약 및 시민정체성에 대한 철학을 반영한다. 한국이 선택할 수 있는 정책 경로를 구상하기 위해서라도, 이들 각국의 모델을 구조적으로 비교하는 작업은 필수적이다. 다음 절에서는 각 모델의 대표 사례인 캐나다, 독일, 일본을 중심으로 구체적 정책 내용과 시사점을 분석해본다.

〈표 11-2〉 국가별 이민정책 유형 개요

구분	주요국	특징	정책 기조	시사점
이민 수용형	캐나다, 호주	점수제 기반의 체계적 수용	적극적 유입 + 조기 정착지원 + 다문화 통합	출산율 반등 효과는 미미하나 생산가능 인구 유지는 성공
보충 노동형	독일, 스웨덴	고령화 대응 중심 기술이민 + 난민수용 병행	노동시장 중심, 사회통합 제도와 연계	제도적 설계와 시민권 연계에서 높은 수용성
부분 개방형	일본, 한국	산업별 유입은 확대, 시민권·사회정착은 제한	기능인력 위주 수용 + 정주 전략 미흡	정책 일관성 부족, 사회적 갈등 증가 가능성

2) 대표 사례 분석

(가) 캐나다: 점수제 기반 고기술 이민 중심의 적극 수용형 모델

캐나다는 이민을 국가 성장전략의 핵심 요소로 삼는 대표적 이민수용형 국가이다. 특히 1967년 도입된 '포인트 시스템'은 이민자의 국적이나 인종이 아닌 학력, 경력, 언어 능력 등 정량적 기준에 기반한 점수제로 전환되면서

고숙련 인력 유입 중심의 체계를 구축하게 되었다(Hollifield et al. 2014).

캐나다 이민정책의 또 다른 특징은 연방정부, 주 정부, 지방정부 간 이민 협력 체계가 잘 정비되어 있다는 점이다. 이를 통해 지역별 노동수요에 맞춘 기술이민 유치와 조기정착을 위한 공공 인프라가 동시에 작동한다. 무엇보다 다문화주의(Multiculturalism)는 캐나다의 헌법적 가치로 자리잡았으며, 이민자가 사회구성원으로 정착할 수 있도록 제도적 뒷받침이 강력하다(OECD 2020). 이러한 구조 덕분에 캐나다는 출산율이 낮음에도 불구하고 고령화 속도 조절과 노동시장 유연화에 성공한 국가로 평가받고 있으며, 사회적 갈등 없이 지속적인 이민 수용이 가능한 선진 사례로 주목받고 있다.

(나) 독일: 기술이민과 사회통합의 병행 모델

독일은 전통적으로 노동시장 기반의 기술이민 중심 정책을 유지하면서도, 최근에는 EU 회원국 간 자유이동 + 제3국 인력 유입의 병행 전략을 통해 이민정책의 유연성을 확보하고 있다. 특히 독일은 이민자의 사회통합을 제도적 목표로 삼고, 언어 교육과 문화 적응 프로그램을 의무화하고 있다. 연방정부와 지방정부가 협력하여 지역 통합센터, 직업연계 프로그램 등을 운영하며, 이민자의 시민권 취득 전후 정착 안정성을 높이고 있다(Scholten & van Nispen 2015).

2015년 이후 대규모 난민 유입으로 인한 사회적 긴장이 커졌으나, 이민자에게 인권과 책임을 동시에 부여하는 정책 설계는 오히려 시민사회의 수용도를 높이는 데 기여하고 있다. 이는 통합 전략이 없는 유입 확대는 갈등을 초래할 수 있으나, 제도화된 사회적 계약은 이를 안정화할 수 있다는 중요한 시사점을 제공한다.

(다) 일본: 초고령사회 대응형 제한적 개방 모델

일본은 세계에서 가장 빠른 속도의 고령화를 겪고 있는 국가로서, 인구감소 대응을 위해 '특정기능인력 제도'를 통한 제한적 이민 확대에 나서고 있다. 특히 간병, 건설, 농업 등 특정 산업 분야에서 외국인 노동자의 유입이 증가하고 있으며, EPA 간병인 프로그램, 특정기능비자 등을 통해 제도화가 일부 진행되고 있다(Tsuda 2006).

그러나 일본은 여전히 이민자의 장기 체류, 가족 동반, 시민권 취득에 대해 극히 제한적인 정책 기조를 유지하고 있다. 외국인은 '이웃'이나 '시민'이 아닌, 한시적으로 체류하는 노동력으로 간주되며, 사회적 통합보다는 노동력 보충에 집중하는 구조가 유지되고 있다.

이러한 정책은 유입만 확대하고 정착은 보장하지 않는 구조로 인해, 이민자들의 사회통합을 어렵게 만들고 시민사회의 수용도 역시 낮은 상태로 고착되는 문제를 야기하고 있다. 이는 제도적 개방 없이 유입만 증가할 경우, 오히려 사회적 저항과 정책 후퇴의 악순환을 초래할 수 있음을 보여주는 사례이다.

3) 한국에 주는 시사점: 유입만으로는 사회적 수용을 얻을 수 없다

이민정책은 단순히 국경을 넘는 사람들의 숫자를 조절하는 기술적 행정이 아니라, 이민자를 어떤 사회구성원으로 수용할 것인지에 대한 정치적 판단이자 사회설계의 문제다. 즉, 유입정책만으로는 사회적 수용을 담보할 수 없으며, 이민자의 정착, 권리, 책무가 조화롭게 통합되어야 지속가능한 이민정책으로 기능할 수 있다(Castles & Miller 2009).

캐나다는 고숙련 이민자 중심의 점수제를 도입하여 선별적 유입을 추구하되, 동시에 다문화주의에 기반한 시민권 부여와 초기 정착 지원을 병행함으로써 사회적 수용 기반을 제도화하였다(OECD 2020). 이민자에게 일정 수준의 책임(책무)을 요구하면서도 복지, 교육, 언어 통합 정책을 통한 '권리의 기반'을 보장함으로써 이민자와 수용 사회 간의 상호 신뢰를 형성한 것이다.

독일 역시 기술인력 유입과 난민 수용 확대 과정에서 갈등이 있었지만, 이민자의 언어교육, 직업훈련, 사회통합 과정을 의무화하면서도 지방정부 단위에서 시민권 확대 및 정착 인프라 구축을 제도화했다. 이는 이민자를 단순한 노동자가 아니라 책임 있는 공동체 구성원으로 전환시키려는 시도였으며, 그 과정에서 시민사회의 수용도 점차 안정화되었다(Scholten & van Nispen 2015). 다만, 최근에는 난민 2세대의 사회경제적 통합 문제, 극우 정치세력의 성장, EU 내 불균형한 이민 부담 분담 등의 요인으로 인해 이민정책을 둘러싼 정치적 갈등과 사회적 긴장이 재차 부각되고 있다(OECD 2023).

반면, 일본은 초고령사회에 대응해 외국인 노동자의 유입은 확대했지만 귀화, 가족동반, 시민권 부여에는 극도로 제한적 정책을 유지하고 있다. 이로 인해 이민자는 한시적 노동력으로만 간주되며, 사회적 통합보다는 노동시장 기능 보완에 머무는 구조가 고착되고 있다(Tsuda 2006). 그 결과, 이민자의 장기체류 확대에 따른 사회갈등이 제도적 기반의 취약으로 인해 쉽게 전이될 수 있다는 문제가 뚜렷하게 나타나고 있다.

이러한 비교 사례는 한국의 이민정책이 현재의 '노동력 중심 단기 수용 구조'에서 '사회적 통합과 권리 보장까지 포함하는 포괄적 설계'로 이행할 필요가 있음을 강하게 시사한다.

이민은 단지 인구정책이나 고용정책의 일부가 아니다. 그것은 정체성, 권리, 책임을 둘러싼 공동체 재구성의 선택이며, 따라서 본질적으로 정치적 판단과 사회적 설계의 문제다.

한국 사회가 향후 인구구조 변화 속에서 이민을 '최후의 대안'이 아니라 사전 설계된 정책적 선택지로 수용하기 위해서는 지금이 바로 정주 설계, 시민권 제도, 포용 기반의 통합정책 수립에 나서야 할 시점이다.

5. 이민 수용사회로 가기 위한 조건들

이민이 단지 인구를 보완하는 기술적 대응이 아닌 사회 전반의 재설계를 요구하는 선택이라면, 그 수용은 사회의 전방위적 준비를 전제로 해야 한다. 한국이 실질적인 이민 수용사회로 전환하기 위해 필요한 조건은 크게 네 가지 영역으로 구분할 수 있다. 즉, 제도적 설계 · 사회통합 전략 · 시민 인식 · 정치적 리더십이 그것이다.

첫째, 제도 설계의 일관성과 통합성이 요구된다. 한국의 이민정책은 노동력 확보에 집중된 각종 체류비자 제도를 통해 '들어오는 문'은 점점 넓어졌지만, 정작 그들의 정착과 정주, 시민권으로의 이행을 설계하는 '안의 삶'은 여전히 단편적이고 불안정하다.

2022년 기준으로, 한국은 고용허가제(E-9)·방문취업제(H-2)·결혼이민자(F-6)·특정기능(E-7)·유학생 등 다양한 경로로 외국인을 받아들이고 있으나, 이들 각각이 정책적 연결성이나 장기 정착성 측면에서 통합적 틀을 갖고 있지 않다(법무부 출입국통계연보 2023).

OECD는 2021년 보고서에서 한국의 이민자 통합 정책이 다양한 계획을 수립하고 있음에도 불구하고, 실행 주체 간의 조정 부족과 정착 서비스의 일회성 제공으로 인해 효과적인 통합이 이루어지지 않고 있다고 지적하였다. 또한, 이민자 통합을 위한 독립적인 컨트롤타워의 부재와 부처 간 협력의 미흡함이 문제로 지적되었다(OECD 2021). '이민정책 컨트롤타워'로서의 기능을 수행할 독립 기구나 부처 간 거버넌스 구축이 시급하다는 지적도 반복되고 있다(조영태 2022).

둘째, 사회통합 전략은 문화 교육이나 언어 교육을 넘어, 삶의 설계를 함께 고려하는 수준으로 발전해야 한다. 현재의 다문화 정책은 결혼이민자와 자녀에 국한되며, 이주노동자나 장기체류 외국인의 시민적 권리 보장에 소극적이다. 예컨대 결혼이민자는 건강보험·출산장려금·자녀교육 등에서 비교적 진입이 용이하나 고용허가제 체류자는 정주·복지·이동권에 있어 제한을 받는다.

이러한 차별적 설계는 '이민자' 내부의 계층화를 심화시키며, 사회적 통합이 아니라 비공식화와 소외를 재생산하게 된다. 이에 따라 유럽이나 캐나다는 이민자의 사회참여와 시민권 교육을 정주 초기부터 의무화하거나 적극 유도하고 있으며, 언어·시민교육·직업훈련·자녀진학까지 포함한 '정주 패키지 통합 프로그램'을 보편화하고 있다(OECD 2022). 한국도 이제 이민을 '정책 대상'이 아닌 '삶의 시민'으로 포함시키는 전환이 필요하다.

셋째, 수용사회의 시민 인식 또한 실질적 전환이 필요하다. 한국 사회는 여전히 이민자를 '일시적인 존재', '노동의 대체자'로 인식하는 경향이 강하다. 조사에 따르면, 외국인 이민자와의 일상적 접촉(예: 친구, 직장 동료 등)에 대해서는 80% 이상의 응답자가 수용적인 반응을 보였으나, 자녀와의 결혼 등 사적인 관계에 대해서는 수용도가 63~64%로 낮아지는 경향을 보였다(〈그림 11-1〉 참조). 이는 한국 사회가 공적 영역에서는 이민자 수용에 비교적 개방적이지만, 사적 영역에서는 여전히 보수적인 태도를 유지하고 있음을 시사한다(이아영·김서윤 2024).

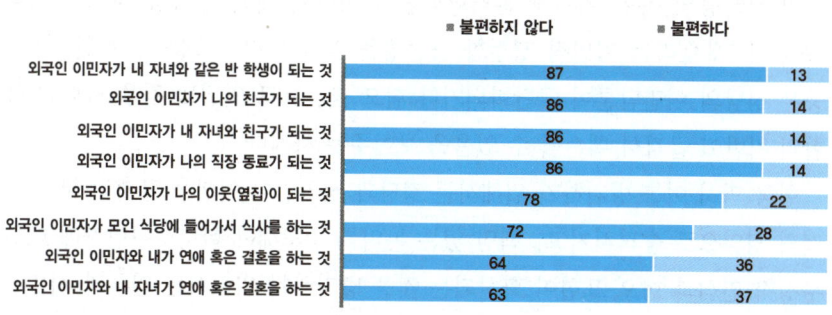

〈그림 11-1〉 한국인의 이민자 수용도 인식

이러한 인식은 교육, 언론, 지역사회 수준에서 장기적으로 개선되어야 하며, 이민자의 '경제 기여'뿐만 아니라 '공동체 구성원으로서의 가치'를 일상 속에서 가시화하는 전략이 필요하다. 예를 들어, 지역사회 내에서 이민자 커뮤니티와 주민이 공동 프로젝트(학교, 돌봄, 축제 등)에 참여하는 경험은 사회적 신뢰 형성에 결정적 영향을 미친다(Escandell & Ceobanu 2010).

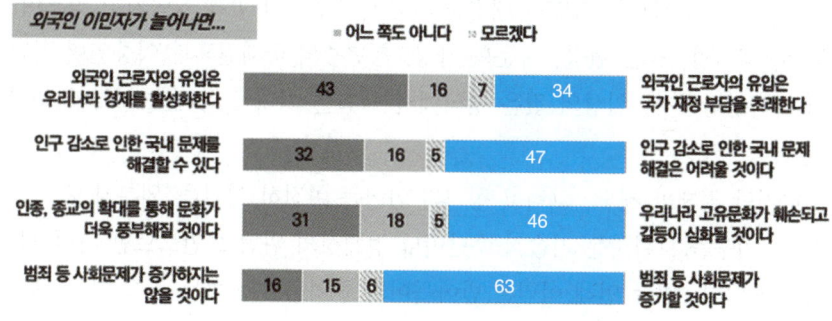

〈그림 11-2〉 이민자 수용이 국내문제 해결에 미치는 영향

※ 자료: 이아영·김서윤(2024)

넷째, 정치의 리더십과 공론화 기능이 강화되어야 한다. 한국은 아직 이민정책이 선거의 주요 의제로 다뤄지지 않는 나라다. 하지만 고령화, 저출산, 지역소멸 등의 복합 위기가 본격화되면서 이민에 대한 정치적 태도는 점점 '포용'과 '배제'라는 이념적 쟁점화 가능성을 띠고 있다. 프랑스, 독일, 미국 등은 정당의 이민담론이 극단화되거나 혐오 담론으로 연결될 경우 사회적 통합의 기반이 급격히 훼손될 수 있음을 보여주는 사례다.

한국 역시 이를 방지하기 위해서는 정당과 정치인이 이민을 장기적 국가 설계의 영역으로 승격시키고, 책임 있는 논의를 주도해야 한다. 이민자에 대한 부정적 인식과 혐오 표현이 확산되는 것을 방지하기 위해서는 언론과 시민사회가 공정한 정보 제공과 건전한 공론장 형성에 적극적으로 참여하는 것도 중요하다. 특히, 이민자에 대한 왜곡된 정보와 편견이 사회통합을 저해할 수 있으므로, 이를 방지하기 위한 제도적 장치와 교육이 필요하다.

요컨대, 한국이 '이민 수용사회'로 전환하기 위해서는 단지 문을 여는 것이 아니라 그 문 안의 질서를 어떻게 설계할 것인가에 대한 사회적 합의와 제도적 상상력이 필요하다. 이제 이민자는 '문제의 원인'이 아니라 축소사회에서 새로운 공동체를 구성할 수 있는 자원으로 바라봐야 할 시점이다.

6. 이민은 더 나은 축소사회를 위한 사회계약이다

이민은 더 이상 먼 미래의 가능성도, 특정 산업을 위한 정책적 도구도 아니다. 이미 한국 사회는 다양한 배경을 가진 이주민들과 함께 살아가고 있으며, 농촌, 제조업, 돌봄 현장, 다문화 가정, 청년층의 국제결혼과 이중언어 자녀의 교육현장까지, 일상의 깊은 영역에서 이민은 이미 공동체의 일부가 되어 있다.

하지만 정책과 제도, 그리고 정치의 언어는 여전히 이민을 '외부자'로 간주하며, 인구를 보완하는 기술적 수단이나 정체성의 위협 요인으로만 바라보는 경우가 많다. 이로 인해 이민은 받아들이되 환영하지 못하는 사회, 노동력으로 활용하되 시민으로 포용하지 못하는 국가의 구조 속에 머물러 있다.

이제는 질문을 바꾸어야 한다. "얼마나 많은 이민자를 받을 것인가"에서 "누구와 함께 살아갈 것인가", "어떤 공동체를 함께 만들 것인가"로의 전환이 필요하다. 이는 단지 수용정책이 아니라, 사회계약(social contract)의 문제다.

이러한 전환적 시각은 정치사회학자 마이클 월저(Michael Walzer)의 논의와도 맞닿는다. 그는 공동체의 정당성은 국경의 열림 여부가 아니라, 누가 들어와서 누구로 살 수 있는지를 결정하는 정의의 원칙에 있다고 강조한다(Walzer 1983). 즉, 이민정책은 단지 유입의 문제가 아니라, 공동체 구성 규범의 정치철학이다.

한국은 전 세계에서 가장 빠르게 인구가 감소하고, 가장 급속히 고령화되는 나라다. 출산율은 반등의 조짐 없이 하락을 거듭하고 있고, 학령인구와 병역자원은 줄어들고 있다. 이러한 현실 속에서 '축소사회'는 피할 수 없는 미래라면, 이제 그 축소가 어떻게 정의롭고 지속가능하게 설계될 수 있는가가 핵심 과제가 된다.

바로 그 지점에서 이민은 다시 정의되어야 한다. 이민은 단지 부족한 사람을 채우는 것이 아니라 우리 사회가 '누구에게 문을 열고, 누구를 이웃으로 맞으며, 어떤 원칙으로 함께 살아갈지를 선택하는 행위다. 이는 본질적으로 정치적 결정이며, 동시에 윤리적 약속이다(Carens 2013). 그리고 그 선택은 새로운 공동체의 설계, 즉 축소사회를 넘어서는 미래형 사회계약의 시작이 될 수 있다.

"이민이 필요한 사회는 단지 인구가 부족한 사회가 아니다. 이민 없이는 자신을 재설계할 수 없는 사회다."

나아가 이민은 단지 사회·복지·노동의 영역을 넘어서 국가의 지속성과 생존 전략 차원에서도 논의되어야 한다. 인구절벽 속에서 병역자원은 급감하고, 지역 거주자와 예비군 기반은 붕괴되며, 국토 안보의 실효성이 약화되는 현실 속에서 이제 인구문제는 전통적인 안보 개념마저 재정의하도록 요구하고 있다. 다음 장에서는 '고령화와 저출산이 가져오는 안보의 위기'와 '인구구조 변화에 대응한 국가 안보 전략의 재설계'를 중심으로 살펴보고자 한다.

제11장   요약

이 장은 초저출산과 고령화가 가속화되는 한국 사회에서 이민이 단지 인구 보완의 수단을 넘어 미래 공동체의 구성 원리이자 새로운 사회계약의 실천이 되어야 함을 강조하였다. 한국은 이미 다양한 형태의 이주민과 다문화 인구를 받아들이고 있으며, 농촌과 중소도시, 돌봄노동과 제조업 등 사회 전반에서 이들의 역할이 구조적으로 확대되고 있다.

그러나 정책과 제도는 여전히 단기적 노동력 확보에 집중되어 있으며, 시민권과 정주 기반은 미흡하다. 주요국 비교를 통해 확인한 바와 같이, 성공적인 이민 수용사회는 유입 자체보다 설계 방식에 달려 있으며, 한국 역시 제도 일관성, 사회통합 전략, 시민 인식, 정치적 리더십을 통해 이민을 포용 가능한 방향으로 이끌어야 한다. 나아가 이민은 복지와 노동의 문제를 넘어, 국가의 지속 가능성과 안보 구조까지 연결되는 인구정치의 중심 변수임을 인식해야 할 시점이다.

핵심 주제	요점 정리
왜 이민인가	인구 · 노동력 · 돌봄 · 지역 공동체 유지에 필수적 대안
한국의 이민정책 현실	유입은 증가하지만, 정착과 시민권 설계는 미흡
사회통합 과제	언어 · 교육 · 복지 · 참여 등 다층적 통합 설계 필요
해외사례 시사점	캐나다 · 독일은 통합 중심 설계, 일본은 제도적 한계 노출
수용사회의 조건	제도 일관성, 시민 인식, 정치적 공론화의 균형 필요
인구정치의 확장	이민은 복지 · 노동뿐 아니라 안보 · 국가 존속 전략과 연결됨

| 참고문헌 |

경기연구원. 2022. 『이민정책의 지방분권화와 사회통합 방향』. 정책보고서 2022-10. 수원: 경기연구원. https://www.gri.re.kr/research/boardView.do?board_seq=80156
고용노동부. 2021. "외국인근로자, 체류 및 취업활동 기간 1년 연장." https://www.moel.go.kr/news/enews/report/enewsView.do?news_seq=12140
고용노동부. 2022. "내년에 외국인력 11만 명 도입 확정." https://www.moel.go.kr/news/enews/report/enewsView.do?news_seq=14148
고용노동부. 2023. "내년 외국인력(E-9) 16만5천명 도입 내국인 구인 어려운 음식점업 등 외국인력 허용." https://www.moel.go.kr/news/enews/report/enewsView.do?news_seq=15860
국민건강보험공단. 2023. 『2023년 노인장기요양보험 통계연보』.
괴산군청. 2022. "외국인 귀농귀촌 마을 조성 계획서". 괴산: 괴산군.
국회예산정책처. 2023. 『외국인 인력의 산업별 수요 현황과 과제』. 서울: 국회예산정책처.
국회입법조사처. 2023. 외국인 간병인력 제도화 관련 입법 동향 분석. 서울: 국회입법조사처.

김유휘. 2020. "일본과 대만 노인돌봄 영역의 이주노동."『국제사회보장리뷰』. Vol. 14, 79~94.
김제시청. 2022.「다문화가정 정착형 마을공동체 조성사업 보고서」. 김제: 김제시.
김현미. 2018. "한국의 이주민 정책과 다문화주의의 두 얼굴『한국사회학』. 52(4). 45-81.
농림축산식품부. 2021. 지역활화 시범사업 보고서: 외국인 농업인력 유치형 모델. 세종: 농림축산식품부.
법무부. 2023. 출입국외국인정책 통계연보. 세종: 법무부.
법무부. 2025.「체류외국인 통계」. https://www.moj.go.kr/moj/2412/subview.do
유네스코한국위원회. 2019. 다문화사회로 가는 한국: 정책 현황과 도전과제. 서울: 유네스코한국위원회. https://unesco.or.kr/library/view/705
이아영, 김서윤. 2024. "외국인 이민자 수용에 대한 한국인의 인식". 한국리서치. https://hrcopinion.co.kr/archives/30333?utm_source=chatgpt.com
이진우·김승주·박지영. 2018. "이민자의 경제적 효과 분석: 소득 및 소비 기여를 중심으로". KDI 정책연구시리즈, 2018(02).
조영태. 2021. 인구 미래 공존: 인구학의 눈으로 기획하는 미래. 서울: 북트리.
통계청. 2023.「고용동향」.
교육부. 2023.「교육통계서비스」.
한국고용정보원. 2021,『이민정책의 경제적 효과 분석 및 정책 개선 방향』. 진천: 한국고용정보원.
한국농촌경제연구원. 2020.『농업 고용환경 변화에 따른 외국인근로자 활용정책방안』. 연구보고 R905.
한국보건사회연구원. 2022.『고령사회 간병인력 수급 전망과 정책과제』. 세종: 한국보건사회연구원.
한국이민학회·법무부. 2022. 2022 이민정책 포럼 자료집: 인구감소와 이민정책의 미래. 서울: 한국이민학회.
행정안전부. 2023.『인구 감소지역 지정』. 홈페이지 주요업무.

Bloom, D. E., Canning, D., & Sevilla, J. 2003. The Demographic Dividend: A New Perspective on the Economic Consequences of Population Change. Rand Corporation.
Carens, J. H. 2013. The Ethics of Immigration. Oxford University Press.
Castles, S., & Miller, M. J. 2009. The age of migration: International population movements in the modern world (4th ed.). New York: Palgrave Macmillan.
Escandell, X., & Ceobanu, A. M. 2010. "Comparative analyses of public attitudes toward immigrants and immigration using multinational survey data: A review of theories and research." Annual Review of Sociology, 36(1), 309–328. https://doi.org/10.1146/annurev.soc.012809.102651
Hollifield, J. F., Martin, P. L., & Orrenius, P. M. (Eds.). 2014. Controlling immigration: A global perspective (3rd ed.). Stanford: Stanford University Press.
McDonald, P. 2006. "Low fertility and the state: The efficacy of policy." Population and Development Review. 32(3), 485-510.
OECD. 2020. International migration outlook 2020. Paris: OECD Publishing. https://doi.org/10.1787/ec98f531-en
OECD. 2021. International Migration Outlook 2021. Paris: OECD Publishing. https://doi.org/10.1787/migr_outlook-2021-en

OECD. 2022. Settling In 2022: Indicators of Immigrant Integration. Paris: OECD Publishing. https://doi.org/10.1787/3cde94fa-en

OECD. 2023. International Migration Outlook 2023. Paris: OECD Publishing. https://doi.org/10.1787/29b48a59-en

Scholten, P., & van Nispen, F. 2015. "Policy analysis and the "migration crisis": Introduction". Journal of Comparative Policy Analysis: Research and Practice. 17(1), 1-9. https://doi.org/10.1080/13876988.2015.1006408

Tsuda, T. 2006. "Local citizenship and foreign workers in Japan". Asia-Pacific Journal: Japan Focus. 6(5). https://apjjf.org/takeyuki-tsuda/2762/article

Walzer, M. 1983. Spheres of Justice: A Defense of Pluralism and Equality. New York: Basic Books.

Zimmermann, K. F. 2005. "European labour mobility: Challenges and potentials." De Economist. 153(4). 425-450.

제12장

인구구조 변화와 안보: 병력, 공동체, 그리고 지속 가능한 국가전략

1. 인구구조 변화는 국가안보의 패러다임을 바꾼다

인구구조 변화는 단순한 경제·사회적 문제가 아니라, 국가 안보의 근간을 흔드는 구조적 충격으로 나오고 있다. 고령화와 저출산, 지역소멸과 공동체 붕괴는 군사력뿐만 아니라 사회회복력(resilience), 지역거버넌스 유지, 시민적 연대 등 국가 존속성과 안보 역량의 핵심 지표에 영향을 미치고 있다.

미국 CNN은 한국의 저출산 문제가 군 병력 유지에 심각한 도전 과제(South Korea's military has a new enemy: Population math)가 되고 있다고 지적하였다. 2022년 한국의 출생아 수는 약 25만 명에 그쳤으며, 남녀 성비가 50대 50이라 가정하면, 20년 뒤 군 복무 대상자는 12만 5,000명에 불과할 것으로 예상된다는 것이다. 군 병력 충원의 어려움은 한국의 안보와 국방에 큰 도전 과제가 될 수 있다.

고령화 또한 문제를 가중시키고 있다. 통계청의 장래인구추계에 따르면 2022년부터 2072년까지 65세 이상 고령인구 비중은 17.4%에서 47.7%로 증가할 것으로 전망된다. 이는 군사 인력 충원뿐만 아니라 사회적 부담 증가로 이어질 수 있다. 고령화로 인해 사회 전체적으로 젊은 층의 비율이 줄어들고 있으며, 이에 따라 국방 인력의 감소와 더불어 사회적 부담도 증가하고 있다. 한국군 규모는 2018년 60만 명, 2022년 50만 명이 무너졌다. 이대로라면 2042년에는 20세 남성 인구가 12만 명으로 급감해 상비병력 30만 명 수준을 간신히 유지할 것이라는 국방연구원의 분석도 있다. 이러한 상황에서 은퇴한 베이비붐 세대들의 병역분담 논의 중 하나인 시니어 아미(senior army) 논의도 흥미를 끈다.

 이러한 상황에서 한국군은 드론, 인공지능, 로봇 등의 첨단 기술을 도입해 자동화된 군사 시스템을 구축하려는 움직임을 보이고 있으나 기술 전환이 완전히 이루어지기 전까지 병력 감소의 영향을 피하기 어려울 것이라고 전망하고 있다. 아울러 예비군 활용 강화와 함께 여성 징병제 도입을 고려해야 한다는 주장이 제기되고 있으나 여성 징병제는 한국 사회 내에서 큰 논란이 될 수 있으며, 정치적 및 사회적 부담이 따를 수 있다고 지적하고 있다.

 한국은 2020년을 기점으로 총인구 감소에 진입했고, 2030년이면 병역자원(20세 남성 수)이 17만 명대까지 급감할 것으로 전망된다. 이는 불과 한 세대 만에 기존 징병제 기반 국방 시스템의 지속 가능성이 무너질 수 있음을 의미한다(통계청 2023). 그러나 문제는 군사력만이 아니다. 지방소멸, 농산어촌 공동체의 붕괴, 병원·소방·경찰·돌봄 등 지역 기반 인프라의 급속한 약화는 '사회적 기반(social infrastructure)'을 통한 국가안보마저 위협하고 있다.

 사회가 내부적으로 붕괴할 때 외부로부터의 물리적 위협은 더욱 치명적인 결과를 초래할 수 있다. 즉, 인구구조 변화는 국가의 작동 기반을 송두리째 재구성하게 만드는 힘이다. 과거 전통적 국가안보론은 국경과 병력을 중심으로 구성되었다. 하지만 21세기 한국이 직면한 안보 위기는 국내 인구구조의 변동성과 사회복원력의 약화에서 비롯된다.

 이는 이제 '총체적 안보(Comprehensive Security)', 나아가 '지속 가능한 안보(Sustainable Security)' 개념으로 확장되지 않으면 대응할 수 없는 위기다. 총체적 안보는 단순히 군사적 위험뿐만 아니라 정치적, 경제적, 사회적, 환경적 요인까지 포함하여 국가의 생존과 복지를 위협하는 모든 요소를 포괄적으로 다루는 안보 개념이다(Yamamoto 1983; Buzan 1991). 지속가능한 안보는 군사력에 의존한 단기 억지가 아니라, 환경, 빈곤, 인권, 민주주의 등 구조적 문제를 장기적으로 해결함으로써 근본적인 평화와 안보를 실현하는 전략적 접근을 말한다(Rogers 2007).

 요컨대, 인구구조 변화는 다음과 같은 다층적 충격을 안보에 가하고 있다.

▲ 병역자원의 감소 → 군사력 유지 불가능

▲ 지역 인구소멸 → 국토 관리의 공백

▲ 공동체 기반 약화 → 사회적 복원력 붕괴
▲ 노동력과 경제 기반 위축 → 방위산업과 국방재정 악화
▲ 시민적 연대 약화 → 비상상황 대응 역량 감소

이러한 다중위기 상황은 단순히 국방부의 병력구조 조정이나 모병제 전환만으로 해결될 수 없다. 국방 체계의 혁신, 사회안보 복원, 이민과 시민권 확장, 지역 균형 발전까지 통합된 국가 전략이 필요하다.

"국가안보는 국경 밖에서 시작되는 것이 아니라, 국경 안의 공동체에서 시작된다."

이 장에서는 인구구조 변화가 국가안보에 가하는 충격을 다층적으로 분석하고, 병역자원 감소와 군사조직 재편의 문제를 넘어, 사회적 기반의 복원과 시민적 응집력까지 포함하는 새로운 국가안보 전략을 모색하고자 한다. 특히, 우리는 '병력'만이 아니라 '복원력(Resilience)'을 중심에 놓고 21세기형 지속 가능한 국가안보의 조건을 진지하게 성찰할 필요가 있다.

다음 절에서는 먼저 병력자원과 지역사회 붕괴가 어떻게 동시에 위기로 나타나고 있는지 그리고 이를 어떻게 통합적으로 대응할 수 있을지를 살펴본다.

2. 병력과 공동체의 이중 위기: 국방력과 사회안보의 동시 붕괴

한국 사회는 지금, 군사적 병력 자원의 위기와 지역 공동체 기반의 붕괴라는 두 가지 위기가 동시에 진행되고 있다. 이는 단순히 인구 수 감소의 문제가 아니라, 국가 시스템 자체를 지탱하는 두 개의 기둥이 동시에 침식되고 있는 상황이다.

1) 병력자원의 급감과 군사력 위기

한국은 2020년을 기점으로 병역자원인 20세 남성 인구가 본격적인 감소세에 진입하였다. 2021년 약 25만 명이던 20세 남성 인구는 2037년에는 약 17만 명 수준까지 줄어들 것으로 전망된다(통계청 2023). 이는 16년 만에 약 30% 이상의 병역자원이 감소하는 것을 의미한다. 통계청의 20세 남

자 인구 중 위 추계를 바탕으로 2021년 기준 20세 남자 인구수 대비 현역입영자비율(67.78%)이 유지된다는 가정 아래 신규 병력자원 규모를 추정하였다. 신규 병력자원은 2022년 186천명 수준에서 2044년 86천명 수준까지 감소(-53.8%)할 것으로 예상(〈그림 12-1〉 참조)된다(예산정책처 2023).

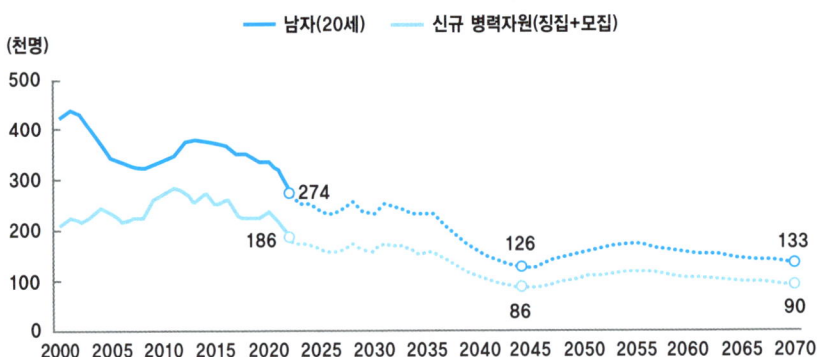

〈그림 12-1〉 신규 병력자원 추이 및 전망

※ 국회예산정책처(2023). p. 20.

이러한 병력 감소는 전통적인 징병제 기반의 상비군 유지에 심각한 도전을 제기한다. 국방부는 오랫동안 '상비병력 50만 명 유지'를 정책목표로 삼아왔으나, 2022년 국방백서에서는 이 목표를 포기하고 병력 규모를 하향 조정하는 개편 방침을 공식화하였다(국방부 2022).

병력 감소는 단순한 수적 축소를 넘어 질적 위기를 동반한다. 청년층의 군 복무 기피 현상과 병역 거부 증가, 병역 대상자의 질적 편차 심화 등은 병역 이행 인식 자체의 약화를 나타낸다. 이는 군사력 유지뿐만 아니라 사회적 연대와 국가안보의 기반을 약화시키는 요인으로 작용할 수 있다.

이러한 상황에서 국방의 질적 전환이 지연될 경우 병력 규모 축소는 작전 능력 약화, 억지력 저하, 방위비용 증가로 이어질 가능성이 높다. 따라서 병력 감소에 대응하기 위해서는 군사력의 질적 향상과 함께 사회적 인식의 변화, 병역 제도의 유연한 개편 등이 종합적으로 이루어져야 할 것이다.

2) 지역 공동체 붕괴와 사회안보의 취약성

동시에 지방의 공동체 기반 역시 빠른 속도로 무너지고 있다. 2023년 기준 전국 89개 시군구가 '인구감소지역'으로 지정되어 있으며, 이들 지역에서는 청년 유출과 고령화가 동시에 진행되면서 사회기반 시설(학교, 병원, 소방서, 경찰서, 지역 돌봄시설 등)의 운영이 유지 불가능한 임계점에 도달하고 있다(행정안전부 2023). 지방의 인구구조가 초고령사회로 전환되는 가운데, 지역 내 노동력은 고갈되고, 젊은 인구의 부재는 소비와 교육 수요를 감소시켜 공동체의 지속가능성을 위협하고 있다.

특히 농촌 지역에서는 병원, 약국, 소방서, 응급의료센터 등 '최소 생활 인프라'가 해체 단계에 진입하고 있다. 2022년 한 해 동안만도 전국에서 약 300개 이상의 초등학교가 폐교 또는 통·폐합되었으며, 이는 단지 교육시설의 감소를 넘어 지역 돌봄체계의 붕괴로 이어지고 있다(교육부 2023). 지역 내 응급환자 수송 체계, 독거노인 안전망, 재난 시 현장 대응 체계 등도 인력 부족과 예산 감축으로 인해 점차 무력화되고 있다. 이와 같은 현상은 재난, 사고, 범죄 등 비상상황 발생 시 지역사회의 대응 역량 자체를 현저히 저하시킨다.

이것은 단순한 복지의 문제가 아니다. 지역 공동체의 붕괴는 국가 전체의 사회안보(societal security)를 약화시키며, 사회적 연대 기반과 일상생활의 회복력(resilience)을 무너뜨리는 구조적 위기이다. 사회안보란 단순히 물리적 안전이 아니라, 공동체 구성원들이 사회 안에서 지속적으로 기능할 수 있는 조건이 보장되는 상태를 의미한다(Buzan et al. 1998). 이 조건이 약화될 경우, 국가 전체가 외부의 충격이나 내재된 불안에 효과적으로 대응할 수 없는 상태에 직면하게 된다.

여기서 주목할 것은 지역 공동체 붕괴가 단지 현대사회의 위기만이 아니라 역사적으로도 제국과 국가의 몰락을 초래했던 근본적 원인이었다는 점이다. 제러미 리프킨이 『공감의 시대』(2010)에서 로마제국의 몰락을 단지 부패나 외침과 같은 정치·군사적 요인으로 설명하는 것은 불완전하며, 실제로는 농촌의 공동화와 에너지 생산 기반의 붕괴가 더 결정적인 원인이었다고 분석한 것도 이러한 맥락이다.

3) 국방과 사회복원력의 연결

한국은 현재 병력자원의 감소와 지역사회 기반의 붕괴가 동시에 진행되면서, 전통적인 군사안보 체계와 일상적 사회안전망이 이중으로 약화되는 복합위기에 직면하고 있다. 이는 단순히 병력 수급의 문제에 그치지 않으며, 국가 전체의 기능성과 회복력을 동시에 위협하는 구조적 충격을 유발한다.

이러한 상황은 '병역자원 부족'과 '내부 회복력 결핍'이라는 두 가지 위기가 중첩되는 이중 충격(double shock) 구조를 형성하고 있다. 이 장에서는 병역자원 감소와 지역 기반 붕괴가 동시에 국가안보를 위협하는 상황을 '이중 충격(double shock)' 구조로 개념화하였다. 이 용어는 Buzan et al.(1998)의 사회안보 이론과 국방부(2022)의 병력자원 분석, 그리고 지역사회 복원력 개념을 바탕으로 저자가 통합하여 제시한 분석 틀이다. 병력자원의 감소는 군사적 억지력의 저하로 이어지고, 지역공동체의 붕괴는 사회적 응답능력의 약화로 연결된다. 이 두 가지 축이 동시에 취약해질 경우, 국가 시스템 전체의 안정성과 지속가능성이 심각하게 흔들리게 된다.

병력자원의 감소는 전투력의 약화를 넘어, 비상시 국가 동원체계의 신뢰성을 떨어뜨리는 결과를 초래한다. 특히 전시나 재난 발생 시, 지역 기반 병력(예비군, 민방위, 향토사단 등)의 부재는 초기 대응 능력을 급격히 저하시킨다. 이는 곧 국가 전체의 작전 지연과 방어선 붕괴 가능성을 높이는 결과로 이어진다(국방부 2022).

한편 지역공동체의 약화는 비군사적 영역에서의 사회복원력(social resilience)을 급격히 낮춘다. 응급 의료, 구조, 돌봄, 보건 등 지역 수준의 일상적 대응 능력은 전시나 재난 시 민간부문의 회복 속도를 결정짓는 핵심 요소이다. 이 기반이 붕괴될 경우, 군사적 방어가 성공하더라도 사회 전체의 복원과 일상 회복은 불가능해진다(Buzan et al. 1998).

특히 인구소멸 지역에서는 지역 방위 거점의 기능 약화가 뚜렷하게 나타날 가능성이 높다. 예비군 훈련소, 지역 방위부대, 향토방위시설 등은 인구 기반이 붕괴되면서 유지조차 어렵게 되고, 이는 곧 특정 지역이 '안보의 공백지대(security void)'로 전락할 위험성을 내포한다. 이와 같은 불균형은 곧 국가 전체의 '비대칭 취약성(asymmetric vulnerability)'을 확산시키는 계기가 된다. 여기서 비대칭 취약성이라는 개념은 특정 국가 또는 지역이 인구, 자원, 기반시설, 회복력 등에서 나타나는 불균형으로 인해 위기 상황에 상이한 수준의 피해를 입을 가능성이 존재한다는 것을 의미한다. 즉, 일부 지역은 군사적 방어력과 사회적 회복력이 상대적으로 유지되지만, 다른 지역은 두 축 모두 붕괴되어 국가 전체의 균형적 대응이 불가능한 상태가 된다. 이는 단순한 안보 문제를 넘어, 국가 통합성과 영토 주권의 유지 능력 자체를 시험하게 만드는 위기이다.

따라서 병력자원 문제와 지역공동체 붕괴를 분리된 과제로 다루어서는 안 된다. 두 문제는 본질적으로 서로 맞물려 있으며, 통합적 안보 전략과 지역사회 회복 정책이 병행되어야만 지속가능한 국가안보 체계를 설계할 수 있다. 이러한 의미에서 병력은 군사안보의 지표이고, 지역사회는 사회안보의 기반이라는 점을 동시에 고려해야 한다. 국방과 복원력을 연결짓는 사고 전환이야말로 21세기형 지속가능한 안보전략의 핵심이라 할 수 있다.

4) 향후 대응 방향의 제안

이러한 병력자원 감소와 지역 공동체 붕괴라는 이중 위기에 효과적으로 대응하기 위해서는 전통적인 '군사력 중심 안보' 패러다임에서 벗어나 군사력과 사회복원력을 아우르는 통합적 국가안보 전략으로의 전환이 필요하다.

첫째, 군사력 측면에서는 병역자원 감소에 대비한 군의 첨단화·무인화 전략이 핵심이다. 병력 중심의 양적 유지보다 전문직업군 중심의 유연한 편제, AI 기반 작전 체계, 드론 및 무인전력 강화를 통해 작전 효율성과 억지력을 동시에 확보하는 방식으로의 전환이 요구된다. 일본과 이스라엘 등도 이미 병력 축소에 대비해 전문병사제와 기술 기반 군사력 재편을 가속화하고 있다(국방부 2022).

둘째, 사회안보의 축으로서 지역사회 복원력의 회복이 병행되어야 한다.

이는 단지 군사적 보완이 아니라 재난 대응체계, 응급의료망, 지역 돌봄·보건 인프라 등 '사회적 기반(social infrastructure)'을 강화하여 비상 상황에서도 기능하는 지역 단위의 생활 안보망을 구축하는 것이다. 즉, 병역자원의 물리적 축소는 사회 전체의 기능적 응답 능력으로 보완되어야 한다(Cutter et al. 2003; Adger 2006).

셋째, 이러한 전략을 아우르는 새로운 패러다임은 '확장된 안보 전략(Expanded Security Strategy)'으로 명명될 수 있다. 이는 군과 시민사회의 기능적 통합, 복원력 기반 사회체계 재편, 비군사적 위험 요소까지 포괄하는 국가안보 인식의 확장을 의미한다. 이미 유럽연합(EU), 스웨덴, 핀란드 등에서는 '총체적 안보(Total Defence)' 개념 아래 군-민 협력 체계, 민방위, 재난관리, 시민 교육 등이 통합적으로 운영되고 있다(Buzan et al. 1998).

요컨대, "인구구조 변화는 병력을 줄이는 것이 아니라, 국가를 지탱하는 모든 힘을 다시 설계하게 만든다." 이제 안보는 병력 규모가 아니라 사회가 위기를 얼마나 견디고 회복할 수 있는가에 대한 질문으로 바뀌고 있다.

다음 절에서는 이러한 위기 상황 속에서 제기되고 있는 모병제 전환 논쟁과 현실적 대안을 중심으로 구체적인 제도 설계 방향을 살펴보고자 한다.

3. 모병제 전환 논쟁과 현실적 대안

인구구조 변화는 단지 병역자원의 물리적 감소에 그치지 않고, 한국의 징병제 기반 군사 시스템 전체를 근본적으로 재구성할 것을 요구하고 있다. 병력 부족, 청년층의 병역 기피 증가, 군 복무의 사회적 의미 약화 현상은 오랜 시간 유지되어 온 '국민개병제' 모델의 지속 가능성에 심각한 도전을 가하고 있다(통계청 2023; 국방부 2022).

이러한 위기 속에서 한국 사회에서는 모병제 전환에 대한 논의가 점차 본격화되고 있으며, 이는 단순한 병역 정책의 문제가 아니라, 국가안보 전략과 시민-국가 관계 전반을 재설계해야 하는 구조적 논점으로 떠오르고 있다.

1) 모병제 논의의 배경

첫째, 병역자원의 급격한 감소가 구조적 위기의 핵심 배경이다. 2021년 기준 약 25만 명이던 20세 남성 인구는 2037년에는 약 17만 명 수준까지 감소할 것으로 전망된다(통계청 2023). 이러한 급감은 단순한 수적 축소를 넘어, 징병제 유지에 필요한 최소 병력 기준조차 확보하기 어렵게 만든다. 실제로 국방부는 2022년 국방백서에서 상비병력 50만 명 유지 목표를 공식 철회하고, 병력 감축과 첨단화 중심으로의 전환 방침을 제시한 바 있다(국방부 2022). 최근 실시된 여론조사에서도 모병제 도입 찬성(69.8%) 의견이 반대(28.8%)·기타(1.4%)를 앞서는 것으로 나타났으며, 그 이유는 인구감소에 따른 병력구조 개편을 가장 주된 요인으로 지목하였다(〈그림 12-2〉 참조 SBS 2024).

〈그림 12-2〉 모병제 도입 찬성 이유

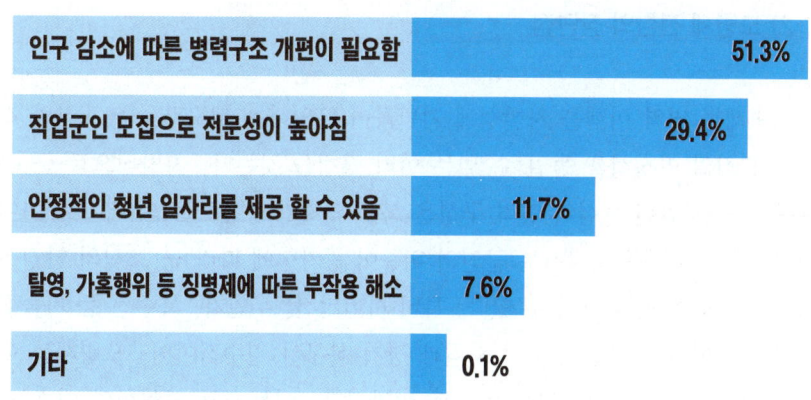

※ 자료: SBS(2024)

둘째, 청년 세대의 병역 이행에 대한 사회적 인식 변화도 주요 원인이다. 고등교육 확대, 경제적 기회비용 증가, 병영문화에 대한 신뢰 저하 등은 병역 회피와 면제 희망 경향을 증가시키고 있다. 청년층은 군 복무를 "불공정한 희생"으로 인식하는 경향이 강해지고 있으며, 특히 복무 기간 동안 학업·경력 단절에 따른 기회비용 부담이 징병제에 대한 거부감을 높이고 있다(조선일보 2023).

셋째, 군사 기술의 근본적 전환 역시 기존 병력 중심 구조의 적합성을 약화시키고 있다. 4차 산업혁명 이후, 군사전략은 AI 기반 전장환경, 사이버전, 드론·로봇을 활용한 무인작전으로 급속히 진화하고 있으며, 이에 따라 정예·전문화된 소수 병력의 전략적 효용성이 확대되고 있다(Singer 2009). 미국, 영국, 프랑스, 독일 등은 이미 부분 또는 전면 모병제를 채택하고, 첨단화된 병력 구조로 전환하고 있다.

마지막으로, 모병제 논의는 단지 인력 수급의 문제가 아니라 병역의 형평성과 복무의 질 제고, 그리고 시민과 국가의 계약 재설계라는 차원으로 확장되고 있다. 시민이 자발적으로 국가에 기여하는 구조는 강제적 징병보다 정치적·도덕적 정당성을 갖기 쉬우며, 병역 제도에 대한 사회적 수용성도 더 높다는 주장도 있다.

2) 모병제 전환의 장단점

모병제는 병역 이행을 자발성에 기반하여 운영하는 제도로, 군 조직의 전문성과 직업 안정성을 높일 수 있는 여러 장점을 갖는다. 자발적으로 군 복무를 선택한 인원 중심의 인력 구성은 복무 의지가 높은 인력의 확보로 이어지며, 장기 복무를 희망하는 군인의 비중이 증가함에 따라 군 조직의 안정성과 전문성도 함께 제고될 수 있다. 특히 사이버전, 무인기, 특수전 등 기술집약적 영역에서는 일정 수준의 숙련과 장기 복무가 필수적이며, 모병제는 이와 같은 조건에 더 부합하는 제도로 평가된다. 이는 4차 산업혁명 이후 군사기술이 무인화·정보화 중심으로 재편되는 흐름과도 맞물려 있다(Singer 2009). 그러나 완전한 모병제 전환은 다양한 구조적 부작용과 사회적 비용을 수반한다. 첫째, 병력 충원의 불안정성이 대표적이다. 징병제는 인구 기반으로 일정한 병력 규모를 확보할 수 있으나, 모병제는 군 복무 희망자 수에 따라 병력 충원이 좌우된다. 실제로 미국은 이라크전과 아프가니스탄전 장기화 과정에서 자발적 복무 인원이 급감하자, 병력 충원을 위해 고액의 보상금과 학자금 혜택 등 유인책을 대거 도입해야 했으며, 이는 국방예산의 급격한 증가로 이어졌다(Rostker 2006).

둘째, 사회경제적 계층에 따른 병역 부담의 불균형 문제가 제기된다. 자발성에 기반한 모병제는 사회경제적 약자가 군 복무를 경제적 생계수단으로 삼는 구조를 형성할 위험이 있으며, 이는 군 조직 내 계층화와 낙인의 문제로 이어질 수 있다(Tepe & Vanhuysse 2010). 징병제의 경우, 병역의무가 전 국민에게 보편적으로 적용되어 공동체적 연대감 형성에 기여하지만, 모병제는 이 연대 기반을 약화시킬 가능성이 있다.

셋째, 막대한 재정 부담 역시 큰 도전 과제다. OECD의 비교 분석에 따르면, 모병제 전환 시 병사 1인당 인건비와 복지비용이 증가하면서 국방예산이 GDP 대비 평균 2.8% 이상으로 상승할 수 있다(OECD 2022). 한국의 경우 2023년 기준 국방예산은 GDP 대비 약 2.5% 수준이며, 모병제 전환 시 급여, 복지, 숙소, 교육 훈련 등의 부대 비용이 크게 증가할 것으로 전망된다.

넷째, 국가와 시민 간의 상징적 계약으로서의 병역 개념이 약화될 수 있다. 징병제는 병역을 통해 국민이 공동의 안보 부담을 나누고, 이를 통해 국가와 시민 간 신뢰와 유대가 형성되는 제도였다. 반면 모병제는 병역을 노동시장 속 하나의 선택으로 전환시켜, 공동체 기반의 병역 의무를 해체할 위험성이 있다. 장 자크 루소는 『사회계약론』에서 "병역이 자발성에만 기초할 경우, 국방은 공공의 의무가 아니라 사적 노동의 대상이 된다"고 경고하였다(Rousseau 1762/2002).

요컨대, 모병제는 기술 중심의 미래 군 구조에 부합하는 제도이자 전문화된 군조직을 설계할 수 있는 기회를 제공하지만, 전면 도입에는 상당한 사회적·재정적·정치적 비용이 수반된다. 따라서 모병제 전환은 '징병제의 보완'이 아니라 국가안보, 시민사회, 복지재정, 사회계층 구조 등 다양한 영역의 영향을 고려한 종합 설계의 문제로 다루어져야 한다(〈표 12-1〉 참조). 최근 학계와 정치권에서 논의되는 혼합형(준모병제) 또는 단계적 전환 모델은 이러한 위험을 완화하는 현실적 대안으로 주목받고 있다(심성은 2022).

〈표 12-1〉 모병제와 징병제 주요 쟁점

쟁점	징병제	모병제
병력 확보	인구 감소로 지속 불가능	충분한 보수와 처우 시 모집 가능
비용	상대적으로 저비용	고비용 구조 (인건비 증가)
형평성	성별·계층 불균형 존재	자발적 참여 기반, 공정성 ↑
전문성	단기 복무로 숙련도 낮음	직업군인으로 군 전문성 ↑
사회 인식	군 복무 의무에 대한 공감 약화	복무의 자율성, 직업 선택권 보장

3) 독일식 징·모혼합제: 유연한 전환을 위한 현실적 대안

완전한 모병제 전환이 갖는 한계와 위험성을 극복하기 위한 대안으로 징병제와 모병제를 조합한 혼합형(또는 유연형) 모델이 국제적으로 주목받고 있다. 이 모델은 전면적인 징병의 사회적 부담을 줄이면서도 특정 분야에서는 전문성과 자발성에 기반한 병력 충원이 가능하다는 점에서 현실적 절충안으로 평가된다.

대표적인 예는 독일의 사례이다. 독일은 2011년 징병제를 공식 폐지하였으나 「기본법」 제12조a항을 통해 유사시 징병제 복원을 가능케 하는 법적 기반을 유지하고 있으며, 평상시에는 자원 입대자 중심의 직업군 체계를 운영하고 있다. 이에 따라 병력 구성의 자율성과 전문성을 확보하는 동시에, 국가 안보 위기 상황에 대비한 병력 확보 장치도 동시에 마련하고 있다.

한국도 인구구조 변화와 안보 환경의 불확실성을 고려할 때, 다음과 같은 징·모혼합제 모델이 현실적인 대안으로 검토될 수 있다:

▲ 핵심 병력(보병, 일반 전투 병력 등): 일정 범위 내 제한적 징병제를 유지하여 병력 기반을 확보한다.

▲전문 병력(사이버, 드론, AI 작전, 정보전 등): 자발적 지원에 기반한 모병제를 통해 고숙련 인재를 선발·운용한다.

▲예비군 체계: 지역 기반 예비군 및 전문예비군 조직을 강화하여 비상사태 대비 역량을 보완한다.

▲법제도적 기반: 평시에는 모병 중심으로 운영하되, 국가 비상 상황 시 징병제를 탄력적으로 복원할 수 있는 '선택적 징병 복원 체계'를 마련한다.

이러한 유연한 이중체계는 병력 규모와 질, 사회적 수용성, 재정 부담을 종합적으로 고려한 전략으로 단기적 안보 충원을 넘어서 장기적 사회통합과 안보 거버넌스 재설계에도 기여할 수 있다. 특히 고령화·저출산 시대에 국방의 유연성과 전문성을 모두 확보하는 데 중요한 제도적 선택지가 될 수 있다.

4) 정책 과제와 사회계약의 전환

모병제 도입은 단순히 병역 충원의 기술적 문제를 넘어서 국가와 시민 간의 새로운 사회계약(social contract)을 정립하는 중대한 제도적 전환이다. 따라서 모병제 논의를 실질화하기 위해서는 다음과 같은 다층적인 정책 과제들이 선행되어야 한다.

첫째, 국방비 증액에 대한 재정 조달 대책이 필요하다. 모병제 전환은 복무 유인을 위한 급여 인상, 복지·주거·교육 등 복합적인 보상체계를 요구하며, 이는 현재의 국방 예산 수준을 크게 상회할 수밖에 없다. 특히 모병제는 평균 병사 1인당 유지비가 높기 때문에 지속가능한 재정 구조 설계가 병행되어야 한다(OECD 2022).

둘째, 병역 제도의 공정성과 포괄성에 대한 사회적 합의 형성이 중요하다. 모병제가 자칫 특정 계층(사회경제적 취약계층)에 복무 부담을 집중시킬 경우, 사회적 형평성과 통합성에 대한 신뢰를 훼손할 수 있다. 이를 방지하기 위해서는 계층 간 불균형 해소, 성별·지역별 대표성 확보 등 포괄적 병역 체계가 구축되어야 한다.

셋째, 군 복무의 전문성과 경력성을 제도적으로 인정하는 동시에, 군 복무에 대한 사회적 명예를 제고하는 전면적인 국가 보훈 시스템의 개편이 필요하다. 징병제든 모병제든 인구감소 시대에 가장 핵심적인 병역 참여 유인 요소는 군 복무 중 체험되는 조직에 대한 긍정적 인식과, 복무 이후의 사회적 인정과 지원이다. 군 복무 경험이 학점이나 자격증, 경력으로 인정되도록 제도화하고, 직업군인의 경력 개발과 퇴역 후 사회 복귀를 위한 맞춤형 지원이 강화되어야 한다. 동시에 병역기피의 사회 분위기를 근본적으로 전환할 수 있는 국민적 인식개선과 국가보훈 문화의 혁신이 절실하다. 국가를 위한 희생과 복무가 자긍심의 원천이 될 수 있도록 중·고령 복무자에 대한 생활지원, 주거, 교육, 자녀혜택, 사후 예우까지 포함하는 통합 보훈체계가 마련되어야 한다. 미국 오바마 대통령이 아프간 전사자들의 유해를 맞이하며 새벽에 직접 거수경례를 한 상징적 장면(2009.10.29. 새벽 4시45분 델라웨어 공군기지)은, 국가수반이 병역의 명예를 실천적으로 존중하는 자세가 국민에게 깊은 인상을 남기고, 군 복무에 대한 사회적 인식을 고양시키는 데 얼마나 중요한지를 보여준다.

이처럼 복무 환경의 어려움과 24시간 대기체제에 놓인 군 복무의 특수성을 사회적으로 정당하게 인정하고, 이에 합당한 명예와 예우를 제공하는 것이야말로 병역 제도의 지속 가능성과 안보 인력 확보를 위한 핵심적인 사회계약의 전환이라 할 수 있다.

넷째, 병역과 사회통합을 연결하는 시민교육의 강화가 필요하다. 병역은 단지 국가에 대한 의무가 아니라 공동체 구성원으로서의 책임을 학습하는 과정이기도 하다. 모병제 전환에 따른 병역의 개인화가 공동체적 연대 의식을 약화시키지 않도록, 입대 전후 시민성, 책임, 평화 등의 주제를 포괄하는 통합 교육 모델이 요구된다.

결론적으로, 모병제는 병력 확보의 수단이 아니라 국가 공동체를 재구성하는 선택이다. 한국은 급속한 인구구조 변화와 안보환경의 변동성 속에서, 단선적인 전환이 아닌 유연한 징·모 혼합제 모델을 중심으로 병역 체계를 재설계해야 할 시점에 있다. 이는 단지 병력을 유지하기 위한 전략이 아니라, 청년세대와 국가가 새롭게 맺을 사회적 계약의 방향을 결정짓는 일이기도 하다.

"모병제는 병력을 충원하는 수단이 아니라, 국가 공동체를 재구성하는 선택이다."

4. 이민, 여성, 시니어 자원의 새로운 역할

병역자원의 급감과 지역 공동체의 붕괴라는 이중 위기에 직면한 한국 사회는, 더 이상 청년 남성 중심의 전통적인 병역·안보 체계에만 의존할 수 없는 상황에 도달하고 있다. 인구구조의 급속한 전환은 군사력 유지뿐 아니라 재난 대응·돌봄·보건·교육 등 사회 전반의 복원력을 동시에 위협하고 있으며, 이러한 다중위기에 대응하기 위해서는 새로운 사회적 자원의 전략적 활용이 필수적이다.

이민자, 여성, 고령자는 지금까지 한국의 안보와 복지 담론에서 주변적 존재였으나 이제는 국가안보와 사회통합을 지탱할 핵심 파트너로 재정의될 필요가 있다. 이들은 단지 '보완 인력'이 아니라 새로운 사회계약의 구성 주체이자 다원적 국가공동체를 지탱하는 힘으로 작동할 수 있다.

1) 이민자의 역할: 병력 보완을 넘어 사회통합 자원으로

전 세계적으로 이민자는 단순한 노동력 공급원을 넘어, 군 복무와 사회복원력 강화의 핵심 인적 자원으로 활용되고 있다. 대표적으로 미국은 MAVNI(Military Accessions Vital to the National Interest) 프로그램을 통해 일정 요건을 갖춘 이민자에게 군 복무 기회를 제공하고, 이를 시민권 취득과 연계함으로써 적극적인 군사적 통합을 추진해 왔다. 프랑스의 외인부대(Légion étrangère) 역시 외국인을 정규 병력으로 편입하는 대표적 사례이며, 이들은 실질적 작전병력으로서도 중요한 역할을 수행하고 있다.

한국의 경우도 더 이상 이 논의에서 예외가 될 수 없다. 이미 이민자 규모는 2023년 기준 250만 명을 넘어 전체 인구의 약 5%를 차지하고 있으며, 그 중 상당수는 20~30대의 병역 적령기 청년층이다(법무부 출입국·외국인 정책통계연보 2023). 또한 일부 다문화 가정 출신 청년들이 실제 병역 의무를 이행한 사례도 지속적으로 증가하고 있으며, 이들에 대한 제도적 인정과 통합 전략이 요구되고 있다(조영태 2021).

향후 이민자 중 일정 기간 이상 거주한 영주권자, 시민권 취득 예정자 등에 대해 군 복무 참여 기회를 제도화할 경우 이는 단지 병력 보완을 넘어 다음과 같은 전략적 효과를 기대할 수 있다:

▲사회통합 촉진: 군 복무를 통한 공동체 기여는 '이방인'에서 '시민'으로의 전환을 가능하게 함

▲다문화 공동체의 상징적 통합: 병역 이행은 단지 의무 수행이 아니라, 사회 구성원으로서의 권리와 책임의 상징

▲국민 통합 기반 확대: 국민–비국민 구분을 넘어선 사회 구성의 다원성 인정

요컨대, 이민자의 병역 참여는 단지 충원의 문제가 아니라, 포용국가로서의 정체성 형성에 직결되는 중대한 정책 선택이다. 현재 한국의 이민정책이 '노동력 확보'에는 적극적이나 '시민권 확장'에는 소극적인 이중 구조(dual structure)에 머물러 있는 상황에서, 군 복무 참여는 이 간극을 메우는 상징적 수단이 될 수 있다.

"이민자는 '공존의 대상'이 아니라, 국가 공동체를 함께 구성할 시민 자원이다."

2) 여성의 참여: 국방과 사회안보를 연결하는 전략 자원

여성은 전통적으로 병역 의무에서 배제되어 왔으나 오늘날 첨단 안보 환경과 사회복원력 강화의 핵심 파트너로 점차 부각되고 있다. 특히 병역자원의 급감, 전쟁 양상의 비전통화(사이버전, 무인기전, 재난대응 등), 사회안보 영역의 중요성 확대는 여성 인력의 적극적 통합을 요구하고 있다.

현재 한국군 내 여성 군인의 비율은 약 7.5% 수준으로, 이는 OECD 평균 15~20%에 한참 못 미치는 수치이다(OECD 2021). 반면, 스웨덴은 2018년부터 징병제 대상을 남녀 모두로 확대하고 있으며, 이스라엘은 전체 군 인력 중 여성 비율이 33%에 달하고, 전투병과에서도 여성의 활발한 참여를 장려하고 있다. 이와 같은 흐름은 단순한 인력 보완이 아니라 국가안보의 다원화·포용성 확대라는 관점에서 읽을 필요가 있다.

한국의 경우도 이제 여성의 안보 참여를 국가전략 차원에서 적극적으로 설계할 필요가 있다. 특히 다음과 같은 방안이 현실적인 대안이 될 수 있다:

▲자원입대 확대: 현재 여성의 자발적 군 복무는 일부에 국한되어 있으나 제도적 인센티브와 직무 다양화 등을 통해 지원율을 높일 수 있다.

▲전문기술병 모집 강화: 사이버전, 의료, 공병, 드론·무인기 운용 등 기

술 기반 병과에 여성의 진출을 적극 유도하고, 관련 교육과 진로 지원 시스템을 체계화해야 한다.

▲비전투 지원 및 지휘 직군 확대: 행정·정보·공보·교육 등 부문에서 여성 리더십을 발굴하고, 군 내부의 성평등 문화 개선과 직무 지속성을 보장할 필요가 있다.

또한 국방 영역 외에도 '사회안보'라는 확장된 안보 개념에서 여성의 역할은 매우 중요하다. 예컨대, 재난 대응 체계, 즉 초기 경보, 긴급구호, 지역 커뮤니티 조직에서 여성의 민감성과 협업능력은 결정적 역할을 할 수 있다. 지역안전망 구축, 즉 돌봄, 교육, 보건 등 '사회적 기반 인프라' 회복에 있어 여성은 중요한 실행 주체이다. 아울러 복원력 기반의 평화안보 차원에서 유엔 안보리 결의안 1325(여성과 평화·안보)는 여성이 갈등 해결과 평화구축의 핵심 수제임을 강조하고 있으며, 한국도 이에 대한 국내 전략이 필요하다.

결국 여성의 안보 참여는 '병력 충원'이라는 좁은 틀을 넘어 사회적 회복력과 국가통합의 기반을 다지는 전략으로 이해되어야 한다. 단지 '군복을 입는 여성'을 늘리는 것이 아니라, 안보를 구성하는 모든 영역에서 여성의 참여와 리더십을 제도화하는 것이 핵심 과제다.

"여성 없는 안보는 더 이상 지속가능하지 않다. 안보는 이제 성평등 위에서 설계되어야 한다."

3) 고령자의 재참여: 시니어 아미(Senior Army)와 사회복원력 확장

초고령사회로 진입한 한국에서 고령자는 더 이상 복지의 수혜자가 아닌 사회안전망의 구성원으로 재정의되어야 한다. '시니어 아미(Senior Army)'는 퇴역 군인뿐 아니라 건강한 고령자 전체를 대상으로 한 지역 방위 및 재난 대응 참여 모델이다.

예를 들어 ▲ '드론 운용 부대'를 통해 산불 감시, 홍수 모니터링, 대기 오염 감시를 수행하고, ▲ '산불 방제대'를 통해 산림 인접 고령자들이 초기 화재 진압을 담당하며, ▲ '사회재난 방재 네트워크'에서는 지진, 폭우, 폭염 시 초기 대응과 복구 인력을 담당하게 할 수 있다.

이러한 시니어 아미 개념은 해외에서도 확산되고 있다. 일본은 지역자위조직 내 고령자 편성을 제도화하고 있으며, 독일은 예비군(Reserve) 체계 내에 퇴역 군인과 고령자를 포함해 지역 방어 및 사회복구 활동을 강화하고 있다(심성은 2022). 러시아 일부 지역에서는 '시니어 드론 부대'를 시범 운영하며 농업 감시, 산불 경보, 국경 감시에 활용하고 있다.

고령자의 경험은 지역사회 생존력을 지탱하는 핵심 자원이며, 시니어 아미는 단순 인력 보충이 아닌 지역소멸 대응·세대 연대·사회 복원력 제고의 전략으로 기능할 수 있다.

4) 통합적 접근의 필요성

이민자, 여성, 고령자라는 새로운 사회적 자원을 단지 '보조적 병력' 또는 일시적 대체재로 간주해서는 안 된다. 이들은 현대 안보환경 속에서 국가 복원력(resilience)과 사회 통합성(social cohesion)의 핵심 자산으로 재구성되어야 할 주체들이다. 이는 단순한 병력 보완이 아니라, 안보 패러다임 전환을 의미한다. 즉, '누가 총을 드는가'의 문제가 아니라 국가를 어떻게 함께 지탱할 것인가의 문제이다.

이를 위해 다음과 같은 다층적 제도 재설계가 요구된다.

첫째, 제도적 장벽 완화이다. 이민자의 군 복무 참여를 허용하거나 확대하고, 여성 직업군인의 진입과 승진 경로를 제도적으로 보장하며, 고령자의 사회복원력 자산을 제도화하는 방안(예: 시니어 아미, 지역방재조직 등)을 본격 추진해야 한다.

둘째, 인식의 전환이다. 이민자와 여성, 고령자를 '수혜자'나 '예외적 참여자'가 아니라 공공책무를 공유하는 시민 주체로 인식 전환이 필요하다. '공존'을 넘어서 '공동체'로 이행하는 사회적 상상력이 안보 설계의 핵심 가치로 작동해야 한다.

셋째, 시민교육과 통합 전략 강화이다. 병역의 의무가 점차 자발성과 전문성으로 전환되는 시점에서 시민 교육은 공동체의식, 공적 책무, 다문화 공존의 감수성을 함께 함양하는 방향으로 개편되어야 한다. 특히 이민자와 여성, 고령자의 사회통합을 위한 다층적 프로그램(시민교육, 언어·문화 교육, 공동 훈련 등)이 필수적이다.

이러한 전환은 국제사회의 흐름과도 맞닿아 있다. 예컨대, 독일은 난민 유입 이후 이민자와 기존 시민 간의 공동 방위 체계를 모색하며 사회통합 교육을 병행하고 있으며, 이스라엘은 남녀 징병제를 통해 성평등한 안보 기반을 구축하고 있다. 일본과 러시아는 지역사회 고령자 자원을 활용한 지역 방위 및 재난 대응 체계를 활성화하고 있다.

"이제 국가안보는 더 이상 병역 동원만으로 이루어지지 않는다. 국가를 지탱하는 모든 구성원의 복원력과 참여가 새로운 안보의 기반이 된다."

다음 절에서는 이러한 문제의식을 바탕으로 이스라엘·일본·독일 등 주요 국가들의 인구구조 변화 대응과 안보 전략 사례를 살펴보고, 한국이 이들로부터 어떤 교훈을 얻을 수 있는지를 비교 분석한다.

5. 국제비교 — 이스라엘, 일본, 독일 사례 분석

인구구조 변화에 따른 병력자원 부족과 사회안보 약화는 한국만의 문제가 아니다. 전 세계적으로 고령화, 저출산, 청년층의 병역 기피, 공동체 기반의 해체 등 인구구조 전환이 가속화되면서, 많은 국가들이 전통적 안보 개념을 넘어선 지속 가능한 국가안보 체계로의 전환을 모색하고 있다.

이들 국가는 각각 고유의 역사, 정치문화, 인구구조를 바탕으로 병역 제도 개편, 기술 기반 군사력 강화, 사회복원력 확대 등 다양한 전략을 도입하고 있으며, 단순 병력 규모 유지를 넘어 국가의 존속성과 시민적 연대를 동시에 강화하는 방식으로 안보 패러다임을 재편하고 있다. 한국 역시 이러한 국가들의 경험을 통해 다음과 같은 전략적 교훈을 도출할 수 있다.

1) 이스라엘: 창의적 인재 동원과 통합형 안보체계

이스라엘은 전체 인구 대비 병역 참여율이 세계 최고 수준인 국가로 유대인 남성과 여성에게 각각 32개월, 24개월의 의무복무제(conscription)를 시행하고 있다. 그러나 단순한 병력 동원 수준을 넘어서 고도화된 인재 선발과 기술 중심 군사체계 구축 전략이 이스라엘 안보 시스템의 핵심을 이루고 있다.

대표적인 사례가 바로 탈피오트(Talpiot) 프로그램이다. 1979년에 시작된 이 프로그램은 수학, 과학, 컴퓨터 등 이공계 최상위권 인재를 고교 졸업 직후 선발해 3년간의 군사훈련과 동시에 이스라엘 최고 수준의 공학·물리학 교육을 병행하게 한다. 이후 이들은 군사기술개발, 정보전, 사이버작전 등 전략 부서에 배치되어 군의 핵심 역량을 기술 중심으로 고도화하는 역할을 맡는다(Bar-Zohar & Mishal 2005).

또한 이스라엘은 다문화적 사회구성원에 대한 통합 전략에서도 주목할 만한 사례를 제공한다. 유럽계, 아랍계, 북아프리카계 등 다양한 문화적 배경을 지닌 유대인 및 이민자들이 군 복무를 통해 '국민 통합의 경험'을 공유하게 되며, 군은 단지 안보 기관이 아닌 사회통합의 핵심 공간으로 기능하고 있다. 특히 여성과 소수종교인의 참여를 확대하고, 군 내 성차별·인종차별 방지 시스템을 정비함으로써 시민권 확대와 안보 기능을 병행하고 있다(Ben-Ari & Lomsky-Feder 2011).

이스라엘의 경험은 다음 두 가지 핵심 교훈을 우리에게 제시한다. 첫째, 인구구조 다변화는 병력 위기가 아니라 인재전환의 기회가 될 수 있다는 점이다. 둘째, 군 복무를 통해 시민권을 공유하는 경험이 가능하다면 병역은 공동체 결속의 촉매제가 될 수 있다.

2) 일본: 소수정예 자위대와 사회안보 강화

일본은 세계에서 가장 빠르게 고령화가 진행된 국가 중 하나로, 1990년대부터 인구 구조 전환에 선제적으로 대응해 왔다. 특히 병역 제도를 전면 모병제로 운영하면서, 대규모 병력 유지보다는 소수정예화(small and elite force) 전략을 채택해 군사체계를 재편하였다(Shinoda 2007).

자위대(Japan Self-Defense Forces, JSDF)는 약 24만 명의 상비병력을 유지하고 있으며, 이들은 주로 고급 기술병, 사이버 방위, 방공·해양·우주 전략 분야에 집중 배치된다. 일본은 징병제를 헌법적으로 금지하고 있어(헌법 제9조), 인력의 자발적 충원을 전제로 한 고임금·직업 안정형 군사체계를 발전시켜 왔다(Stockwin 2022).

특히 주목할 점은 재난 대응과 지역사회 복원력 강화에 자위대가 핵심 역할을 하고 있다는 사실이다. 2011년 동일본 대지진 당시 자위대는 약 10만 명을 긴급 투입해 수색·구조·구호 활동을 수행했으며, 이를 통해 국민의 신뢰를 크게 회복했다. 이후 자위대는 지진, 태풍, 화산 폭발 등 재난 대응 임무를 상설화하고, 지방자치단체와의 협업 체계를 제도화했다.

또한 일본은 고령화·지방소멸이 심각한 지역을 중심으로 고령자 중심의 지역 방재조직과 자위대 간 협력 체계를 강화하고 있으며, 이를 통해 군사조직을 '안보+복원력' 통합형 시스템으로 전환하고 있다. 자위대는 단순한 군사력 유지를 넘어, 국가 공동체 유지의 핵심 기둥으로 기능하고 있는 것이다.

일본의 사례는 인구감소와 병력축소 상황에서 우리에게 다음과 같은 시사점을 제공한다. 첫째, 병력의 질적 강화(기술 집중, 사이버·재난 대응 등)를 통해 군사력의 효율성과 사회적 정당성을 동시에 확보할 수 있다는 점이다. 둘째, 군 조직이 공동체 복원력의 주체로 작동할 수 있다는 점을 한국에 시사한다. 특히 고령사회에 진입한 한국에게 일본은 단순 병력 충원이 아닌 다기능·다층적 군 조직 설계가 유효한 대안이 될 수 있음을 보여준다.

3) 독일: 징·모혼합제와 사회통합형 예비군

독일은 2011년 징병제를 공식적으로 폐지하고 전면 모병제로 전환하였다. 그러나 긴급시 징병 복원을 위한 법적·행정적 기반을 유지하고 있으며, 평상시에는 직업군인(Professional Soldiers)과 자원 입대자(Volunteers) 중심의 정예군 체계를 유지하고 있다. 특히 예비군(Kommando Territoriale Aufgaben der Bundeswehr) 체계는 독일 안보 전략에서 핵심적인 사회적 인프라로 기능하고 있다.

예비군은 단순히 군사적 전력 보완을 넘어 재난 대응, 감염병 방역, 인도적 지원, 사이버 공격 대응 등 다양한 사회적 위기 상황에서 민간과 협력하는 통합형 부대로 운용된다. 예를 들어, 코로나19 팬데믹 기간 동안 예비군이 보건소, 백신센터, 지역 돌봄시설 등에 투입되어 의료 보조, 물자 수송, 행정 지원 등의 업무를 수행한 바 있다(Kuhlmann Franzke 2021).

이처럼 독일은 전시뿐 아니라 평상시에도 예비군이 민간 사회와 적극적으로 연결되도록 제도적으로 설계되어 있으며, 이를 통해 군과 사회 간의 거리

감 축소, 시민의 국가안보 참여 의식 제고, 사회통합 기능 강화라는 다층적 효과를 만들어내고 있다. 또한 청년, 중장년, 은퇴자 등 다양한 연령과 배경의 시민이 예비군 활동에 참여할 수 있도록 열려 있는 구조는 고령사회에서도 지속 가능한 안보자원 확보 전략으로 주목받는다.

독일의 예비군 체계는 인구감소·고령화 시대에 다음과 같은 시사점을 제공하고 있다. 첫째, 병역 의무의 유연화와 자발성 보장이다. 둘째, 사회적 위기 대응력 강화이다. 셋째, 군사력과 복원력을 통합한 다기능 예비군 모델로서 고령사회 한국이 설계해야 할 '사회안보 예비군(Societal Reserve Forces)'의 중요한 참고 사례가 될 수 있다.

4) 한국에 주는 교훈

이스라엘, 일본, 독일 등의 사례는 인구구조 변화 속에서도 지속 가능한 안보 전략을 구현하기 위해 각국이 어떻게 병역제도와 사회적 복원력을 조정하고 있는지를 보여준다. 이들은 단순한 병력 유지가 아니라 안보 개념 자체의 혁신을 통해 새로운 질서를 만들어가고 있다. 한국이 이들 사례에서 얻을 수 있는 전략적 시사점은 다음과 같다.

첫째, 병력 규모의 축소는 피할 수 없는 미래다. 인구구조 변화로 인해 징병제를 통한 대규모 병력 확보는 구조적으로 한계에 직면하고 있다. 따라서 '병력의 수'가 아닌 '질의 전환'이 핵심 과제가 되어야 한다.

둘째, 안보의 질적 혁신과 사회통합이 병행되어야 한다. 병력의 전문화, 사이버·드론·AI 전력 강화와 함께, 이민자·여성·고령자 등 새로운 인적 자원의 통합과 시민 참여 확대가 복원력 있는 사회안보를 구성하는 핵심 자원이 된다.

셋째, 안보는 군사력에만 국한되지 않는다. 재난 대응, 지역 거버넌스, 시민교육, 사회안전망 등은 오늘날 국가안보의 핵심 구성요소이다. 일본과 독일의 사례처럼, '사회적 기반 복원력' 자체가 국가방위의 또 다른 축이 되어야 한다.

넷째, 병력 충원보다 중요한 것은 신뢰 회복이다. 군 복무의 의미가 단지 '의무 이행'이 아닌, 국가와 시민 간 사회계약(social contract)의 재구성으로 전환되어야 한다. 정치, 언론, 교육의 책임 있는 담론 형성 없이는 모병제 전환도, 복합 안보 전략도 정당성을 얻기 어렵다.

"국방력은 총과 병력만으로 구성되지 않는다. 그것은 공동체의 연대, 기술혁신, 그리고 복원력 있는 사회에서 나온다."

이제 한국은 기존의 병역 시스템을 유지할 수 있을지의 문제를 넘어, 새로운 국가안보 체계를 어떻게 설계할 것인가의 전환점에 서 있다. 인구감소와 고령화가 불가피하다면, 이제는 위기를 기회로 바꾸는 전략적 상상력과 실천이 필요하다. 다음 절에서는 지금까지 논의한 내용을 통합하여, 지속 가능한 안보전략의 방향과 정책적 제언을 결론적으로 정리한다.

6. 지속가능 안보를 위한 국가 전략: 과학군, 사회복원력, 포용적 시민사회

인구구조 변화는 더 이상 인구정책이나 복지제도 개편의 문제가 아니다. 병력의 감소, 지역사회의 해체, 사회적 복원력의 약화는 서로 연동되며, 한국 사회의 국가안보 체계를 근본부터 흔들고 있다. 총과 병력 중심의 안보가 아니라, 국가를 지탱하는 모든 시스템—군사력, 사회기반, 시민 참여—이 유기적으로 연결된 새로운 전략이 필요하다.

1) 과학군 체계: 병력 감소를 넘어 기술 기반으로

병역자원의 감소는 더 이상 지연될 수 없는 현실이며, 이에 대응하기 위해서는 병력의 양적 규모에 의존하던 과거의 방식에서 벗어나야 한다. 첨단 과학기술 기반의 '과학군' 체계는 이제 선택이 아닌 필수다. ▲ 무인화, 자동화, AI 기반 작전 체계 강화, ▲ 사이버, 드론, 우주방위 등 신흥안보 영역 주도, ▲ 탈피오트(Talpiot) 모델처럼 인재 선발과 육성 시스템 혁신, ▲ 대규모 병력의 축소를 보완할 수 있는 기술적 억지력의 확보가 절실하다. 이는 단순한 군 현대화를 넘어, 국방의 전략 패러다임을 인구 기반에서 기술 기반으로 전환하는 중대한 이정표가 될 것이다.

2) 사회복원력 강화: 국토 안보를 '사회적 기반'에서 지킨다

더 이상 국가를 지탱하는 주체를 '청년 남성'에 국한할 수 없다. 인구구조의 변화는 국가 구성원에 대한 인식 자체의 전환을 요구한다. ▲ 일정 요건을 갖춘 이민자에게 군 복무 참여 기회를 부여하고, 이를 시민권과 연계, ▲ 여성의 자원입대 확대 및 전문 기술 병과 진출 촉진, ▲ 고령자의 지역사회 기반 재난 대응, 사회복지 협력 등 적극적 역할 체계화 등이 절실하다. 이러한 포용적 접근은 단지 병력 보완이 아닌, 국민통합과 사회 연대의 재구성을 통해 지속가능한 안보를 실현하는 경로가 될 수 있다.

3) 포용적 시민사회: 이민, 여성, 고령자의 참여 확대

인구구조 변화 속에서 국가를 지탱할 주체를 '청년 남성'에 한정하는 것은 더 이상 불가능하다. ▲ 이민자 군 복무 및 시민권 연계 전략 강화, ▲ 여성 자원 입대 확대 및 다양한 직능병과 진출 지원, ▲ 고령자의 사회적 역할(재난 대응, 지역 방위) 체계화 등을 적극적으로 고려하여야 한다. 모든 사회 구성원의 참여와 연대가 '지속가능 안보'의 핵심 자산이 되어야 한다.

4) 국가전략 전환: 통합된 안보 아키텍처 설계

이제 우리는 군사력, 복원력, 참여를 통합하는 '지속가능 안보 모델'을 국가전략의 중심에 둬야 한다. ▲ 기술군의 도입과 과학 인재 양성, ▲ 사회 기반의 재건과 지역 복원력 강화, ▲ 시민 참여 기반의 안보 공동체 형성이 중요하다.
"국가안보는 병력 동원이 아니라, 과학기술, 사회복원력, 그리고 포용적 공동체 위에 구축된다."
병력 감소는 위기가 아니다. 국가 시스템을 재설계할 수 있는 기회다. 과학기술은 안보의 구조를 바꾸고, 시민사회의 참여는 그 구조를 실질화한다. 지속가능 안보는 군사력만으로 성립되지 않는다. 기술, 공동체, 시민계약이 유기적으로 결합된 통합 전략이 한국이 가야 할 미래의 길이다.

제12장 요약

이 장은 인구구조 변화가 국가안보를 근본적으로 재구성하도록 요구하고 있음을 밝혔다. 병력자원 감소와 지역사회 붕괴는 한국 안보 체계의 양축을 동시에 위협하고 있으며, 단순한 병력 확보가 아니라 과학군 체계 구축, 사회복원력 강화, 포용적 시민사회 설계를 통한 통합형 지속가능 안보 전략이 절실히 필요함을 강조했다.

이민, 여성, 고령자 등 다양한 사회 자원을 포괄하는 새로운 사회계약이 이루어져야 하며, 안보는 군사력만이 아니라 공동체의 복원력과 시민적 연대 위에 재구성되어야 한다는 패러다임 전환의 긴급성을 제시하였다.

〈인구구조 변화와 국가안보: 지속가능 안보의 새로운 패러다임〉

핵심 주제	요점 정리
인구구조 변화와 안보	병력 감소 + 지역공동체 붕괴 → 국가안보의 토대 약화
과학군 체계	병력 축소를 첨단기술 기반으로 극복
사회복원력 강화	지역사회 기반 사회안전망 및 재난 대응 체계 강화
포용적 시민사회	이민자, 여성, 고령자 등 다양한 인구 집단의 적극적 참여
국제사례 교훈	이스라엘(기술동원), 독일(사회방위), 일본(재난대응)
통합 전략 제안	과학군 + 사회복원력 + 포용적 시민사회 기반 지속가능 안보 구축

| 참고문헌 |

교육부. 2023. 2022년 학교 통폐합 현황 자료.
국방부. 2022. 『2022 국방백서』. 서울: 대한민국 국방부.
국회예산정책처. 2021. 『인구위기 대응전략: 인구구조 변화가 경제·재정에 미치는 영향』.
김신숙. 2023. "인구감소시기 강한 국방을 위한 병역제도 설계." 『국방정책연구』. 39(4), 7-32.
박진수. 2023. "인구감소시대 병력 정책 평가와 제안: 규모와 충원 방안을 중심으로." 『글로벌정치연구』. 16권 2호. 113-142.
법무부. 2023. 출입국·외국인정책 통계연보 2022. 서울: 법무부.
심성은. 2022. "모병제 도입 및 징병제 재도입 국가 비교 분석: 유럽의 사례 분석과 시사점". 국회입법조사처. 「NARS 현안분석」.
이대한. 2025. "인구절벽 문제와 한국의 자체 핵무장 옵션". 『국가전략』31(1). 123-152.
조관호. 2023. "병역자원 감소 시대의 국방정책 방향." 2023 저출산고령사회 서울신문 인구포럼 발표자료.
주형식·고유찬·장윤. 2024. "무기는 세계 최강 국군. 병력 모자라 훈련 때 '품앗이'", 조선일보. 2024/10/21.
SBS. 2024. "나라는 누가 지키나…'병력 절벽' 현실로…설문조사 세부 정보".
    SBS 뉴스(2024/01/12).https://news.sbs.co.kr/news/endPage.do?news_id=N1007496990#close

통계청. 2023. 2022년 출생 통계. 보도자료(2023/08/30).
통계청. 2023. 장래인구추계: 2022~2072년. 보도자료(2023/12/14). https://kostat.go.kr/board.es?act=view&bid=207&list_no=428476&mid=a10301020600&utm_source=chatgpt.com
행정안전부. 2023. 인구감소지역 지정 현황.

Adger, W. N. 2006. "Vulnerability". Global Environmental Change, 16(3), 268–281. https://doi.org/10.1016/j.gloenvcha.2006.02.006
Bar-Zohar, M., & Mishal, N. 2005. Mossad: The Greatest Missions of the Israeli Secret Service. Ecco.
Buzan, B. 1991. People, States and Fear: An Agenda for International Security Studies in the Post-Cold War Era (2nd ed.). Boulder, CO: Lynne Rienner Publishers.
Buzan, B., Wæver, O., & de Wilde, J. 1998. Security: A New Framework for Analysis. Lynne Rienner Publishers.
CNN. 2023. South Korea's military has a new enemy: Population math. https://edition.cnn.com/2023/12/30/asia/south-korea-birth-rate-military-strength-intl-hnk-ml/index.html
Cutter, S. L., Boruff, B. J., & Shirley, W. L. 2003. "Social Vulnerability to Environmental Hazards". Social Science Quarterly, 84(2), 242–261.
Epstein, D. 1988. Military Power and National Security. Cambridge University Press.
Dempsey, J. 2020. "Japan's Military Dilemmas: Recruiting for a Shrinking Population". Asia-Pacific Review.
Hackett, J. 2020. "Germany's Recruitment Challenges in a Changing Europe". European Defense Review.
Shinoda, T. 2007. "Becoming more realistic in the post-Cold War: Japan's changing media and public opinion on national security." Japanese Journal of Political Science. 8(2), 171–190. https://doi.org/10.1017/S1468109907002617
OECD. 2021. Government at a Glance 2021. Paris: OECD Publishing.
Rifkin, J. 2010. The Empathic Civilization: The Race to Global Consciousness in a World in Crisis. New York: TarcherPerigee.
Rogers, P. 2007. Sustainable Security: The Role of Global Justice. Oxford Research Group.
Kuhlmann, S., & Franzke, J. 2021. "Multi-level responses to COVID-19: crisis coordination in Germany from an intergovernmental perspective." Local Government Studies. 48(2), 312–334. https://doi.org/10.1080/03003930.2021.1904598
Singer, P. W. 2009. Wired for War: The Robotics Revolution and Conflict in the 21st Century. Penguin Press.
Tepe, M., & Vanhuysse, P. 2010. "Who Cuts Back and When? The Politics of Delays in Social Expenditure Cutbacks, 1980-2005". West European Politics. 33(6). https://papers.ssrn.com/sol3/papers.cfm?abstract_id=1530509.
Rostker, B. 2006. I Want You! The Evolution of the All-Volunteer Force. RAND Corporation.
Yamamoto, T. 1983. Comprehensive Security: The Concept and the Japanese Experience. Tokyo: Japan Center for International Exchange.

제13장
인구변화와 환경전환: 지속가능성을 향한 길

1. 인구변화와 환경전환: 지속가능성의 관점에서

 인류 역사의 대부분에서 인구 성장은 완만하게 진행되었으나 18세기 산업혁명을 기점으로 급격한 변화가 나타났다. 산업혁명 이후 발전한 기술과 의학은 인간의 수명을 연장하고, 인구 폭발을 야기하였다. 20세기 중반 이후로는 개발도상국의 인구 증가가 특히 두드러졌다. 1960년대에는 "인구 폭탄"이라는 표현으로 대표되는 인구 증가의 위험성이 대두되었으며, 이는 자원의 과도한 사용과 환경파괴로 이어질 수 있다는 우려가 커졌다.

 21세기 세계 인구는 약 80억 명을 넘어섰고, 개발도상국과 선진국을 불문하고 인구구조 변화가 지구 환경에 미치는 영향은 날로 커지고 있다. 산업혁명 이후 인구 폭발이 가져온 자원 소비의 급증과 환경 파괴는 기후변화, 생물다양성 손실, 토지 황폐화 등 다양한 위기를 동반하였다. 과거에는 인구 증가가 환경 파괴의 주요 원인으로 지목되어 왔다.

 그러나 오늘날 우리는 더욱 복합적이고 심층적인 관점에서 인구와 환경의 관계를 바라보아야 한다. 단순히 인구의 수(量)가 문제가 아니라 인구구조 변화와 사회·경제 시스템의 재편이 환경에 미치는 영향을 함께 고려해야 한다.

1) 인구 증가와 환경 압력

 산업혁명 이전, 인구 증가의 속도는 완만했다. 그러나 18세기 후반 이후 의학과 농업 기술의 발전은 인류의 수명을 연장시키고, 세계 인구는 급격히 증가했다. 이러한 인구 증가와 산업화는 에너지 소비 급증, 도시화, 삼림 파괴, 온실가스 배출 증가 등을 초래하며, 지구 환경에 심각한 압박을 가하기 시작했다.

인구 증가가 환경에 미치는 영향은 시간에 따라 인구의 규모와 성장 속도에 따라 변화해 왔다. 산업혁명 이전의 느린 인구 증가(18세기 후반 ~ 19세기 초반) 시기의 인구규모는 1800년경 약 10억 명에 도달하였다. 산업혁명이 일어나기 전까지 인구 증가는 여전히 느렸고, 환경에 미치는 영향도 크게 두드러지지는 않았지만, 유럽과 아시아의 일부 지역에서 농업의 확대와 인구 증가로 인해 삼림 파괴와 같은 지역적인 환경 문제가 발생하기도 하였다. 그러나 산업혁명과 급속한 인구 증가 시기, 즉 19세기 중반에서 20세기 초반에 이르는 1900년경 세계 인구는 약 16억 명에 도달하였다. 산업혁명은 인구 증가와 함께 자원 소비의 급증을 초래하였다. 석탄과 같은 화석 연료의 사용이 급격히 늘어나면서 대기 오염이 시작되었고, 도시화가 진행되면서 하수 관리, 폐기물 처리와 같은 도시 환경 문제가 대두되게 되었다.

20세기 중반 (1950년대 ~ 2000년대) 시기의 인구변화는 놀랍다. 1950년에는 세계 인구가 25억 명에 도달했으나 2000년에는 60억 명을 넘었다. 이 시기는 가히 "인구 폭발"로 불릴 만큼 급속한 인구 증가가 이루어진 시기이다. 인구 증가와 함께 에너지 소비량이 폭발적으로 증가하였고, 이에 따라 온실가스 배출도 급격히 늘었다. 이 시기에 지구 평균 기온이 상승하기 시작했으며 기후 변화가 현실적인 문제로 인식되기 시작하였다. 교토의정서(1994)가 등장하게 된 것이 이 때의 일이다. 또한, 인구의 폭발적 증가에 따른 수요를 만족시키기 위한 대규모 농업 확장은 많은 산림파괴를 낳았고, 생물 다양성이 급격히 감소하게 되었다.

에모트(Emmott 2013)는 1950년 이후 인구 급증이 자원 소비 폭발과 환경 악화를 이끌었다고 지적한다. 또한 기후변화의 주된 동력 중 하나인 온실가스 배출량의 증가는 인구 증가와 정(+)의 상관관계를 보이는 것으로 나타났다(Population Matters UN 2017).

〈그림 13-1〉 인구와 이산화탄소 배출량 (United Nations 2017)

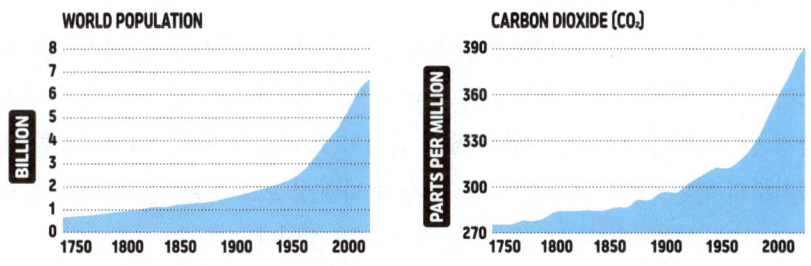

※ 자료: Population Matters. 2025. Population and CO₂ emissions, 1750-2015. In Climate change. Population Matters. https://populationmatters.org/climate-change/

2) 단순한 수의 논리를 넘어서: 생태적 지속가능성의 관점

하지만 인구 변화와 환경 문제의 관계를 단순히 수치로 환원하는 것은 한계가 있다. 현대의 환경위기는 인구 그 자체보다는 소비 패턴, 자원 활용 구조, 에너지 전환 지체 등과 복합적으로 얽혀 있다. 예컨대, 인구 증가율이 높은 개발도상국의 1인당 에너지 소비량은 선진국에 비해 훨씬 낮다(Steffen et al., 2015). 또한 선진국들은 지구 전체 인구 중 소수를 차지하지만, 전 세계 온실가스 배출량의 상당 부분을 차지하고 있다. 따라서, 인구변화에 따른 환경전환을 논할 때는 단순한 수적 변화가 아니라 인구구조 변화와 생태적 지속가능성(sustainability)의 관점에서 문제를 재구성해야 한다.

인구 감소에도 불구하고 온실가스 감축 효과는 미미한 수준에 그칠 수 있는 만큼, 단순히 인구증감의 문제 뿐 아니라 인구의 밀집도 등 인구와 환경변화를 주제로 한 다양한 연구가 지속될 필요가 있다. 인구 밀집도와 관련한 환경변화의 예시로는 대표적으로 도시화로 인한 지방소멸 문제를 들 수 있을 것이다. 우리는 통상 인구가 밀집된 도시에서는 자원 사용의 비효율성과 환경 부담이 집중되며, 대기 오염・폐기물 관리 문제・수질 오염 등의 문제를 악화시킬 수 있는 것으로 인식하고 있다. 또한, 인구가 유출되는 지역에서는 자원의 활용도가 떨어지고, 이로 인한 경제적 어려움과 함께 환경 관리의 부실이 발생할 수 있지만 도시에 비해서는 온실가스 배출을 비롯한 환경적 영향이 낮을 것으로 인식하고 있다.

인구가 환경에 미치는 영향을 줄이기 위한 정책과 기술의 개발 역시 필수적이다. 지속가능발전목표(SDGs)는 이러한 맥락에서 중요성을 가지며, 인구와 환경 간의 균형을 맞추기 위한 국제적 협력이 요구된다. 특히, 재생가능한 에너지로의 전환, 자원 효율성의 제고, 생물 다양성 보호 등은 인구증가와 환경보호 간의 균형을 맞추기 위한 핵심 전략이 될 것이다.

3) 인구구조 변화와 생태적 지속가능성 재설계의 요청

지속가능한 미래를 위해 필요한 것은 인구 증가나 감소를 문제 자체로 보는 것이 아니다. 생태적 지속가능성을 기반으로 한 사회 설계가 필요하다. 인구 증가 속에서는 에너지 전환, 자원 순환 경제, 생물다양성 보존을 촉진해야 하며, 인구감소가 진행되는 지역에서는 생태계 복원, 지속가능한 토지 이용, 지역 자립 기반 구축을 강화해야 한다.

이는 단순한 환경 보호를 넘어 생태-복지-경제 통합설계를 통해 인간과 자연이 함께 지속 가능한 사회 시스템을 구축해가는 방향을 의미한다(OECD 2020; UN SDGs 2015).

인구구조 변화는 환경에 영향을 미치는 중요한 변수지만 그 자체가 파괴나 복구를 결정하는 것은 아니다. 핵심은 인구변화를 어떻게 관리하고, 이를 통해 어떤 생태적 지속가능성 기반의 사회설계를 실현하느냐에 달려 있다.

2. 인구 변화와 자원 소비: 생태적 지속가능성의 관점에서

산업혁명 이후 인류는 눈부신 인구 증가와 함께 경제 발전을 이루어냈지만 그 이면에는 환경에 대한 깊은 상처가 함께 남았다. 18세기 후반 이후 인구의 기하급수적 증가는 에너지, 물, 식량, 토지 자원에 대한 수요를 폭발적으로 증대시켰으며(Smil 2017), 이는 지구 환경의 균형을 크게 흔들어 놓았다. 특히 화석연료의 대량 소비는 대기 오염과 온실가스 배출을 급격히 증가시켜 기후변화의 가장 직접적인 원인으로 자리잡았다(IEA 2021). 도시화의 진전과 대규모 농업 확장은 삼림 벌채 · 토양 황폐화 · 생물다양성 감소를 가속화시켰으며(Foley et al. 2011), 물 · 토지 · 에너지와 같은 핵심 자원의 고갈 위기도 심화되고 있다.

그러나 주목해야 할 점은 자원 소비의 증가는 단순히 인구 수에 비례하는 것이 아니라는 사실이다. OECD(2020) 보고서에 따르면, 세계 인구의 상위 10%가 전체 에너지 소비량의 절반 가까이를 차지하고 있으며, 소득 수준과 소비 패턴, 산업구조가 자원 소비와 환경에 미치는 영향은 인구 수 자체보다 훨씬 더 직접적이다.

세계 인구의 증가에 따라 에너지 소비량도 꾸준히 증가하고 있지만, 에너지 소비는 지역별로 큰 불균형을 보이고 있다(Stetten et al. 2015). 선진국에서는 인구 비율에 비해 에너지 소비가 매우 높고, 1인당 에너지 소비량도 상당히 크다. 반면, 개발도상국에서는 인구는 많지만 1인당 에너지 소비량이 상대적으로 낮게 나타나고 있다. 그러나 최근 몇 년간 개발도상국의 경제 성장과 함께 에너지 소비가 빠르게 증가하고 있으며, 이는 글로벌 에너지 수요를 더욱 압박하고 있다(U.S. Energy Information Administriation 2013; 〈그림 13-2〉 참조)).

이는 인구 변화와 자원 소비의 관계를 이해할 때 단순한 수량적 논리 이상의 구조적 접근이 필요함을 시사한다. 이러한 현실 속에서 인구 변화가 초래하는 자원 소비 패턴을 근본적으로 재구성해야 할 필요성이 대두되고 있다. 특히 지속가능한 축소사회로 이행하기 위해서는 기존의 "추출~소비~폐기"를 반복하는 선형적 소비 모델을 넘어 자원 순환(Circular Economy)을 중심에 놓는 새로운 사회경제 구조를 설계해야 한다(Newman & Kenworthy 1999).

〈그림 13-2〉 OECD 가입-미가입국 간 에너지 사용 향후 예측

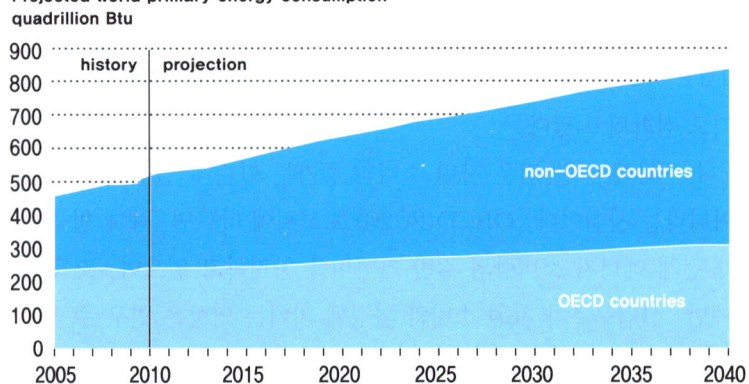

※ 자료: U.S. Energy Information Administration. 2013. International Energy Outlook 2013.

자원의 효율적 사용, 재사용 및 재활용을 확대하고, 에너지 소비 패턴을 화석연료 중심에서 재생에너지 중심으로 전환하는 것은 필수적이다(UN 2015). IEA(2021)가 지적했듯이, 재생에너지의 확대, 에너지 효율성 제고, 탈탄소 기술의 적극적 도입은 21세기 에너지 소비 구조 전환의 핵심 전략으로 부상하고 있다. 특히 물, 식량, 토지 자원의 경우 인구 증가 지역에서는 자원의 절약과 지속가능한 생산 방식을 병행해야 하며, 반대로 인구 감소 지역에서는 에너지 인프라 최적화와 자연 서식지 복원을 통해 자연과 사회의 균형을 다시 맞추어야 한다(Gleick 2014; Navarro & Pereira 2012).

이처럼 인구 변화는 자원 소비 패턴을 근본적으로 다시 설계할 것을 요구한다. 더 이상 "많이 생산하고, 많이 소비하고, 많이 버리는" 방식으로는 축소사회의 지속가능성을 확보할 수 없다. 필요한 것은 생태적 한계 내에서 인간 활동을 재조정하고, 에너지~자원~생태계의 통합적 관리 모델을 구축하는 것이다.

이러한 전환은 개별 국가의 노력만으로는 이루어질 수 없다. 지속가능한 자원 소비 체계를 구축하기 위해서는 국제 협력이 필수적이다. 2015년 채택된 지속가능발전목표(SDGs)는 책임 있는 소비와 생산(목표 12)을 통해 지구적 차원에서 소비 패턴의 전환을 촉구하고 있으며(UN 2015), EU 역시 순환경제 패키지를 통해 자원 순환과 지속가능한 생산 체계 구축을 가속화하고 있다(European Commission 2019). 또한, 파리협정(2015)은 에너지 구조 전환과 온실가스 감축을 국가결정기여(NDCs, 국가온실가스감축목표) 체제로 연결하여, 전지구적 차원의 기후변화 대응을 추진하고 있다(UNFCCC 2015).

인구구조 변화는 단순히 인구 수의 증감을 넘어 인간과 자연의 관계를 재구성할 것을 요구하고 있다. 지속가능한 축소사회로 이행하기 위해서는, 생태적 지속가능성을 기반으로 한 자원 순환과 에너지 전환 전략이 필수적이다. 이것은 절약과 희생의 논리가 아니라 삶의 질과 생태적 건강성을 조화시키는 새로운 사회 설계를 향한 여정이다.

3. 도시화, 인구밀집, 그리고 생태계 파괴: 인구변화가 가져온 환경 전환

도시화는 현대 인구구조 변화의 가장 가시적인 표지 중 하나이다. 도시로의 인구 집중은 경제 성장과 산업 발전을 촉진하는 동시에, 심각한 환경 문제를 야기하여 왔다. 20세기 중반 이후, 세계 인구의 도시화율은 빠르게 상승하여 현재 전 세계 인구의 약 56%가 도시에 거주하고 있으며(UN-Habitat 2020), 이 비율은 2050년까지 68%에 이를 것으로 전망된다.

이러한 대규모 도시화는 대기 오염, 열섬 현상, 자원 고갈, 생물다양성 손실 등 다양한 환경 위기를 동반하고 있다.

1) 도시화와 대기 오염, 열섬 현상

도시 지역은 에너지 소비와 온실가스 배출의 중심지다. 차량 배기가스, 산업 시설의 배출물, 난방과 냉방을 위한 에너지 소비는 대기 중 미세먼지($PM2.5$) 농도를 높이고, 도시 대기의 질을 심각하게 악화시키고 있다 (WHO 2016). 뿐만 아니라, 도시화는 '도시 열섬 현상(Urban Heat Island)'을 가속화시켰다. 도시 지역의 아스팔트, 콘크리트 구조물은 태양열을 축적해 주변 농촌 지역보다 평균 기온을 수도 높게 만든다(Oke 1982). 이는 여

름철 폭염을 심화시키고, 에너지 소비를 다시 증가시키는 악순환을 낳는다(Santamouris, 2014). 특히 열섬 현상은 심혈관계 질환 악화와 조기 사망률 상승 등 인간 건강에 심각한 영향을 미치는 것으로 보고되고 있다(U.S. CDC 2020).

2) 인구밀집과 생물다양성 손실

도시화와 인구밀집은 자연 서식지의 파괴와 생물다양성 감소를 직접적으로 초래하고 있다. 열대우림, 습지, 산림과 같은 주요 생태계는 도시와 농업 확장에 밀려 점차 파괴되고 있으며, 이는 수많은 종의 멸종 위기를 가속화하고 있다(Dirzo et al. 2014). 생물다양성 감소는 단순히 일부 종의 소멸을 넘어 생태계 서비스(토양 비옥도, 수질 정화, 기후 조절 등) 약화, 인류 생존 기반의 불안정화를 초래한다(MEA 2005). 특히 도시 확장은 주거지, 교통망, 상업시설 개발로 자연 서식지 파편화를 심화시키고 있으며, 이는 생물종의 이동성 감소, 유전적 다양성 축소, 결국 생태계 회복력의 저하로 이어진다(Foley et al. 2005).

3) 인구 이동, 기후변화, 환경난민

인구 변화는 도시화만을 의미하지 않는다. 기후변화로 인한 강제 이주, 이른바 기후난민(Climate Refugees) 현상도 새로운 인구 이동 패턴을 만들어내고 있다(Black et al. 2011). 해수면 상승, 가뭄, 홍수, 폭풍 등 기후 재난은 취약 지역의 주민들을 강제로 이동시키고 있으며, 이는 도시 지역의 과밀화를 더욱 심화시키고 있다. 남태평양의 투발루(Tuvalu) 사례처럼, 국가 자체가 사라질 위기에 처한 지역도 등장하고 있으며, 이주민 유입은 새로운 지역의 자원 소비 부담과 환경적 압력을 가중시키고 있다(McLeman 2013). 농촌에서 도시로의 대규모 이주 역시 도시 인프라의 과부하, 폐기물 처리, 수질 오염, 대기 오염 등 다양한 환경 문제를 야기하고 있다.

4) 지속가능한 도시 설계와 생태계 복원의 요청

이러한 문제를 해결하기 위해서는 도시화를 막는 것이 아니라, 지속가능한 도시 설계를 지향해야 한다. 녹색 인프라 도입(도시 숲, 녹지 복원), 대중교통 강화와 에너지 효율적 도시 구조, 재생 가능 에너지 기반 스마트 시티 구축이 필요하며, 도시와 자연 사이의 건강한 관계를 복원하는 것이 핵심 과제가 될 것이다(Newman & Kenworthy 1999; UN-Habitat 2020).

인구의 변화는 공간의 구조를 바꾸고, 공간 구조의 변화는 생태계와 인간 사회의 지속가능성에 깊은 영향을 미친다. 도시화와 인구밀집에 대응하는 미래 사회는 단순한 인구 분산이 아니라, 자연과 인간이 조화를 이루는 생태적 도시 설계를 통해 지속가능성을 새롭게 구축해야 한다.

4. 인구 변화와 환경정책: 지속가능한 사회를 향한 전환

인구구조 변화가 가져오는 환경 문제는 단순히 개별 국가 차원에서 해결할 수 있는 문제가 아니다. 자원 고갈, 기후변화, 생물다양성 손실은 국경을 초월해 인류 공동의 생존을 위협하고 있다. 이에 따라, 국제 사회는 생태적 지속가능성을 중심에 둔 글로벌 정책 틀을 구축해왔다.

가장 대표적인 것이 2015년 UN이 채택한 지속가능발전목표(SDGs)와 같은 해 체결된 파리협정(Paris Agreement)이다.

1) 지속가능발전목표(SDGs)와 인구~환경 연계

지속가능발전목표(SDGs)는 인간의 기본적 삶의 질 향상과 지구 환경의 보호를 동시에 추구하는 포괄적 글로벌 아젠다이다(UN 2015). 이 중에서도 목표 12(책임 있는 소비와 생산), 목표 13(기후변화 대응), 목표 15(육상 생태계 보호)는 인구 변화와 밀접한 관련이 있다. 특히 목표 12는 "지속가능한 소비와 생산 패턴을 보장"할 것을 요구하면서 자원 소비 구조 전환과 생태적 생산 방식을 강조하고 있다.

이는 인구 증가 지역은 물론 인구감소 지역에서도 지속가능성 기반 사회 설계가 필수적임을 의미한다. SDGs는 인구 변화가 가져올 수 있는 소득 격차, 지역 간 불균형, 생태계 파괴 문제를 다층적으로 연결해 대응하고자 하는 노력의 일환이다.

2) 파리협정과 기후변화 대응

파리협정(Paris Agreement)은 기후변화 대응을 위한 세계 최초의 법적 구속력을 갖춘 국제협약으로, 모든 국가가 자발적으로 온실가스 감축 목표(NDCs)를 제출하고 이행할 것을 요구하고 있다(UNFCCC 2015). 여기서 중요한 것은 파리협정이 단순한 온실가스 감축 목표에 그치지 않고, 재생에너지 확대, 에너지 전환, 지속가능한 도시 설계, 생태계 복원 등 종합적인 사회구조 전환을 요구하고 있다는 점이다.

특히 인구구조 변화는 에너지 수요, 도시화 양상, 식량 수급 체계 등에 직접적인 영향을 미치므로, 각국의 기후 전략에서도 인구·사회구조 변화에 대응하는 통합적 접근이 필요하다(IEA 2021).

3) 순환경제(Circular Economy) 모델과 국가별 대응

최근 국제사회는 단순한 자원 절약 차원을 넘어 순환경제(Circular Economy)를 핵심 정책으로 추진하고 있다. EU는 2015년 순환경제 패키지(Circular Economy Package)를 발표하고, 제품 설계부터 폐기까지 자원의 최대 활용과 재생을 촉진하고 있다(European Commission 2019).

일본은 「순환형 사회형성 추진기본법」을 제정하여 3R(감량, 재사용, 재활용) 원칙에 기반한 자원 순환 체계를 구축하고 있다. 한국 역시 최근 탄소중립 기본법 및 녹색성장 전략 등을 통해 자원 순환, 에너지 전환, 탄소 저감 기술에 대한 투자를 확대하고 있다.

이처럼 순환경제는 단순히 쓰레기를 줄이는 것이 아니라 생산~소비~폐기의 전 과정을 재구성해 자원 순환성과 생태적 지속가능성을 높이는 것을 목표로 한다. 이는 인구감소 시대에도 경제성과 환경 보호를 양립시키기 위한 새로운 성장 모델로 주목받고 있다(OECD 2020).

4) 지역 기반의 지속가능성 전략

글로벌 차원의 대응 못지않게 지역 기반의 지속가능성 전략도 점점 중요해지고 있다. 도시 차원에서는 저탄소 도시 설계, 녹색 인프라 확충, 친환경 대중교통 시스템 도입이 추진되고 있으며, 농촌 지역에서는 자연 복원, 지속가능한 농업 전환·지역 자립형 에너지 시스템 구축이 실험되고 있다(UN-Habitat 2020). 특히 인구 감소 지역에서는 기존 대규모 인프라 유지에 필요한 자원 낭비를 줄이고, 소규모·집약형 생태적 거버넌스를 구축하는 방향이 강조되고 있다(McLeman 2013).

인구 변화에 대응하는 환경정책은 단순한 환경 보호를 넘어 사회 시스템 전체를 생태적 지속가능성에 기반하여 재설계하는 것을 목표로 삼아야 한다. 지속가능한 축소사회로의 이행은 국제 협력, 국가 전략, 지역 기반 거버넌스가 함께 작동할 때 비로소 가능해질 것이다.

5. 인구 감소와 환경 복원의 가능성: 축소사회, 새로운 기회인가?

인구구조 변화는 오랜 시간 동안 급격한 인구 증가와 환경 파괴의 연쇄를 중심으로 논의되어 왔다. 그러나 21세기 들어 많은 국가들이 인구 정체 또는 감소 국면에 접어들면서 새로운 질문이 제기되고 있다.

인구감소는 환경 복원의 기회가 될 수 있는가? 이 질문은 단순히 학술적 논쟁을 넘어 미래 사회의 지속가능성을 구상하는 데 있어 핵심적 출발점이 된다.

1) 인구 감소가 가져올 수 있는 긍정적 효과

이론적으로 보면, 인구감소는 에너지 소비 감소, 자원 수요 감소, 토지 이용 압력 완화, 생물다양성 복원 가능성 등 다양한 긍정적 효과를 가져올 수 있다(Smith 2011). 실제로 일부 연구에서는, 과거 로마제국 몰락 이후, 중세 흑사병 시기, 19세기 중후반 산업 구조 재편기 등에서 일시적인 인구감소가 지역 생태계의 회복을 촉진한 사례를 지적한다(Ponting 1991).

또한, 최근 일본, 독일 등 인구감소 국가에서는 농촌 지역을 중심으로 일부 버려진 토지가 자연 생태계로 복원되는 현상도 관찰되고 있다(Seidl et al. 2018). 이러한 맥락에서 볼 때, 인구감소는 기후변화 대응, 생물다양성 보전, 자원 소비 절감 등에서 새로운 기회를 제공할 수 있다는 기대가 가능하다. 유럽의 일부 지역에서는 인구감소와 농업 활동의 축소로 인해 자연환경이 복구되는 사례가 관찰되고 있다(Navarro & Pereira 2012). 나아가 인구감소 시나리오에서는 환경정책이 새로운 방향으로 전환될 수 있다. 예를 들어, 재생 가능 에너지 개발·생태계 복원 프로젝트 등이 더욱 강조될 수 있으며, 이러한 정책은 장기적으로 환경 복구에 기여할 수 있을 것이다(Wilson & Piper 2010).

2) 그러나 자동적 복원은 아니다

그러나 인구감소가 곧바로 환경 복원으로 이어지는 것은 아니다. 인구 감소는 경제 활동의 축소로 이어져 지속 가능한 환경 정책을 위한 자금 확보에 어려움을 초래할 수 있다. 또한, 고령사회에서 노동 인구가 줄어들어 환경 관리를 위한 인력 부족 문제가 발생할 수 있다(Harper 2014). 아울러, 인구감소가 무질서하게 진행될 경우 지역 경제의 붕괴, 사회 기반시설의 방치, 관리되지 않는 폐허화를 초래하여 오히려 환경 악화를 부를 수 있다(Klinenberg 2002).

특히 인구 감소 지역에서는 폐허화된 토지의 오염, 불법 투기, 생태계 단절 등 부작용이 발생할 위험도 크다(UN-Habitat 2020). 따라서 인구 감소를 단순히 긍정적으로만 볼 것이 아니라, 정책적 개입과 사회적 관리가 병행될 때 비로소 환경 복원의 기회로 전환될 수 있다.

3) 축소사회에서의 생태적 지속가능성 재설계

축소사회에서 환경 복원을 성공적으로 실현하기 위해서는 다음과 같은 적극적인 재설계가 필요하다.

▲ 폐허화 방지 및 녹지 복원 프로그램 운영
▲ 생태 네트워크 복원: 단절된 자연 서식지를 연결하고 재생
▲ 자원 순환형 지역 경제 구축
▲ 소규모 에너지 자립 공동체 육성
▲ 생태적 토지 이용 계획 수립

특히, 인구감소 지역을 생태 복원의 거점으로 삼는 전략은 축소사회에 적합한 지속가능성 모델을 구축하는데 있어 핵심적인 방향이 될 수 있다(Sugihara 2020). 예를 들어, 일본의 일부 지방자치단체에서는 인구감소 지역을 대상으로 생태관광(ecotourism)을 활성화하거나 자연 재생 프로젝트를 추진하고 있다. 유럽에서는 버려진 농경지를 '자연회복 구역(Rewilding Areas)'으로 지정하여 생물다양성 복원과 지역 경제 활성화를 동시에 추신하고 있다(Rewilding Europe 2021).

인구감소는 그 자체로 환경 복원을 보장하지도 파괴를 심화시키지도 않는다. 핵심은 축소사회의 조건 속에서 생태적 지속가능성과 사회적 복원의 비전을 가지고 미래를 설계할 수 있는가에 달려 있다. 인구감소를 사회적 쇠퇴가 아닌, 생태적 재생과 성숙의 계기로 삼는 것, 그것이 21세기 축소사회가 품어야 할 새로운 상상력이다.

인구구조 변화는 단순한 인구 수의 증감이나 환경 변화만을 의미하지 않는다. 이것은 사회 전체를 지탱해온 기반 구조, 즉 노동·복지·경제·환경을 근본적으로 재구성할 것을 요구하는 거대한 전환의 시작이다. 앞선 논의에서 살펴본 것처럼 인구 증가가 초래한 환경 압박, 자원 소비 패턴의 변화, 도시화와 생태계 파괴, 그리고 인구감소가 열어주는 환경 복원의 가능성은 모두 새로운 사회 설계 없이는 지속가능한 미래를 담보할 수 없음을 보여준다.

이제 필요한 것은 단순한 문제 진단을 넘어 생태적 지속가능성, 사회적 포용성, 경제적 전환을 통합하는 지속가능한 축소사회의 청사진을 그려내는 일이다. 다음 장에서는 인구 변화라는 거대한 흐름 속에서, 우리가 어떻게 새로운 사회계약(new social contract)을 상상하고 설계할 것인가를 구체적으로 모색해보고자 한다.

제13장　요약

인구구조 변화는 지구 환경에 깊은 흔적을 남겨왔다. 산업혁명 이후 급격한 인구 증가는 에너지 소비, 자원 고갈, 생물다양성 손실과 같은 심각한 환경 위기를 초래했으며, 도시화와 인구 밀집은 자연 생태계를 빠르게 파괴해왔다.

그러나 이제 인구감소 시대를 맞이하면서, 우리는 새로운 질문에 직면하고 있다. 인구감소는 단순한 쇠퇴가 아니라, 생태적 지속가능성을 재구성하고 인간과 자연의 새로운 관계를 설계할 수 있는 기회가 될 수 있을까?

이 장에서는 인구 변화와 환경 전환의 복합적 관계를 살펴보고, 자원 순환형 경제, 지속가능한 도시 설계, 생태계 복원의 가능성 등을 모색하였다. 핵심은 인구 감소 자체가 아니라, 어떤 사회 시스템을 설계하느냐가 우리의 미래를 결정짓는다는 점이다. 지속가능한 축소사회는 위기의 관리가 아니라, 생태적 성숙을 향한 창조적 재설계를 통해 이루어질 것이다.

▲ 인구 증가는 자원 소비 급증과 환경 악화를 초래했다.
▲ 도시화와 인구밀집은 생물다양성 손실과 생태계 파괴를 가속화시켰다.
▲ 인구감소는 환경 복원의 잠재적 기회를 제공할 수 있지만, 관리 없는 축소는 오히려 위기를 심화시킬 수 있다.
▲ 자원 순환 경제, 지속가능한 도시 설계, 지역 기반 생태 복원이 핵심 전략이다.
▲ 축소사회는 생태적 지속가능성을 기초로 사회 시스템을 재설계할 때 지속가능한 미래를 열 수 있다.

| 참고문헌 |

Black, R., Bennett, S. R. G., Thomas, S. M., & Beddington, J. R. 2011. Climate change: Migration as adaptation. Nature, 478(7370), 447~449.
CDC (U.S. Centers for Disease Control and Prevention). 2020. CDC WONDER Database: Multiple cause of death file.
Dirzo, R., Young, H. S., Galetti, M., Ceballos, G., Isaac, N. J., & Collen, B. 2014. Defaunation in the Anthropocene. Science, 345(6195), 401~406.
Emmott, S. 2013. Ten billion. Vintage.
European Commission. 2019. The European Green Deal. Retrieved from https://ec.europa.eu
Foley, J. A., DeFries, R., Asner, G. P., Barford, C., Bonan, G., Carpenter, S. R., ... & Snyder, P. K. 2005. "Global consequences of land use". Science, 309(5734). 570~574.
Foley, J. A., Ramankutty, N., Brauman, K. A., Cassidy, E. S., Gerber, J. S., Johnston, M., ... & Zaks, D. P. M. 2011. "Solutions for a cultivated planet". Nature, 478(7369), 337~342.

Gleick, P. H. 2014. "Water, drought, climate change, and conflict in Syria". Weather, Climate, and Society, 6(3), 331~340.

Harper, S. 2014. "Economic and social implications of aging societies". Science, 346(6209), 587~591.

IEA (International Energy Agency). 2021a. Net Zero by 2050: A Roadmap for the Global Energy Sector. Paris: IEA.

IEA (International Energy Agency). 2021b. World Energy Outlook 2021. Paris: IEA.

Klinenberg, E. 2002. Heat Wave: A Social Autopsy of Disaster in Chicago. University of Chicago Press.

McLeman, R. A. 2013. Climate and human migration: Past experiences, future challenges. Cambridge University Press.

Millennium Ecosystem Assessment (MEA). (2005). Ecosystems and Human Well-being: Biodiversity Synthesis. World Resources Institute.

Navarro, L. M., & Pereira, H. M. 2012. "Rewilding abandoned landscapes in Europe". Ecosystems, 15(6), 900~912.

Newman, P., & Kenworthy, J. 1999. Sustainability and Cities: Overcoming Automobile Dependence. Island Press.

OECD. 2020. A Territorial Approach to the Sustainable Development Goals: Synthesis Report. Paris: OECD Publishing.

Oke, T. R. 1982. "The energetic basis of the urban heat island". Quarterly Journal of the Royal Meteorological Society, 108(455), 1~24.

Ponting, C. 1991. A Green History of the World: The Environment and the Collapse of Great Civilizations. Penguin Books.

Reid, W. V., Mooney, H. A., Cropper, A., Capistrano, D., Carpenter, S. R., Chopra, K., ... & Zurek, M. B. 2005. Ecosystems and human well-being-Synthesis: A report of the Millennium Ecosystem Assessment. Island Press.

Rewilding Europe. 2021. Annual Review 2021. Retrieved from https://rewildingeurope.com

Santamouris, M. 2014. "Cooling the cities ~ A review of reflective and green roof mitigation technologies to fight heat island and improve comfort in urban environments". Solar Energy, 103. 682~703.

Seidl, R., Schelhaas, M. J., Rammer, W., & Verkerk, P. J. 2018. "Increasing forest disturbances in Europe and their impact on carbon storage". Nature Climate Change, 8(9), 732~736.

Smil, V. 2017. Energy and Civilization: A History. MIT Press.

Smith, D. 2011. "Less is more: Embracing decline for environmental sustainability". Environmental Politics, 20(6), 759~776.

Steffen, W., Broadgate, W., Deutsch, L., Gaffney, O., & Ludwig, C. 2015. "The trajectory of the Anthropocene: The great acceleration". The Anthropocene Review, 2(1), 81~98.

Sugihara, K. 2020. Shrinking Regions and Sustainability: Reimagining Regional Development for the 21st Century. Routledge.

UN (United Nations). 2015. Transforming our world: The 2030 Agenda for Sustainable Development.

UNFCCC (United Nations Framework Convention on Climate Change). 2015. Paris Agreement.

UN-Habitat. 2020. World Cities Report 2020: The Value of Sustainable Urbanization.

UNHCR. 2021. Global Trends: Forced Displacement in 2021.

U.S. Energy Information Administration (EIA). 2013. Future world energy demand driven by trends in developing countries.

U.S. Environmental Protection Agency (EPA). 2024. Climate change and heat islands. https://www.epa.gov/heatislands/climate-change-and-heat-islands

WHO (World Health Organization). 2016. Ambient air pollution: A global assessment of exposure and burden of disease. Geneva: WHO.

Wilson, E. O., & Piper, R. 2010. The Future of Life. Vintage.

제14장
축소사회, 새로운 사회계약을 묻다

1. 서론: 축소사회의 도래와 전환의 요청

21세기 대한민국은 장생과 축소라는 인구학적 이중 전환의 시대를 맞이하고 있다.

평균 수명의 연장으로 대표되는 장생사회는 인간의 생애 주기와 복지 시스템에 근본적인 재구성을 요구하고 있으며, 저출산과 인구감소로 상징되는 축소사회는 노동시장, 소비시장, 지역공동체에 걸쳐 광범위한 변화를 초래하고 있다.

이 책이 말하는 '축소사회'란 단순히 인구가 줄어드는 사회를 의미하지 않는다. 축소사회는 "인구 감소를 전제로 하면서도 지속가능성과 삶의 질을 유지하고자 하는 사회"이며, "위기가 아니라 성숙과 전환의 기회를 만들어내는 사회"를 지향한다. 즉, 인구규모의 축소를 사회적 쇠퇴가 아니라 사회 시스템의 질적 전환을 촉진하는 계기로 삼으려는 시도다.

이러한 이중 전환은 단순히 인구규모의 변화에 그치는 것이 아니다. 한국사회를 지탱해왔던 전통적 사회계약, 즉 젊은 세대가 경제활동을 통해 국가에 기여하고, 노년 세대가 복지 혜택을 통해 삶의 안전망을 보장받는 구조는 더 이상 지속 가능한 형태를 유지할 수 없게 되었음을 말해주는 것이다. 청년 세대는 과중한 부담을 지는 반면, 고령 세대는 복지에 대한 기대가 커지고, 세대 간 불균형과 갈등의 가능성은 점점 심화되고 있다.

이제 우리는 단순히 인구감소를 관리하거나 일시적 대책을 마련하는 차원을 넘어 사회 시스템 자체를 다시 설계하는 대전환을 고민해야 한다. 이 전환은 인구구조 변화가 몰고 온 도전에 대응하는 것에 그치지 않는다. 오히려 삶의 질을 새롭게 정의하고, 지속가능한 복지, 순환형 경제, 생태적 지속성을 통합하는 새로운 사회계약(new social contract)을 구축하는 기회가 될 수 있다.

축소사회는 위기가 아니라 한국 사회가 보다 성숙하고 지속가능한 공동체로 도약하기 위한 새로운 출발선이 될 수 있다. 이 책의 마지막 장에서는 이 축소사회의 도래를 어떻게 읽고, 어떠한 전환적 대응을 통해 미래를 설계할 것인가를 종합적으로 모색하고자 한다.

2. 구조적 진단: 고령화와 저출산의 사회경제적 파장

축소사회로의 전환은 단순한 인구 수의 감소를 의미하지 않는다. 이는 곧 사회 전반의 작동원리 즉, 노동·복지·경제 성장·지역공동체의 생태계에 이르는 근본적 변화를 초래한다. 특히 고령화와 저출산이라는 두 가지 인구학적 추세는 복합적으로 얽히면서, 한국 사회의 미래를 규정지을 주요한 사회경제적 파장을 낳고 있다.

1) 노동시장과 경제성장의 구조적 약화

첫째, 인구절벽은 노동시장에 직접적인 충격을 준다. 생산가능 인구(15~64세)의 비중이 급격히 감소하면서, 노동력 공급이 줄어들고, 경제활동참가율이 하락하며, 장기적으로는 경제 성장률 자체가 구조적으로 낮아지는 경향이 나타난다.

총요소생산성(TFP) 제고를 위한 기술혁신이 일부 완충 역할을 할 수는 있지만, 노동력 부족을 전면적으로 대체하기에는 한계가 있다. 특히, 노동집약적 산업 구조를 여전히 유지하고 있는 한국 경제의 특성상, 인구 감소는 산업 구조 전반에 깊은 충격을 불러올 것이다.

또한, 청년층의 인구 감소는 단순한 노동력 부족을 넘어, 혁신 역량 자체의 약화로 이어질 위험이 있다. 창의성과 기술혁신은 젊은 세대의 비율과 밀접하게 연결되어 있기 때문이다.

2) 소비시장 위축과 지역경제 붕괴

둘째, 인구 감소는 소비시장 전반의 위축을 불러온다. 가계 소비는 경제 성장의 핵심 축인데 젊은 소비자층이 줄어들고, 고령화가 진전될수록 소비 성향은 자연히 낮아진다. 이로 인해 내수 기반이 약화되고, 산업구조 재편이 불가피해진다.

특히 지방 중소도시와 농산어촌 지역은 "지역소멸(regional extinction)"의 위기에 직면하고 있다. 인구 감소 → 소비 감소 → 상권 붕괴 → 서비스 축소 → 인구 이탈 → 추가 감소라는 "인구소멸의 악순환" 구조가 현실화되고 있다. 이는 단지 지방의 문제에 그치지 않고 수도권 과밀화, 국토의 불균형적 이용이라는 국가 전체의 지속가능성 문제로 확장된다.

3) 사회적 불균형과 세대 갈등 심화

셋째, 고령화의 급속한 진전은 부양 부담의 급증과 세대 간 갈등 심화라는 심각한 사회적 불균형을 초래한다. 젊은 세대는 줄어드는 한편, 복지 수요는 고령층을 중심으로 폭발적으로 증가한다. 국민연금·건강보험·장기요양보험 등 사회보장제도의 지속가능성은 부담은 증가하고, 수익자는 늘어나며, 기여자는 줄어드는 삼중구조 속에서 심각하게 위협받고 있다.

이에 따라 "왜 내가 다른 세대의 부담까지 짊어져야 하는가"라는 세대 간 재정적 불만과 정치적 분열이 더욱 격화될 가능성이 있다. 이른바 '실버 민주주의' 현상, 즉 고령 유권자층이 사회정책의 방향을 좌우하는 현상 역시 세대 간 신뢰를 약화시키는 주요 요인으로 작용할 수 있다.

4) 복지국가와 사회보장의 지속가능성 위기

넷째, 고령화에 따른 사회보장 지출 증가는 복지국가 시스템 자체의 지속 가능성을 근본적으로 위협한다. 현재 한국은 북유럽형 복지국가처럼 고세율·고복지 모델을 갖추지도 않았고, 미국처럼 민간 주도형 복지 시스템도 아니다. 중간 수준의 공공복지와 민간부담이 혼재된 "저부담-중복지" 체제를 유지하고 있다.

그러나 초고령사회로 진입함에 따라 이 체제는 재정적 압박을 견디기 어렵게 되고 있다. 향후 복지 재정의 근본적 재설계, 세대 간 분담 원칙의 재정립, 새로운 복지와 고용, 건강관리 시스템의 통합적 재편이 불가피하게 요구된다.

고령화와 저출산은 한국 사회에 '노동력 부족', '소비시장 위축', '지역 붕괴', '세대 간 갈등', '복지 시스템 위기'라는 다층적 파장을 일으키고 있다. 이는 단순한 인구 문제를 넘어 사회적 연대, 경제적 지속성, 생태적 균형을 통합적으로 다시 설계해야 할 본질적 전환 과제를 우리에게 제기하고 있다.

3. 전환을 위한 3대 축: 생태~복지~경제

고령화와 저출산이라는 거대한 인구구조 변화는 단순한 복지 확충이나 출산 장려 정책만으로 해결될 수 있는 문제가 아니다. 한국 사회는 이제 생태적 지속성, 사회적 포용성, 경제적 전환이라는 세 가지 축을 중심으로 보다 근본적이고 통합적인 사회설계를 모색해야 한다.

이 세 축은 독립된 과제가 아니라, 서로 긴밀히 연결되어 지속가능한 축소사회로의 이행을 가능하게 하는 핵심 기둥이다.

1) 생태적 지속성: 인구 감소 시대의 새로운 국토와 생활환경 재구성

인구 감소는 한편으로, 산업화 시대에 과도하게 팽창한 도시와 인프라 구조를 생태적으로 재조정할 기회를 제공한다. 성장 전제를 기반으로 설계된 국토 체계는 축소사회에 맞게 효율성과 생태적 균형을 고려하여 재편되어야 한다.

첫째, 지역순환경제(Local Circular Economy)의 구축이다. 생산과 소비, 에너지와 자원이 지역 내에서 순환하는 구조는 지속가능한 지역발전의 핵심으로 평가되고 있다(OECD 2020).

둘째, 농산어촌 복원(Rewilding Rural Areas)이다. 방치된 농촌과 산촌을 생태복원 및 공동체 재건의 거점으로 활용해야 한다(UN DESA 2022).

셋째, 스마트 축소(Smart Shrinkage) 전략이다. 과잉 인프라를 관리 가능한 수준으로 줄이고, 탄소 배출을 감축하는 방향으로 도시 공간을 재구성해야 한다(UN-Habitat 2020). 특히, 인구감소로 인한 환경부하 완화 가능성을 적극 활용해 2050 탄소중립 목표 달성에도 기여할 수 있다(IPCC 2022).

즉, 줄어든 인구를 생태적 전환의 기회로 삼아야 한다는 것이다.

2) 사회적 포용성: 세대 공존과 지역 공동체 복원의 핵심 축

고령화와 저출산이 심화되는 사회에서 사회적 연대의 붕괴는 가장 치명적인 리스크가 된다. 이에 따라 생애 전 주기에 걸친 사회적 포용성을 강화하는 전략이 필요하다.

첫째, 세대 간 공동부담 체제의 구축이다. 단순한 부양이 아니라 세대 간 기여와 수혜를 균형 있게 조정하는 지속가능한 복지 체계를 마련해야 한다(ILO 2017).

둘째, 커뮤니티 기반 복지(Care Community) 모델 구축이다. 지역 공동체가 돌봄, 주거, 건강, 여가를 통합적으로 제공하는 시스템은 초고령사회 대응의 핵심 전략으로 주목받고 있다(WHO 2015).

셋째, 다문화 사회 통합 전략(Multicultural Coexistence)이다. 노동력 부족 대응을 넘어, 이민자와 함께하는 포용적 사회를 설계해야 한다(UNHCR 2019). 특히, 가족 중심의 비공식적 돌봄 체계를 넘어, 공동체 중심의 사회적 돌봄 시스템으로 전환하는 것은 장기적으로 세대 갈등을 완화하고 사회적 안정성을 높이는 데 필수적이다(Schulz & Eden 2016).

포용적 사회는 지속가능한 사회로 가는 유일한 길이다.

3) 경제적 전환: 창조적 정체경제와 지역 혁신 산업

과거 대량생산·대량소비 모델은 축소사회에 적합하지 않다. 이제는 인구감소 속에서도 지속가능한 경제적 번영을 추구할 수 있는 '창조적 정체경제

(Creative Steady-State Economy)' 모델로 전환해야 한다(Daly 1996). 창조적 정체경제는 Daly(1996)의 정체경제 개념, 즉 경제는 물질적 성장 없이도 지속가능해야 한다는 정체경제 개념을 현대 축소사회 맥락(돌봄, 녹색경제, 지역순환)에서 확장하여 창조적 정체경제로 재구성하였다.

첫째, 돌봄, 녹색, 지역 산업 중심으로 산업 재구조화이다. 특히 돌봄 산업, 친환경 에너지, 지역 서비스업이 핵심 성장 동력이 될 것이다(OECD 2020).

둘째, 지방 분산형 혁신 클러스터 구축이다. 수도권 과밀을 해소하고, 지역별 특성을 살린 소규모 혁신 생태계를 육성해야 한다(EU Committee of the Regions 2021).

셋째, AI와 자동화를 통한 생산성 제고이다. 노동력 감소를 보완하기 위해 디지털 기술 혁신을 적극 도입해야 한다(McKinsey Global Institute 2022). 또한, 경제정책의 목표 역시 전환이 필요하다. GDP 성장률이 아니라, 삶의 질(Quality of Life), 지역균형, 사회적 신뢰도를 중심으로 하는 포괄적 웰빙 지표(Well-being Economy Indicators)로 이동해야 한다(OECD 2021).

"경제는 성장하는 것이 아니라, 성숙하는 것이다." 이는 Daly(1996)의 정체경제 이론과 히로이 요시노리(2019)의 축소사회 설계론 모두에서 강조된 통찰이다.

생태적 지속성, 사회적 포용성, 경제적 전환, 이 세 가지 축은 축소사회 전환기의 한국 사회를 지탱할 지속가능성(sustainability)의 3대 기둥이다. 이들은 분리될 수 없는 상호 보완적 구조 속에서, 보다 성숙하고 조화로운 사회로의 길을 연다.

4. 지속가능한 미래를 위한 디자인

앞서 제시한 생태적 지속성, 사회적 포용성, 경제적 전환이라는 세 가지 축은 각각 독립된 과제가 아니라 사회 전반을 재설계하는 통합적 원칙이다. 다음에 제시하는 분야별 전략 역시 이 세 축을 기반으로 상호 연계적으로 추진되어야 한다. 축소사회로의 전환은 단순한 인구감소에 대한 적응을 넘어, 생태적 지속성, 사회적 포용성, 경제적 전환이라는 세 가지 축을 기초로 사회 전체를 새롭게 재설계하는 과제를 제기한다.

다음은 이 세 가지 축을 기반으로 한국 사회가 지속가능한 미래를 구축하기 위해 나아가야 할 분야별 핵심 방향이다.

1) 세대 간 연대와 포용성 강화

사회적 포용성의 축을 실현하기 위한 핵심 과제는 세대 간 연대 복원이다. 장생사회와 축소사회에서 가장 중요한 원칙 중 하나는 세대 간 연대를 복원하고 강화하는 것이다. 고령층의 경험과 지혜를 사회에 환원하고, 젊은 세대가 과도한 부담을 지지 않도록 공평하고 지속가능한 부양 시스템을 구축해야 한다.

이를 위해 연금, 건강보험 등 사회보장제도에서 세대 간 기여와 수혜의 균형을 재조정하고, 세대 통합형 커뮤니티 케어 시스템을 확대하는 전략이 필요하다(ILO 2017; WHO 2015). 특히, 고령층을 수혜자로만 보는 시각을 넘어, 사회활동과 지역공동체에서 역할을 수행할 수 있도록 하는 액티브 에이징(active aging) 정책이 병행되어야 한다.

☞ "연대는 지속가능한 사회의 토대다."
☞ "세대 간 신뢰를 복원하는 것이 지속가능성의 출발점이다."

2) 노동시장 재구성과 생산성 혁신

경제적 전환의 축을 기반으로, 노동시장 구조의 혁신과 기술 기반 생산성 향상이 요구된다. 고령층의 경제활동 참여를 높이고, 청년·여성의 노동시장 진입 장벽을 낮추는 포괄적 노동시장 재구성이 필수적이다. 은퇴 연령의 유연화, 고령자 맞춤형 직업 재교육, 청년층과 여성의 고용 활성화를 위한 제도적 지원이 함께 이루어져야 한다.

또한, 노동력 감소를 보완하기 위해 AI, 자동화, 로봇기술을 적극 활용한 생산성 혁신 전략이 병행되어야 한다(McKinsey Global Institute 2022). 특히, 축소사회에서는 "더 많은 사람을 동원"하는 방식이 아니라, "적은 인구로 더 높은 생산성을 실현"하는 방향으로 노동과 기술의 결합을 재구성해야 한다.

☞ "노동시장의 재구성은 생존이 아니라 미래 설계의 문제다."

3) 출산 친화적 사회구조와 일-가정 양립 지원

사회적 포용성과 경제적 지속성을 동시에 확보하기 위해, 출산과 양육을 지원하는 사회구조 혁신이 필수적이다. 저출산 문제 해결은 단순한 출산 장려금을 넘어, 일-가정 양립이 가능한 사회구조 재설계를 요구한다. 부모 휴가 제도의 대폭 확대, 보육시설 확충, 유연 근무제 도입 등 이상적인 노동자 개념과 고용패러다임을 수립하여야 한다. 특히 일과 가정, 양육과 노동을 병행할 수 있는 환경을 조성하는 것이 핵심이다(McDonald 2006).

특히, 출산-육아-교육-일자리가 단절되지 않는 '생애주기형 지원 체계' 구축이 저출산 문제의 본질적 해법이 될 수 있다. 남성의 육아휴직 참여를 적극 유도하여 양성평등 기반의 가족 정책을 강화하는 접근이 필요하다.

☞ "출산은 개인의 선택인 동시에 사회구조의 반영이다."

4) 이민자 수용과 다문화 사회로의 전환

사회적 포용성의 범위를 확대하고, 노동시장과 지역사회의 지속가능성을 확보하기 위해 이민자 통합 전략이 필요하다. 노동력 부족과 인구감소를 보완하기 위해, 적극적이고 체계적인 이민자 수용 전략이 요구된다. 단순한 인력 충원이 아니라 다문화 공동체를 포용하고, 사회통합을 촉진하는 종합적 정책 패키지가 필요하다(Castles & Miller 2009).

이민자들이 지역사회에 안정적으로 정착할 수 있도록 언어 교육, 직업훈련, 사회참여 지원을 포함한 통합 프로그램을 강화해야 하며, 이 과정은 지역 균형 발전과도 연결되어야 한다. 다문화 사회 전환은 피할 수 없는 현실이며, 이를 성공적으로 관리하는 것이 축소사회 지속가능성의 관건이 될 것이다.

☞ "다문화 포용은 단순한 선택이 아니라 생존 전략이다."

5) 건강관리와 복지제도의 지속가능한 혁신

생태적 지속성과 사회적 포용성을 아우르는 복지 및 건강관리 시스템의 혁신이 축소사회의 핵심 과제이다. 초고령화 시대에는, 질병 치료 중심의 건강

관리에서 벗어나 예방 중심, 지역기반, 생애주기형 건강관리 체계로 전환해야 한다(OECD 2020) 만성질환 예방 프로그램 강화, 1차의료와 커뮤니티 케어 연계, 효율적 복지 서비스 통합 제공이 필요하다.

또한, 고령층의 경제적 자립을 지원하는 사회보장제도 개편이 병행되어야 하며, 소득보장과 건강보장을 통합적으로 고려한 설계가 필요하다. "Well-dying(존엄한 죽음)" 개념의 제도화 역시 삶의 마지막까지 품위 있는 복지를 보장하는 핵심적 요소가 될 것이다(Temel et al. 2010).

☞ "복지는 생존의 문제가 아니라 품위의 문제다."

생태적 지속성, 사회적 포용성, 경제적 전환이라는 세 가지 축을 기반으로 한 분야별 전략적 재설계는 축소사회에서도 인간다운 삶을 지켜낼 수 있는 토대를 제공할 것이다. 고령화와 저출산은 단일 분야의 대응으로 해결할 수 없는 복합적 과제다. 다층적이고 통합적인 미래 설계가 요구된다.

이것이 바로, 지속가능한 축소사회로 이행하기 위한 구체적이고도 필연적인 과제들이다. 이는 단순한 위기 관리가 아니라 보다 성숙하고 존엄한 미래 사회로 나아가기 위한 새로운 사회계약의 실천적 표현이다.

5. 새로운 사회계약: 적은 인구로 더 좋은 삶을 위한 원칙

한국 사회는 이제 더 이상 인구 증가를 전제로 한 성장사회를 꿈꿀 수 없는 시대를 맞이했다. 고령화와 저출산, 인구 감소는 과거의 사회계약, 즉, "청년이 노동을 제공하고, 고령층이 복지를 수혜하는 구조"를 근본적으로 흔들고 있다. 이제 우리는 새로운 사회계약을 설계해야 한다. 이 사회계약은 인구 축소를 사회적 퇴보가 아닌, 사회적 성숙으로 전환시키는 원칙들을 중심으로 구성되어야 한다.

1) 적은 인구로도 존엄한 삶을 실현할 수 있는 사회

인구 규모의 축소는 삶의 질을 포기해야 함을 의미하지 않는다. 오히려 우리는 보다 여유롭고, 보다 품위 있는 삶을 지향할 수 있다. 이를 위해, 경제는 양적 성장 대신 질적 성숙을 목표로 삼아야 하며, 사회는 과잉 경쟁 대신 생애 주기별 존엄성을 보장하는 방향으로 재구성되어야 한다(Daly 1996; Hiroi 2019).

2) 생태~복지~경제를 통합하는 지속가능성 기반 사회

새로운 사회계약은 생태적 지속성, 사회적 포용성, 경제적 전환을 각각 따로가 아니라 통합적으로 설계하는 데 기초해야 한다. 환경을 보전하고, 세대 간 연대를 복원하며, 축소된 인구 속에서도 창의성과 혁신을 지속시키는 구조를 구축해야 한다(OECD 2020). 이 세 축은 단순한 부문별 과제가 아니라, 사회 전체를 재구성하는 기본 원리로 자리매김해야 한다.

3) 세대 간 공존과 지역 기반 공동체 복원의 우선

청년과 고령층, 외국인과 내국인, 도시와 농촌이 갈등이 아닌 공존과 연대의 기반 위에서 함께 살아갈 수 있어야 한다. 이를 위해 지역 공동체 기반의 복지 체계, 다문화 사회 수용성 강화, 그리고 생애 주기별 포용적 정책들이 새로운 사회계약의 중심에 자리잡아야 한다(WHO 2015; UNHCR 2019).

4) 성장 없는 성숙, 양적 팽창 없는 질적 혁신

"경제는 성장하는 것이 아니라, 성숙하는 것이다." 이제는 GDP 성장률이 아니라, 삶의 질, 공동체의 신뢰도, 생태적 건강성을 경제의 지표로 삼아야 한다(OECD 2021). 돌봄, 녹색 산업, 지역순환경제를 중심으로 한 창조적 정체경제를 구축하는 것은 단순한 대안이 아니라 축소사회에서 생존 가능한 유일한 길이다.

새로운 사회계약은 적은 인구 속에서도 인간다운 삶을 영위할 수 있는 성숙한 사회를 위한 약속이다.

맺음말: 축소사회, 전환의 기회를 향하여

21세기 대한민국은 인구구조의 거대한 변화를 맞이하고 있다. 고령화와 저출산, 인구감소라는 흐름은 그 자체로 위기가 아니라 사회 시스템 전체를 다시 설계할 기회다.

인구는 더 이상 단순한 통계나 복지 정책의 대상이 아니다. 인구구조의 변화는 우리에게 묻고 있다:

어떤 사회를 만들 것인가?

어떤 공동체를 유지할 것인가?

출산율 제고, 복지 확충, 이민 확대 등 개별 정책도 물론 중요하다. 그러나 보다 근본적으로 필요한 것은 "축소사회를 견디는 시스템"이 아니라 "축소사회를 활용하는 시스템"으로의 대전환이다.

'적정 인구'를 강박적으로 추구하는 대신 '적정 사회'를 설계해야 한다. 이는 양적 성장의 종언이 아니라 질적 전환의 기회다.

이 책은 '인구의 눈'으로 한국사회를 다시 읽고, '축소사회의 눈'으로 미래를 다시 설계하는 여정을 담았다. 우리가 맞이한 시대는 단순히 경제 규모가 줄어드는 시대가 아니다. 삶의 질, 공동체의 신뢰, 생태적 지속성을 중심으로 성숙한 사회로 나아갈 것인가 아니면 구태의연한 성장주의 신화를 끌어안은 채 사회적 피로와 분열을 키울 것인가의 갈림길에 서 있다.

우리에게 필요한 것은 단순한 정책이 아니다. 미래를 견디는 상상력, 그리고 축소사회의 조건 속에서도 인간 존엄과 공동체 연대를 지켜낼 새로운 사회계약이다. 각 세대와 계층이 기여 - 보장 - 참여라는 세 가지 축을 중심으로 사회적 연대의 흐름을 새롭게 그려야 한다. 이 새로운 사회계약은, 생태적으로 지속가능하고, 사회적으로 포용적이며, 경제적으로 창조적인 방향으로 한국 사회의 미래를 다시 그려나가는 출발점이 될 것이다.

그 길은 어렵고 더딜 수 있다. 그러나 그것은 분명 '인구를 문제로 보지 않고, 전환의 기회로 바라보는 시선'에서 시작된다. 축소사회는 생존을 위한 전략이 아니라 인간다운 삶을 위한 선택이다.

제14장 요약

| 참고문헌 |

Castles, S., & Miller, M. J. 2009. The Age of Migration: International Population Movements in the Modern World. Guilford Press.

Daly, H. 1996. Beyond Growth: The Economics of Sustainable Development. Boston: Beacon Press

EU Committee of the Regions. 2021. Territorial Vision for Europe 2050.

ILO. 2017. World Social Protection Report.

IPCC. 2022. Sixth Assessment Report.

McDonald, P. 2006. "Low fertility and the state: The efficacy of policy." Population and Development Review, 32(3), 485-510.

McKinsey Global Institute, 2022. The Future of Work After COVID-19.

OECD, 2020. Demographic Challenges and Economic Implications. OECD Publishing.

OECD, 2021. Measuring Well-being and Progress: Well-being Framework.

Schulz, R., Eden, J., & National Academies of Sciences, Engineering, and Medicine. 2016. Family caregiving roles and impacts. In Families caring for an aging America. National Academies Press (US).

Temel, J. S., Greer, J. A., Muzikansky, A., Gallagher, E. R., Admane, S., Jackson, V. A., ... & Lynch, T. J. 2010. "Early palliative care for patients with metastatic non~small-cell lung cancer." New England Journal of Medicine, 363(8), 733-742.

UN DESA. 2022. World Population Prospects.

UN-Habitat. 2020. World Cities Report.

UNHCR. 2019. Global Trends Report.

World Health Organization(WHO). 2015. World report on ageing and health. https://www.who.int/publications/i/item/9789241565042

広井 良典. 2019. 人口減少社会のデザイン. 東京: 東洋経済新報社.

 > 책을 덮으며

우리는 인구가 줄어드는 시대에 살고 있다.
그러나 숫자가 줄어드는 것만이 축소사회의 전부는 아니다.
이제는 '얼마나 많은가'보다 '어떻게 함께 살아갈 것인가'를 묻는 시대이다.
삶의 질을 다시 정의하고, 공동체의 의미를 다시 발견하며,
성숙과 공존을 향해 한 걸음 내딛어야 할 때이다.
이 책은 인구구조 변화라는 거대한 파도를 앞에 두고,
주저앉기보다는 다시 노를 저어 새로운 길을 찾자는 제안이다.
적은 인구로도 풍요로운 삶을, 줄어든 사회 속에서도 존엄한 공동체를 꿈꾸며,
'축소사회의 새로운 사회계약'을 함께 만들어가자는 약속이다.
우리가 마주한 전환은 두려움의 대상이 아니라,
더 공정하고 지속가능한 사회로 나아갈 기회가 될 수 있다.
이 여정을 통해 인구절벽 너머의 미래를 스스로 설계하고,
세대와 지역을 넘어 연대와 책임의 토대를 다시 세울 수 있다.
이제 중요한 것은 각자가 어떤 비전을 품고,
어떤 선택과 연대를 만들어갈 것인가 하는 일이다.
더 나은 미래는 저절로 오지 않는다.
숫자의 감소를 넘어 가치의 성숙으로,
두려움이 아닌 연대로, 후퇴가 아닌 전진으로 나아가야 한다.
이 책이 그 길 위에서 함께 생각하고 행동하는 작은 이정표가 되기를 바란다.
독자 여러분과 함께 우리 모두의 내일을 다시 그려가는 여정을 시작한다.

인구절벽 너머의 미래
축소사회와 새로운 사회계약

Beyond the Demographic Cliff:
Designing a New Social Contract
in a Shrinking Society

발 행 일 | 2025년 10월 1일 초판 1쇄 인쇄
　　　　　2025년 10월 10일 초판 1쇄 발행
저 　 자 | 이헌출
발 행 처 | IMK 크라운출판사
발 행 인 | 李尙原
신고번호 | 제 300-2007-143호
주 　 소 | 서울시 종로구 율곡로13길 21
공 급 처 | (02) 745-0311~3, 1566-5937
전 　 화 | (02) 765-4787
팩 　 스 | (02) 743-2688, 02) 741-3231
홈페이지 | www.crownbook.co.kr

ISBN 978-89-406-4990-9 / 01300

정가 16,000원

저자협의
인지생략

이 도서의 판권은 크라운출판사에 있으며, 수록된 내용은
무단으로 복제, 변형하여 사용할 수 없습니다.
　　　Copyright CROWN, ⓒ 2025 Printed in Korea

이 도서의 문의를 편집부(02-744-4959)로 연락주시면
친절하게 응답해 드립니다.

"이 저서는 2019년도 건국대학교 KU학술연구비 지원과
　2017년 대한민국 교육부와 한국연구재단의 지원을 받아
　수행된 연구임 (NRF-2017S1A5A8022199)"